VERÖFFENTLICHUNGEN
DER HISTORISCHEN KOMMISSION FÜR MECKLENBURG

Reihe C: Quellen zur mecklenburgischen Geschichte

Herausgegeben von Johann Peter Wurm und Antje Koolman

Band 17

Das Tagebuch des Rostocker Bäckermeisters Joachim Schultze

1646 – 1693

Herausgegeben
von
Ernst Münch

Verlag Schmidt-Römhild • Lübeck 2024

Das Ministerium für Wissenschaft, Kultur, Bundes- und Europaangelegenheiten des Landes Mecklenburg-Vorpommern fördert das Erscheinen der „Quellen zur mecklenburgischen Geschichte“.

Bibliografische Information der Deutschen Nationalbibliothek
Die Deutsche Nationalbibliothek verzeichnet diese Publikation in der Deutschen Nationalbibliografie; detaillierte bibliografische Daten sind im Internet über http://dnb.dnb.de abrufbar.

Umschlagseite: Ansicht Rostock im 17. Jahrhundert
(UBRS, Ansichten Rostock 1.2.17-05)

ISSN 1434-2359
ISBN 978-3-7950-3768-0

INHALT

Vorbemerkung

Die Kenntnis des Tagebuchs des Rostocker Bäckermeisters Joachim Schultze verdanke ich der kollegialen Information durch Herrn Dr. Andreas Röpcke. Die Edition dieser Quelle widme ich dem Andenken an meine akademische Lehrerin und spätere Kollegin Helga Schultz, die mit ihrer Dissertation[1] nicht nur eine grundlegende Arbeit über das frühneuzeitliche Rostock vorlegte, sondern mit der Edition[2] der Chronik eines Berliner Bäckermeisters auch die vorliegende Veröffentlichung wesentlich inspirierte. Den Mitgliedern der Historischen Kommission für Mecklenburg danke ich für die Aufnahme des Tagebuchs in die Kommissionsreihe C: Quellen zur mecklenburgischen Geschichte und insbesondere den beiden Reihenherausgebern, Frau Dr. Antje Koolman und Herrn Dr. Johann Peter Wurm für die sorgfältige Durchsicht des Manuskripts sowie zahlreiche wertvolle Hinweis namentlich zur Identifizierung von im Tagebuch erwähnten Personen. Für die Auswahl und Bereitstellung der Abbildungen danke ich dem Kulturhistorischen Museum und der Universitätsbibliothek Rostock, insbesondere Herrn Dr. Steffen Stuth und Frau Christiane Michaelis. Dank gilt auch Herrn Dr. Michael Kunzel (Berlin), der sich um die Abbildung von Münzen kümmerte. Vielfältige Unterstützung erhielt der Herausgeber ebenfalls durch Frau Anna Krüger.

1 Gedruckt unter dem Titel: Soziale und politische Auseinandersetzungen in Rostock im 18. Jahrhundert, Weimar 1974.

2 Der Roggenpreis und die Kriege des großen Königs. Chronik und Rezeptsammlung des Berliner Bäckermeisters Johann Friedrich Heyde 1740 bis 1786, hg. von Helga Schultz, Berlin 1988.

I. Einleitung und Kommentar

1. Die Tagebücher des Joachim Schultze und des Matthias Pristaff

Am 21. September 2022 wies mich bei einem Pausengespräch auf der 2. Gadebuscher Schlosstagung Andreas Röpcke auf eine „Rostocker Chronik“ für die Jahre 1646-1693 hin, die er als zweiten Teil eines handschriftlichen Chronikbandes[3] im Landeshauptarchiv Schwerin gesehen hatte, mit dessen ersten Teil, einer mecklenburgischen Pfarrerchronik aus den Jahren 1590-1625, er sich gerade beschäftigte.[4] Gemeinsam war beiden Texten außer dem behandelten Jahrhundert und dem Chronikstil, zumindest im Rostocker Falle wohl eher ein Tagebuch oder Diarium, wenig, sodass ihre Verbindung wohl eher eine später erfolgte „buchbinderische“ Verlegenheitslösung darstellte. Möglicherweise ist die Rostocker Quelle auch hierdurch in fast völlige Vergessenheit geraten. Jedenfalls kennen sie die einschlägigen Veröffentlichungen über die Chronistik Rostocks, die über den schmerzlichen Mangel an entsprechenden Quellen klagen, nicht.[5] Nach Aussage von Andreas Röpcke hat er den Chronikenband 1994 für das Landeshauptarchiv aus Privatbesitz erworben. Eine Nummerierung der insgesamt 111 Papierseiten im Maßstab 18 x 31 cm, von denen eine Seite unbeschrieben geblieben ist, wurde erst 2022 von Archivarshand eingefügt. Wegen des genannten Mangels an einschlägigen Rostocker Quellen einerseits und besonders wegen des von ihr behandelten Zeitraums andererseits lag es nahe, die Quelle aus Schwerin mit einer anderen, allerdings nur in einer Abschrift seit langer Zeit gut bekannten und oft zitierten Quelle aus dem Rostocker Stadtarchiv in Verbindung zu bringen, die bereits 1840 in Auszügen veröffentlicht wurde und bis heute auf eine gründliche Neuausgabe wartet – das Tagebuch des Rostocker Brauherren und Ratsherren Matthias Pristaff für die Jahre 1667-1691.[6] Der Eindruck eines möglichen Zusammenhangs beider Quellen wurde noch dadurch verstärkt, dass für die Quelle aus Schwerin eine siebzehnseitige maschinenschriftliche Abschrift[7] existiert, die genau im Jahr 1667 endet, also mit dem Beginn des Pristaff-Tagebuchs. Es lag die Vermutung nahe, dass dem unbekannten Abschreiber die Rostocker Quelle bekannt war und er – zunächst?

---

3 LHAS, 1.12-1 Chroniken, Sign. 3, S. 93-204 (für die Jahre 1646 bis 1693) sowie 17 S. maschinenschriftliche Abschrift (für die Jahre 1646 bis 1667).

4 Siehe hierzu demnächst Andreas Röpcke: Die Denkwürdigkeiten des Neuburger Dorfpastors Caspar Tabbert 1590-1625, in: Mecklenburgische Jahrbücher 139 (2024), S. 247-263 (im Druck).

5 Chronistik, in: Rostock Lexikon, Rostock 2018, S. 103, verzeichnet auch die zumeist ältere Literatur.

6 AHR, Rostocker Sammelbände XV/3: Extract Sehl. Herrn Mathias Prystaffen Journals, de Ao. 1667, S. 1-409 Auszugsweiser Druck in: Neue wöchentliche Nachrichten und Anzeigen, 1840, Nr. 21ff.

7 Siehe Anm. 3.

– lediglich den Teil berücksichtigte, der bei Pristaff fehlte. Handelte es sich bei der Quelle aus Schwerin also etwa um das – bislang unbekannte – Original oder eine Doublette des Rostocker Textes? Diese mögliche Vermutung erledigt sich alsbald aus vielerlei Gründen. Ein Vergleich der aus Rostocker Akten bekannten Handschrift des Matthias Pristaff, dessen Tagebuch wie gesagt nur als Abschrift überliefert ist, mit der Handschrift des Textes aus Schwerin zeigt keine Übereinstimmung. Der Schreibstil beider Tagebücher ist sehr unterschiedlich, obwohl sie naturgemäß für die Jahre 1667-1691 vielfach über dieselben Ereignisse berichten. Außerdem behandelt der Text aus Schwerin auch noch die Jahre 1692-1693, als Pristaff bereits verstorben war, dessen Tod am 4. August 1691 in der Schweriner Quelle ausdrücklich Erwähnung findet (S. 196)[8]. Und schließlich nennt sich der Autor der „Rostocker Chronik" schließlich kurz vor Ende seines Textes ein einziges Mal selbst mit seinem vollen Namen: Jochim Schultze (S. 199). Dessen Handschrift ist aus einer Rostocker Akte des Jahres 1665[9] bekannt, sodass auch eindeutig festgehalten werden kann, dass er sein Tagebuch mit eigener Hand angefertigt hat.

2. Das Tagebuch des Joachim Schultze und die Chronik des Johann Georg Wettken

Während Schultze und Pristaff beiderseits über die Jahre 1667 bis 1691 und verständlicherweise häufig auch über dieselben Ereignisse und Vorgänge berichten, wird jedoch auf den ersten Blick deutlich, dass beide Texte dennoch weder formal noch inhaltlich voneinander abhängig sind oder in Zusammenhang stehen. Völlig anders sieht dies im Vergleich des Schultzeschen Textes mit dem des 1716 verstorbenen Rostocker Ratsherrn Johann Georg Wettken aus, der erst 1754 durch den Herausgeber Ungnaden als Buch im Druck erschien.[10] In diesem Werk entspricht der behandelte Zeitraum für die Jahre 1646 bis 1677[11] dem des Tagebuchs von Schultze. Beim Vergleich ergibt sich eine verblüffende nicht nur inhaltliche, sondern auch eine weitgehende formale Übereinstimmung, bis hinein in inhaltliche Details und einzelne Formulierungen. Diese Übereinstimmung ist so weitgehend, dass – falls nicht beiden Autoren eine dritte Quelle als Vorlage diente, wofür keine Indizien sprechen – der Text eines der beiden Autoren dem anderen als Vorlage gedient haben muss. Da Schultze (Bürgerrecht im Jahre 1646[12]) mindestens eine Generation älter war als Wettken (Bürgerrecht im Jahre 1692[13]), kommt nur Schultze als Grundlage für Wettken in Betracht. Dafür spricht auch, dass Wettkens Darstellung bereits im Jahre

[8] Die Seitenangaben in Klammern beziehen sich durchweg auf die in Anm. 1 genannte Quelle.

[9] AHR, 1.1.3.20.314 Kontraventionsprozesse des Bäckeramtes, Bd. 3: 1665-1705 (2. Mai 1665).

[10] Johann Georg Wettken: Geschichte der Stadt und Herrschafft Rostock, Ratzeburg 1754.

[11] Ebenda, S. 197-217.

[12] Franz Schubert: Bürgerbücher aus Mecklenburg. Rostock, Kitzingen 1998, S. 120.

[13] Ebenda, S. 163 (als Johann Georg Wedig).

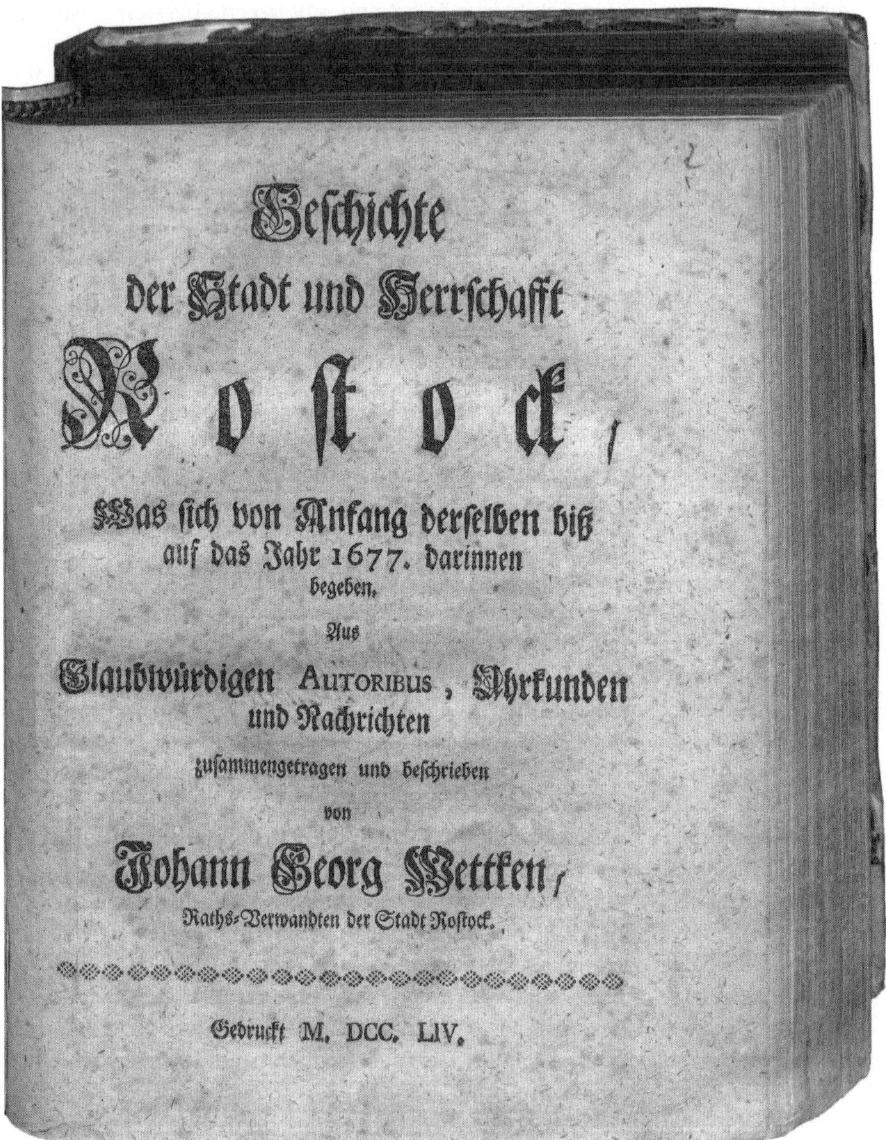

Geschichte
der Stadt und Herrschafft
Rostock,
Was sich von Anfang derselben biß
auf das Jahr 1677. darinnen
begeben,
Aus
Glaubwürdigen AUTORIBUS, Uhrkunden
und Nachrichten
zusammengetragen und beschrieben
von
Johann Georg Wettken,
Raths-Verwandten der Stadt Rostock.

Gedruckt M. DCC. LIV.

Titelblatt J. G. Wettken, Geschichte der Stadt und der Herrschafft Rostock, Ratzeburg 1754 (UBRS, Kl-204.2)

1677 mit dem großen Stadtbrand endet, Wettken also höchstens nur wenige Jahre als unmittelbarer Augenzeuge erlebt haben kann und für den Zeitraum von 1648 bis 1677 beinahe ausschließlich Ereignisse in gekürzter Form chronikalisch auflistet, die bei Schultze zumeist etwas ausführlicher enthalten sind. M. E. ist dies nur zu erklären, wenn das Schultzesche Manuskript Wettken vorgelegen hat. Zumindest indirekt könnte das Wettkens Bemerkung in seiner Einleitung andeuten, wenn er ausdrücklich auch auf die Benutzung von Manuskripten hinweist, ohne konkrete Namen zu nennen.[14] Wettken, falls ihm das Schultzesche Manuskript als eine seiner Vorlagen gedient haben sollte, hat einige der ursprünglich niederdeutschen Begriffe Schultzes ins Hochdeutsche übertragen und nur einen Bruchteil, vermutlich nur die ihm wichtig genug erscheinenden, der Notizen Schultzes in seine eigene Darstellung übernommen, die insgesamt – in sehr deutlichem Unterschied zu Schultze, aber auch zu Pristaff – den Anspruch auf eine Gesamtdarstellung der Stadtgeschichte erhebt. Dies galt noch stärker für Werner Reinhold[15], der sich für die betreffenden Jahre seiner „Chronik“ stark auf Wettken und damit indirekt auch auf Schultze stützte.

3. Joachim Schultze: Rostocker Bäckermeister, Altermann und Tagebuchschreiber

Während Pristaff, besonders seit seiner Wahl als Ratsherr 1674, in seinem Tagebuch nicht selten auf seine eigene Person zu sprechen kommt, finden sich bei Schultze so gut wie keine Hinweise auf seine Person. Sie beziehen sich lediglich auf Extremsituationen seines Lebens, den Tod seiner Ehefrau (S. 199) und seines jüngsten Sohnes im Jahre 1692 (S. 201) sowie seine eigene Verletzung anlässlich der Besichtigung des Probeschießens neuer Rostocker Geschütze im Jahre 1680 (S. 163-164). Obwohl äußerlich sachlich und emotionslos, zeigt allein schon die Länge der Mitteilung über diese Verletzung, dass es sich offenbar aus der Sicht des Bäckermeisters um eines der aufregendsten Ereignisse seines ganzen Lebens handelte. Selbst seinen Beruf als Bäcker gibt der Tagebuchschreiber nur auf Umwegen preis. So heißt es zum 1. August 1650 „wier ihn Vnsern becker Ampte“ (S. 98). Einen indirekten Hinweis gibt der Beginn seines Textes, demzufolge Schultze „Anno 1646 zu wohnen kommen“ ist (S. 93). Hinter dieser Formulierung verbirgt sich die Erwerbung des Bürgerrechts im selben Jahr. Laut Rostocker Bürgerbuch erwarb der Bäcker Joachim Schultze als Bürgersohn des Michael Schultze damals das Bürgerrecht.[16] Gestorben ist er als Altermann des Fast- und Weißbäckeramtes zwischen dem 5. August (laut Hausbucheintrag[17]) und dem 14. November 1693. Damals sollte nach seinem Tode ein neuer Altermann bestimmt werden.[18] Sein Tagebuch endete

14 Wettken (wie Anm. 10), S. 3.

15 Werner Reinhold: Chronik der Stadt Rostock, Rostock 1836 (Neudruck 1911).

16 Schubert (wie Anm. 12).

17 AHR, 1.1.3.148 Altstädter Hausbuch, Bd. 3 (5. August 1693).

18 AHR, 1.1.3.20.293 Besetzung erledigter Ältestenstellen im Bäckeramt 1580-1869 (14. November 1693).

bereits am 19. Mai 1693 (S. 204). Die Ratsprotokolle des Jahres 1667 hielten fest, dass Schultze am 10. Juli 1667 als Altermann der Bäcker gewählt wurde und als solcher am 12. August 1667 den Altermannseid abgelegt hat.[19] Mit seinem Wohnort verbindet sich eine von mehreren Merkwürdigkeiten seines Lebens und seines Tagebuchs. Er wohnte nämlich offenbar spätestens seit der Erwerbung des Bürgerrechts 1646[20] in jenem Eckbackhaus in der Rostocker Altstadt an der Südostseite der Altschmiedestraße / Ecke Große Goldstraße, in welchem 1677 der große Stadtbrand Rostocks ausbrach und das damals als das „Brand-Backhaus“[21] berühmt-berüchtigt wurde. Einige Darstellungen über den Stadtbrand bezeichneten daher jenes Haus auch als das des Bäckers Joachim Schultze.[22] Doch das entsprach 1677 nicht mehr der Wirklichkeit. Wenige Jahre zuvor, etwa 1673/74, hatte Joachim Schultze nämlich das Haus an seinen ältesten Sohn, der wohl nach dem Großvater Michael hieß, übergeben.[23] Das Tagebuch des Matthias Pristaff spricht daher – ähnlich wie Joachim Schultze selbst (S. 158) – zutreffend von dem Backhaus des Michael Schultze als Ausgangspunkt des Stadtbrandes.[24] Und Pristaff musste es genau wissen: Er wohnte unmittelbar gegenüber am Wendländer Schilde und erlebte den Beginn des Brandes daher sozusagen vor der eigenen Haustür. Damit der Merkwürdigkeiten nicht genug: Fast benachbart und fast zur selben Zeit, Schultze hatte das „buch“ für sein Tagebuch laut eigener Aussage 1661 erworben (S. 93), schrieben zwei Rostocker je ein eigenes Tagebuch, das uns in beiden Fällen als Original (Schultze) oder wenigstens als Abschrift (Pristaff) überliefert ist. Das bietet selbstverständlich reizvolle Vergleichsmöglichkeiten, zumal wir die Sicht einerseits eines Brau- und Ratsherrn und andererseits die eines Bäckermeisters erfahren können. Das hat erwartungsgemäß Auswirkungen auf die behandelten Ereignisse und Probleme im Großen wie im Kleinen. So nehmen im Großen bei Pristaff generell die Politik des Rates und der Brauerkompanie einen beträchtlichen Umfang ein, während bei Schultze – wenn auch wesentlich weniger häufig und umfangreich – doch zumindest hier und da die Belange des Bäckeramtes eine Rolle spielen. Im Kleinen achtet Pristaff mehr auf die jährlichen Preise für das Braugetreide

---

[19] AHR, 1.1.3.2.96 Ratsprotokolle 1667-1669 (10. Juli 1667 und 12. August 1667).

[20] AHR, 1.1.15.2569 Kontributionsregister (Kopfgeld) 1646/47 (6. Fahne, 4. Korporalschaft: Jochim Schultze).

[21] Zum Beispiel AHR, 1.1.15.2627 Hausgeld 1681 (6. Fahne, 4. Korporalschaft: Michel Schult Becker Brand-Haus). Letztere Bemerkung wurde später mit Bleistift nachgetragen.

[22] So Zacharias Grapius: Das Evangelische Rostock, Rostock und Leipzig 1707, S. 560. Ihm folgten in dieser Zuschreibung Reinhold (wie Anm. 15), S. 229 sowie Hans Bernitt: Zur Geschichte der Stadt Rostock, (Neudruck) Rostock 2011, S. 179. Wettken (wie Anm. 10), S. 214, erwähnt den Namen des Bäckers gar nicht. Das gilt auch für die zeitgenössischen Dokumente: Warhaffte und eigendlieche Relation Der in der uhralten See und Hansee-Stadt Rostock ... Entstandenen Feurs-Brunst ..., Rostock 1677 sowie Rembertus Sandhagen: Bestraffte Haußhaltung Der Stadt Rostock ... In einer Predigt, Rostock (1677), darin: Bericht von der schröcklichen Feuers-Brunst, S. 36-40, hier S. 36.

[23] AHR, 1.1.15.2614 Hausgeld 1672-74 (6. Fahne, 4. Korporalschaft: Jochim Schult Becker modo Michell Schultz).

[24] Extract (wie Anm. 6), S. 83.

Gerste und das Malz, während Schultze die Preise für das Brotgetreide Roggen[25] und Weizen notiert. Noch eine merkwürdige Koinzidenz zwischen beiden Texten: Während bei Pristaff das Jahr nach dem Stadtbrand – 1678 – ausgelassen wurde[26], hat Schultze in seinem Tagebuch das Jahr 1678 vor dem Jahr 1677 behandelt. War das nur Zufall oder standen beide Tagebuchschreiber noch unter dem Schock der Brandkatastrophe?[27] Fehlt bei Pristaff das Jahr 1678, so gilt das bei Schultze für das Jahr 1661, das Jahr, in welchem er das „buch" für seine Eintragungen kaufte. Eine vermutlich für die Einträge des Jahres 1661 vorgesehene Seite (S. 113) blieb daher im „buch" leer. Nach der Länge der vorhergehenden Eintragungen zu urteilen, hätte wohl eine Seite für das Jahr 1661 ausgereicht. Unter der Voraussetzung, dass das Pristaffsche Originaltagebuch nicht mehr Tage umfasste als der auf uns als Abschrift überkommene „Extract" daraus, bietet Schultze insgesamt Informationen zu mehr Tagen pro Jahr, dafür finden sich bei Pristaff mehr Informationen zu den einzelnen Ereignissen und Vorgängen, auch die Hintergründe betreffend, für die er als Ratsherr und schon vorher als Mitglied des Hundertmännerkollegiums und des Sechzehner-Ausschusses einen ungleich besseren Zugang hatte als der Bäckermeister. Schultzes Lebensabend wurde durch den Tod seiner Ehefrau und den seines jüngsten Sohnes auf einer Fahrt als Bootsmann in Kopenhagen verdüstert. Offenbar machte sein zunehmendes Alter ihn auch empfindlicher für andere Todesnachrichten. So hat er für den Zeitraum Januar / März 1692 nacheinander nicht weniger als neun Todesnachrichten festgehalten, die weder außergewöhnliche Todesfälle noch – außer einem Prediger – besonders angesehene Personen betrafen. Nach der Übergabe des Backhauses in der Altschmiedestraße noch vor dem Stadtbrand von 1677 hat das Ehepaar Schultze vermutlich in einem Backhaus auf dem Burgwall[28] und in den letzten Lebensjahren in einem Backhaus im Nordostabschnitt der Grube[29] gewohnt. Mit letzterem Wohnort hängt vermutlich auch die Beerdigung von Schultzes Ehefrau in der benachbarten Kirche St. Katharinen zusammen (S. 199). Übrigens waren nicht nur Schultze selbst, einer seiner Söhne und sein Vater Bäcker,

---

25 Das tat später auch der Berliner Bäckermeister Johann Friedrich Heyde in seiner Chronik, weshalb deren Herausgeberin ihrer Edition nicht ohne Grund den Titel gab: Der Roggenpreis und die Kriege des großen Königs (wie Anm. 2). Schultz formulierte für den Berliner Bäcker in diesem Zusammenhang, und das darf man ohne Abstriche auch auf seinen Rostocker Kollegen übertragen: „Er kennzeichnete dabei das Jahr kurz und bündig durch den Getreidepreis. Der Kornpreis war für den Bäcker die Summe von Hagelschlag, Krieg, Dürre und hartem Frost oder des Ausbleibens solcher Katastrophen. Er war Ausdruck seiner besonderen Weltsicht." (Ebenda, S. 10).

26 Extract (wie Anm. 6), S. 88.

27 Für Schultzes Tagebuch kann die Erklärung für den Sprung vom Jahr 1676 in das Jahr 1678 jedoch auch darin liegen, dass er für das Jahr 1676 ausführlich einen Streit zwischen Rostocker Predigern behandelt für den er – als einzige Ausnahme in seinem Tagebuch – ein Dokument in vollem Wortlaut wiedergibt, das – fälschlich – auf den 26. Dezember (statt Februar) 1677 datiert ist. Vermutlich war es für den Schreiber auf den ersten Blick logisch, dann mit dem Jahr 1678 fortzufahren.

28 AHR, 1.1.15.2626 Hausgeld 1675 (10. Fahne, 2. Korporalschaft: Jochim Schulte).

29 AHR, 1.1.15.2630 Hausgeld 1690/92 (7. Fahne, 2. Korporalschaft: Jochim Schulte Becker).

sondern auch ein Halbbruder, wie aus einer Notiz über den Tod eines von dessen Söhne am 27. Februar 1675 hervorgeht (S. 139).[30]

4. Die Schreibmotivation des Bäckermeisters

Da sich Schultze mit Notizen zu seiner Person und seiner Familie sehr zurückgehalten hat[31], sind wir auch bezüglich seiner Zielstellung, das Tagebuch betreffend, auf Vermutungen und eventuelle eher indirekte Hinweise angewiesen. Schrieb er für sich selbst, für seine Familie oder gar für die „Nachwelt"? Angesichts der Arbeitsbelastung eines Bäckermeisters war das Tagebuch-Schreiben sicher keine bloße Schreibübung oder diente lediglich dem Zeitvertreib aus Langeweile, zumal Schultze offenkundig großen Wert auf die Exaktheit seiner Informationen und der sich daraus ergebenden Tagebuchnotizen legte. Lediglich bei der Wiedergabe von Fremdwörtern, besonders bei fremdartigen Familiennamen ließ er eine gewisse Laxheit walten. Gleiches gilt für die Unstetigkeit seiner Orthographie und die Umständlichkeit und Eintönigkeit seiner grammatikalischen Konstruktionen. Vermutlich ist ein Erklärungsansatz für die Motivation des Tagebuchschreibers Schultze in seiner Position als Rostocker Bürger zu suchen. Wohl nicht von ungefähr beginnen seine Aufzeichnungen mit dem Jahr 1646, dem Jahr der Erwerbung seiner Rostocker Bürgerschaft und einer eigenen Wohnung in der Stadt. Zwar verschweigt er in der Folge in übergroßer Bescheidenheit seinen Aufstieg als Bäckermeister und Altermann des Bäckeramtes in Rostock, doch wird man ihm einen gewissen Bürgerstolz, wenn er mitunter von „uns" und „wir" in Rostock schreibt, nicht absprechen können.[32] Sein Ideal war ein christliches, fleißiges, ruhiges, ordentliches und solidarisches Bürgerdasein. So hebt er hervor, wenn ein Rostocker seinen Nachbarn hilft (S. 190), mehrfach am Tag den Gottesdienst besucht (S. 169), sich für die Bibellektüre interessiert (S. 191) oder einfach als „guter arbeiter" (S. 166) gilt. Das ist für ihn ein „feiner Frommer Mensch" (S. 149). Landespolitisch beschwört er die – nur zu oft – mangelnde Einigkeit zwischen den beiden Landesherren in Schwerin und Güstrow (S. 121). Wie fast alle Tagebuchschreiber oder Chronisten hat es aber auch Schultze mit dem allgegenwärtigen Widerspruch zwischen Ideal und Wirklichkeit und dessen Widerspiegelung in seinem Text zu tun. Denn erstens entsprach auch im frühneuzeitlichen Rostock der städtische Alltag selten dem bürgerlichen Ideal. Und zweitens haben Tagebücher und Chroniken von Natur aus eine besondere Affinität für das Außer- und Ungewöhnliche, Bemerkenswerte,

---

30 Ähnliches galt auch für die Familie des Berliner Bäckermeisters Heyde, siehe hierzu: Der Roggenpreis (wie Anm. 2), S. 9-11.

31 Gleiches gilt für: Die Chronik des Dietrich vam Lohe (1529 bis 1583), hg. von Ernst Dragendorff, in: Beiträge zur Geschichte der Stadt Rostock 17 (1931), S. 1-110; Vicke Schorler: Rostocker Chronik 1584-1625, hg. von Ingrid Ehlers, Rostock 2000, S. 16 sowie den „Extract" des Matthias Pristaff (wie Anm. 6). Wesentlich anders jedoch beim Berliner Bäcker Heyde (wie Anm. 2), S. 25-41.

32 Ähnlich offenbar die Haltung bei Vicke Schorler (wie Anm. 31), siehe S. 16 und beim Berliner Bäcker Heyde (wie Anm. 2), S. 7, 10 und 14.

Merkwürdige, das zumeist – bis in die Nachrichtenwelt unserer Tage hinein – eher im Negativen als im Positiven gefunden wird. Und so stellt sich auch Rostock in den Augen und den Notizen des Tagebuchschreibers alles andere als Verkörperung des Schultzeschen Ideals dar. Allerdings liegt in der Hervorhebung der Schattenseiten des städtischen Lebens auch eine Gefahr für den nachträglichen Nutzer eines solchen Textes, wenn Schultze ihn denn im Auge gehabt haben sollte: Sicherlich entsprach das Leben in Rostock keinem wie auch immer gearteten Ideal, doch versank es auch keineswegs im absoluten Gegenteil. Anders gesagt: Der Rostocker Alltag war keinesfalls lediglich negativ konnotiert. Selbst wenn Schultze Fälle von Suizidversuchen (S. 176) verarmter Rostocker notiert, so bildeten sie doch Ausnahmen und dürfen nicht pars pro toto genommen werden. Das führt uns zurück zur Frage nach der Motivation des Tagebuchschreibers Schultze für diese „nebenberufliche" Tätigkeit. Sie diente vermutlich zunächst der Selbstvergewisserung, wohl auch des Nachweises seiner Bildung über die Schreibfähigkeit hinaus. Die sorgfältige Anlage des „buches" samt Übertragung vermutlich zuvor gemachter Notizen lässt aber auch wohl den Wunsch erkennen, dass dem Bäckermeister auch eine Bewahrung seines Werkes zumindest im Familienkreise[33] vorschwebte, zu der es offenkundig ja dann auch gekommen ist. Ganz zu schweigen von der sehr wahrscheinlichen Nutzung des Schultzeschen Manuskripts durch Johann Georg Wettken in seiner Darstellung der Rostocker Stadtgeschichte. Und so würde es Joachim Schultze wahrscheinlich noch mehr gefreut haben, dass sein Tagebuch jetzt nach mehr als dreihundert Jahren wieder Beachtung findet.

5. Formales: Anlage, Aufbau und Sprache des Tagebuchs

Das oben bereits angesprochen Faktum des Vertauschens der Jahre 1677 und 1678 in der Abfolge des Tagebuchs führt uns zu einigen formalen Aspekten und Problemen dieser Quelle. Offenbar sind die Einträge des Bäckermeisters in sein „buch", wie er es einleitend nennt (S. 93), erst nachträglich erfolgt.[34] Da er das „buch" erst 1661 gekauft hat, sind die Einträge für die Jahre seit 1646 („was sich Mittler zeitt begeben Vndt zu getragen hat") (S. 93) vermutlich zuvor anderswo notiert und dann in das „buch" übertragen worden. Für die nachgetragenen Jahre 1646 bis 1660 fallen die Einträge pro Jahr relativ wenig zahlreich aus. Auch für die Folgezeit sind offenkundig die Einträge erst im Nachhinein erfolgt, sonst wäre es nicht zur Verwechslung der Jahre 1677 und 1678 gekommen. Schultze hat diese Verwechselung selbst bemerkt und vor Beginn seiner Einträge für das Jahr 1677 angemerkt: „Dieses ist das 1677 Jahr welches Vor das 1678 vor her solte ein geschrieben worden sein, ist aber Versehen worden durch Verweckselung der Calender, undt ist also das [16]78

[33] Für den Berliner Bäcker Heyde hält die Herausgeberin seiner Chronik dezidiert fest: „Der Sinn seiner Aufzeichnungen war es, der Nachwelt, und das hieß sicher vor allem den eigenen Nachkommen, „ein Denkmal und gute Erinnerung" zu geben. Er wollte persönliche Zeiterfahrung als historische Erfahrung weiterreichen." (wie Anm. 2), S. 7.

[34] Gleiches wird etwa für Vicke Schorler angenommen (wie Anm. 31), S. 18-19.

Jahr zu Erst eingeschrieben“ (S. 157). Auch ansonsten hat der Tagebuchschreiber nach der Übertragung seiner Notizen in das „buch“ nur wenige Korrekturen mehr vorgenommen. Das zeigt sich etwa in falschen Datierungen, die durch den chronologischen Zusammenhang leicht ins Auge fallen, aber auch bei fehlenden Buchstaben, bei Wortwiederholungen oder mehreren Prädikaten pro Satz. Kleine Korrekturen bestehen in seltenen Streichungen einzelner Wörter oder in der Ergänzung von Wörtern oder Satzteilen am Rande bzw. zwischen den Zeilen. Lediglich für das Jahr 1671 hat Schultze seinem Text einen kleinen Notizzettel beigefügt (S. 129a) und an die Seite 129 angeheftet, der zwei Einträge für den 8. und 24. Februar 1671 enthält. So etwa könnten auch Schultzes Notizzettel generell vor ihrer Übertragung in das „buch“ ausgesehen haben. Dass Einträge erst zeitversetzt vorgenommen wurden, zeigt auch die Tatsache, dass in ein und derselben Notiz zeitlich unterschiedliche Ereignisse verzeichnet wurden, wie etwa die Beförderung und der Monate später erfolgte Tod eines Militärs (S. 145). Äußerlich macht die Handschrift durch zumeist fehlende Korrekturen und die erst nachträgliche Übertragung in das „buch“ einen sehr sauberen und einheitlichen Eindruck, auf den es dem Bäckermeister offenbar nicht zuletzt auch ankam.[35] Er erweist sich als offenkundig durchaus nicht ungeübter Schreiber mit einer flüssigen und sehr gut lesbaren Handschrift. Die je nach seiner subjektiven Sicht für erwähnenswert gehaltene unterschiedliche Zahl von Einträgen pro Jahr beginnt mit der Nennung des jeweiligen Jahres nach dem Wort „Anno“. Die mit dem jeweiligen Datum (Tag und Monat, oft auch noch dem Wochentag und mitunter dem Tagesheiligen) beginnende Eintragung bildet einen neuen Absatz. Zur besseren Orientierung enthält die Quelle auf jeder Seite oben auch die jeweilige Jahreszahl als Randglosse. Randglossen werden des Öfteren, allerdings sehr ungleich verteilt für einzelne Einträge vorgenommen, etliche auch nachträglich. Sie sind jedoch wenig aussagekräftig, z. B. als Angabe bloß des betreffenden Wochentages. Ein gewisses Schema lässt das Tagebuch daraus erkennen, das die jährlichen Einträge für die Jahre 1646 bis 1669 in der Regel[36] mit der Angabe der aktuellen Getreidepreise, d. h. für die aus Bäckersicht besonders wichtigen Brotgetreide Roggen und Weizen, enden.[37] Ab dem Jahr 1670 fehlen dann diese Angaben, lediglich für 1682 und 1685 kehrt Schultze nochmals zu dieser Tradition zurück. Immerhin deuten offenbar bewusst frei gehaltene Räume für die ersten Jahre seit 1670 am Ende des jeweiligen Jahres darauf hin, dass die Getreidepreise hier noch eingerückt werden sollten. Mitunter nutzt der Tagebuchschreiber diese Räume auch noch für ihm

---

[35] Dagegen vermittelt die Handschrift der Chronik des Berliner Bäckers Heyde bereits auf den ersten Blick formal einen deutlich flüchtigeren, uneinheitlicheren Eindruck, siehe die Abbildungen in: Der Roggenpreis (wie Anm. 2), S. 25, 43 und 129.

[36] Die im LHAS vorhandene maschinenschriftliche Abschrift der ersten Seiten des Tagebuchs (siehe Anm. 4) hat nur einen Teil dieser jährlichen Getreidepreise übernommen. Zudem deutet sie die Abkürzung „f.“ für Gulden fälschlich als „R.“ und damit wohl für Reichstaler.

[37] Auch bei dem Berliner Bäcker Heyde geht es in erster Linie um die Preise für Roggen und Weizen, seltener – ganz ähnlich wie beim Rostocker Kollegen – auch für Gerste und Erbsen, siehe: Der Roggenpreis (wie Anm. 2), S. 45 passim.

wichtig erscheinende Daten, die er zuvor in der kalendermäßigen Abfolge seiner Einträge vergessen hat. Durchgängig hat Schultze nachträglich bei der Notiz der Wahl der einzelnen Ratsherren deren Namen im Falle ihres Todes, den er ebenfalls immer notiert, mit einem Kreuz versehen, wie wir das auch aus anderen Rostocker Quellen jenes Zeitraumes kennen.

Lässt die Handschrift des Bäckermeisters durchaus eine gewisse Übung und Routine erkennen, gilt dies nicht in gleichem Maße für seine (Schrift)sprache. Zwar wartet er mit zumindest rudimentären Kenntnissen des Lateinischen auf, doch ist sein ansonsten fast ausschließlich benutztes Hochdeutsch alles andere als flüssig, vielmehr häufig sehr umständlich. Angesichts der häufigen Schlichtheit der Formulierungen ist eine gute Verständlichkeit gewährleistet, selbst wenn man die mitunter haarsträubende Orthographie berücksichtigt, die von Normierung selbst für frühneuzeitliche Verhältnisse noch himmelhoch entfernt ist. Groß- und Kleinschreibung sowie Getrennt- und Zusammenschreibung werden weitgehend willkürlich gehandhabt und variieren selbst innerhalb eines Satzes mehrfach. Eine besondere Vorliebe hat der Schreiber für die Verwendung des „h“ nach Selbstlauten.[38] So heißt es statt „am“, „arm“, „er“, „in“, „Mann“, „um“, „war“ fast regelmäßig „ahm“, „ahrm“, „ehr“, „ihn“, „Mahn“, „uhm“, „wahr“ mit der Gefahr entsprechender Verwechselungen in der Bedeutung. Während lateinische Wörter weitgehend korrekt benutzt werden, fremdelt der Bäcker mit den wenigen von ihm verwendeten französischen Begriffen sehr, z. B. „Schese“ statt „Chaise“, „pacase“ statt „Bagage“ oder „patreij“ statt „Batterie“. Geradezu verballhornt erscheint „harpesiren“ statt „arkebusieren“, d. h. standrechtlich erschießen. Wie in vielen frühneuzeitlichen deutschen Texten verwendet Schultze statt des „u“ häufig ein „v“.[39] Völlig willkürlich verwendet er hingegen statt „v“ oft ein „f“. Zu den Eigenheiten der Schultzeschen Orthographie zählt die regelmäßige Schreibung von „dan“ und „den“ statt „dann“ und „denn“. Nicht selten tauchen niederdeutsche Wörter im Text auf, besonders bei Gegenständen des täglichen Bedarfs und des Alltags, wie etwa Hausgeräten, aber auch bei Straßennamen Rostocks. Das ergibt daher eine Art „Missingsch“. Dabei ist der Anteil niederdeutscher Elemente in den Anfangsjahren des Tagebuchs höher als für die späteren Jahre, als der Tagebuchschreiber das Niederdeutsche offenbar bewusst stärker zu vermeiden sucht. Auch in der Schriftart wirkt der Schlussteil des Tagebuchs „moderner“, da Schultze statt des anfänglich verwendeten deutschen kleinen „e“ am Ende fast ausschließlich das lateinische kleine „e“ benutzt. Auch das deutsche „ʒ“ weicht damals immer mehr dem lateinischen „s“. Sprachgeschichtlich steht Schutzes Text zwischen der noch niederdeutschen Chronik des Dietrich vam Lohe aus dem 16. Jahrhunderts und dem rein hochdeutschen Tagebuch von Schultzes Zeitgenossen Matthias Pristaff, von dem wir allerdings nur die deutlich spätere Abschrift kennen. Allerdings ist das Niederdeutsche bei Schultze noch viel präsenter als bei Vicke Schorler, obwohl dessen Text etliche Jahrzehnte vor Schultzes

---

38 Ähnliches galt schon für die Chronik des Vicke Schorler (siehe Anm. 31), S. 21.

39 Zum Problem siehe auch Schorler (wie Anm. 31), S. 21; Nikolaus Gryse: Historia von Lehre, Leben und Tod Joachim Slüters, bearb. und hg. von Sabine Pettke, Rostock 1997, S. 23.

entstand.[40] Jedenfalls verleiht die Mischung seines primär hochdeutschen Textes mit mancherlei niederdeutschen Elementen dem Schultzeschen Tagebuch einen besonderen Reiz. Entsprechend der vermutlich nachträglich erfolgenden Einträge in das „buch" herrschen Vergangenheitsformen in der Sprache Schultzes vor. Besonders bei dem Bäckermeister dramatisch erscheinenden Vorgängen verwendet er das (historische) Präsens.

6. Vorder- und Hintergründiges – zum Inhalt des Tagebuchs

Es waren keine guten Jahre für Rostock, in denen Joachim Schultze lebte und über die er Tagebuch führte. Der einstige Glanz der Hanse- und Universitätsstadt war längst dahin. Der Beginn des Tagebuchs fiel in die letzten Jahre des verheerenden Dreißigjährigen Krieges, der allerdings durch den Bäcker so gut wie gar nicht reflektiert wurde, genau so wenig wie die Friedensschlüsse von Münster und Osnabrück. In gewisser Weise spiegelte sich hierin wider, dass auch die Zeiten nach 1648 keineswegs friedvoll waren. Schweden, Dänen und Brandenburger beunruhigten auch fürderhin Rostock mit Durchzügen bzw. Einquartierungen und dem Kampf um den Zoll bei Warnemünde. Innerhalb Mecklenburgs stritten die beiden Herzöge von Mecklenburg-Schwerin und Mecklenburg-Güstrow ebenfalls um ihre Position in der wichtigsten Stadt des Landes. Den Bestrebungen einiger Hansestädte, ihre alte Verbindung wieder zu intensivieren, trat Rostock zunehmend zögerlich, wenn nicht gar ablehnend gegenüber, angesichts großer städtischer Schulden finanzielle Aufwendungen für die Hanse scheuend und ängstlich vor der möglichen Reaktion der Potentaten in der Nachbarschaft der Stadt zurückschreckend. Die Universität verkam immer mehr zur „Familienuniversität", in der Professuren mitunter vom Großvater über den Sohn auf den Enkel übergingen. Was geblieben war, waren die ständigen Raufereien der Studenten insbesondere mit jüngeren Rostocker Bürgern und Einwohnern, die nach wie vor nicht selten tödlich endeten. Das Rostocker Bier, der ehemalige und einzige Exportschlager der Stadt, fand einerseits auf den traditionellen Absatzmärkten im Norden immer weniger Zuspruch, litt andererseits – und damit in Wechselwirkung stehend – am rapiden Rückgang der Zahl der Rostocker Brauhäuser von ca. 250 auf etwa 80, die außerdem pro Brauhaus erheblich weniger brauten als in der Blütezeit um 1600.[41] Als wäre dies alles nicht schon schlimm genug, stürzte der große Stadtbrand am 11. August 1677 Rostock für längere Zeit endgültig in die Krise. Die Brandkatastrophe bildet in gewisser Weise auch für das Schultzsche Tagebuch eine Art Zäsur, zumal sie fast genau in die Mitte des im Tagebuch behandelten Zeitraum fällt. Zwar schildert der Bäcker den Brand selbst relativ kurz, doch widerspiegelt sein Text zumindest indirekt das damalige

---

40 Schorler (wie Anm. 31), S. 17.

41 Hierzu Ernst Münch: Der Rostocker Stadtbrand 1677 und das Reihe-Bierbrauen 1681-1934, in. Beiträge zur Geschichte der Stadt Rostock 36 (2021), S. 149-175; Derselbe: „Urbs rosarum" und „Lumen Vandaliae". Rostocks Blüte als Stadt und Universität in der frühen Neuzeit, in: Ebenda 34/35 (2018), S. 9-24.

Trauma der Rostocker. Jahr für Jahr begingen die Rostocker seit 1678 den Jahrestag des Stadtbrandes um den 11. August herum mit einem „Danckeltag“, d.h. einem Gedenktag, mit entsprechenden kirchlichen Aktivitäten. In jedem Jahr, zuletzt im August 1692 zum 15. Mal, verzeichnet der Tagebuchschreiber dieses Gedenken akribisch. Seit 1677 ist er überdies noch mehr als sensibilisiert für die Gefahr eines Stadtbrandes. Jedes noch so kleine Feuer wird von ihm registriert und notiert. Regelmäßig werden derartige Ereignisse auch mit der Anrufung des göttlichen Beistandes zum Schutz der Rostocker verbunden, enden dann mit „Amen“ (S. 95, 98 und öfter) und nehmen dadurch geradezu die Form eines Gebetes an. Bei rätselhaften Natur-, insbesondere Himmelserscheinungen überlässt Schultze die Deutung der Allwissenheit Gottes. Ähnlich tut es übrigens auch der bezüglich seiner Bildung ihm sicherlich überlegene Ratsherr Pristaff in seinem Tagebuch.[42] Das gilt auch für die als ungewiss empfundene Zukunft, wobei sich dies mitunter mit einem gewissen Fatalismus verbindet (S. 166, 175-176).[43] Kirche und Religion waren Schultze wichtig. Gewissenhaft notiert er die Wahl, die Einführung und den Tod bzw. das Ausscheiden der Rostocker Prediger für alle Kirchspiele.[44] Eine Vorliebe zeigt er hierbei für die Dauer der Amtszeit des jeweiligen Geistlichen, die er mitunter nicht nur nach Jahren, sondern auch nach Monaten oder sogar Tagen anführt. Welchen Stellenwert kirchliches Leben für Schultze besaß, kann man auch daraus ablesen, dass er als einziges Dokument in seinem Tagebuch ein Urteil einer fürstlichen Kommission vom 26. Februar 1677 zugunsten des Rostocker Predigers Franz Wolff in Sachen dessen angeblicher Irrlehren[45] in vollem Wortlaut abdruckt (S. 151-153).[46] Überdies ist die umfangreiche, mehrere Seiten umfassende Schilderung (S. 149-153) des mit Wolff verbundenen Predigerstreits die ausführlichste Eintragung im Tagebuch überhaupt.[47] Solche Streitigkeiten von Geistlichen waren Schultze offenbar ein Gräuel, noch mehr allerdings ein „Betvater“ aus dem Heilig-Geist-Hospital, der sogar zum Dieb und dafür hingerichtet wurde (S. 101). Ein Gräuel war dem Tagebuchschreiber wie vielen seiner Zeitgenossen jedoch auch ein schleuniger, unerwarteter Tod (S. 97, 99 und öfter), der auch geistlich keine persönliche Vorbereitung erlaubte. Lobend hervorgehoben werden das Interesse eines jungen Handwerksgesellen für die Bibel oder der regelmäßige, mitunter sogar pro Tag mehrfache Gottesdienstbesuch von Rostockern, mitunter sogar noch an ihrem Todestage (S. 134, 169, 191, 197).

---

42 Z. B. Extract (wie Anm. 6), S. 121 und 122.

43 Eine ähnliche Haltung nahm der Berliner Bäcker Heyde in seiner Chronik ein, siehe: Der Roggenpreis (wie Anm. 2), S. 31, 50, 109 und 110.

44 Das gilt auch für das Pristaffsche Tagebuch, gestützt auf dessen Angaben siehe auch Karl Koppmann: Predigerwahlen in Rostock im 17. Jahrhundert, in: Beiträge zur Geschichte der Stadt Rostock 4/2 (1905), S. 23-42.

45 Zu diesem Lehrstreit Rostocker Professoren siehe auch Karl Schmaltz: Kirchengeschichte Mecklenburgs, Bd. 3, Schwerin 1952, S. 86-89.

46 Koppmann: Predigerwahlen (wie Anm. 44), S. 34-42, der sich ausführlich mit dem Streit um Franz Wolff beschäftigt, kennt das von Schultze vollständig wiedergegebene Dokument nicht.

47 Auch Wettken (wie Anm. 10), S. 210-213, behandelt diesen Predigerstreit ausführlich.

Politisch gerierte sich Schultze als treuer Untertan sowohl der städtischen als auch der landesherrlichen Obrigkeit. Beider Erwähnung wird durchweg mit einer entsprechenden ehrenvollen Bezeichnung verbunden – für die Herzöge „Ihre Fürstliche Durchlaucht“. Für den Rat benutzte Schultze anfänglich die übliche Bezeichnung „Ein Ehrbarer Rat“, wechselt dann aber zu der noch ehrenvolleren Titulierung als „Ein edler hochweiser Rat“. Kritik an beiden Obrigkeiten findet sich nicht, selbst dann nicht, als die Herzöge 1659 sich in offener Konfrontation mitten in Rostock begegnen. Auch hier verstand sich Schultze als sachlicher Sammler von Fakten und Ereignissen, deren Ursachen, Deutung und Interpretation er nicht zu seinen eigentlichen Aufgaben und Zielstellungen zählte.[48] Außerdem offenbart sich hier auch am Schultzeschen Text eine für viele Ego-Dokumente charakteristische Krux: Der Verfasser setzt viele Zusammenhänge als bei den Zeitgenossen bekannt voraus, ohne in diesem Falle an spätere Generationen zu denken, für die derartige Zusammenhänge nicht unbedingt mehr ohne weiteres erkennbar sind. Einige Beispiele mögen dies verdeutlichen: Die Durchreise polnischer und französischer Gesandter in Rostock, gleich zu Beginn des Tagebuchs erwähnt (S. 93 und 95), im Zusammenhang mit der Eheschließung des damaligen polnischen Königs lässt nur indirekt erkennen, welch großen Einfluss Frankreich auf dieses Eheprojekt genommen hatte. Gleiches galt 1666 für die von Frankreich wesentlich beeinflusste zeitweilige Aussöhnung zwischen den beiden konkurrierenden mecklenburgischen Herzögen, worauf die Anwesenheit eines französischen Gesandten in Rostock hinwies (S. 121). Anlässlich der um Jahre verspäteten Huldigung durch die Stände 1662 für den schon seit 1658 regierenden Herzog Christian werden nicht die dafür ursächlichen Streitigkeiten zwischen dem Landesherrn und den Landständen thematisiert (S. 114). Als der Güstrower Herzog Gustav Adolf 1686 überfallartig dem Rostocker Bürgermeister Matthäus Liebeherr für etliche Tage Landreiter, die sogenannten Einspännigen, ins Haus schickt, wird dem tagebuchschreibenden Bäckermeister wohl bekannt gewesen sein, dass dies den Druck auf die Stadt hinsichtlich landesherrlicher Steuerforderungen erhöhen sollte. In sein Tagebuch hat Schultze eine solche oder eine andere Begründung – im Unterschied zum Tagebuch des Matthias Pristaff[49] – dennoch nicht aufgenommen (S. 180). Dass Herzog Adolf Friedrich I. erst 1692, also Jahrzehnte nach seinem Tod 1658, in der traditionsreichen Begräbnisstätte des mecklenburgischen Fürstenhauses in der Doberaner Klosterkirche endgültig beigesetzt wurde (S. 201), verbindet Schultzes Tagebuch nicht mit dem Verweis darauf, dass kein anderer als dessen mit dem Herzog zerstrittener und inzwischen ebenfalls verstorbener Sohn und Nachfolger, Christian Ludwig I., diesen „Act der Pietät vernachlässigt“ hatte, wie Ernst Boll es etwas beschönigend formulierte[50]. Auch bei innerstädtischen Vorgängen konzentriert sich der Tagebuchschreiber eher auf die bloßen Fakten als

---

[48] Das Zutreffende der von Schultze übermittelten Fakten findet häufig Bestätigung durch ihre parallele Überlieferung in den Rostocker Ratsprotokollen der entsprechenden Jahre, siehe generell hierzu AHR, 1.1.3.2.79-104 Ratsprotokolle 1645-1695.

[49] Extract (wie Anm. 6), S. 278-284. Dort werden die Hintergründe der Vorgänge im Hause des Bürgermeisters Liebeherr ausführlich erörtert.

[50] Ernst Boll: Geschichte Meklenburgs, 2. Teil, Neubrandenburg 1856, S. 173.

auf deren Hintergründe. So wurde in Rostock durch die städtische Obrigkeit zwar immer wieder versucht, etwa die Schweinehaltung zu verbieten oder doch zumindest einzuschränken, dem von Schultze für 1669 erwähnten diesbezüglichen Verbot (S. 125), das letztlich wiederum scheiterte, lag jedoch eine akute aktuelle Furcht vor einer neuen Pestwelle in der Stadt zugrunde.
Die Tatsache, dass der Tagebuchschreiber uns Hintergrundinformationen zumeist vorenthält, führt zu einer weiteren Problematik dieser Quellen generell: Das Interesse und die Schwerpunktsetzung des Schreibers stimmen nicht unbedingt mit denen seiner potentiellen späteren Leser überein, wobei wiederum auch deren Interessen sich im Laufe der Zeit verändern können.[51] So gehören bei dem sonst zumeist sehr knapp formulierten Schultzeschen Notizen diejenigen über die Äußerlichkeiten fürstlicher und königlicher Besuche in Rostock zu den ausführlichsten Passagen, ähnlich wie für seinen Zeitgenossen Pristaff.[52] Offenbar standen beide Autoren durchaus unter dem durch die Herrscher gewollten Eindruck der bei derartigen Gelegenheiten bewusst zur Schau gestellten Prachtentfaltung und zumindest äußerlichen Machtdemonstration. Zwar bieten solche Passagen einerseits der heute aktuellen Erforschung von Residenzen, höfischer Kultur, Zeremonien und Ritualen reichlich quellenmäßige Nahrung, jedoch bleibt andererseits für Aspekte etwa der Alltagsgeschichte dann weniger Platz. Doch obwohl sowohl der Ratsherr Pristaff als auch der Bäckermeister Schultz ähnlich beeindruckt von den fürstlichen Aufenthalten und deren Gepränge in Rostock waren, gab es doch deutliche Nuancen in ihren Berichten darüber. So fällt bei Schultz auf, dass er akribisch den jeweiligen militärischen Aufzug mehrerer oder aller Rostocker Bürgerfahnen während solcher Aufenthalte oder Durchzüge festhielt. Vermutlich war der Bäckermeister selbst aktiv daran beteiligt und erlebte auf diese Weise „große“ Geschichte in Rostock selbst hautnah mit. Dagegen blieb die politische Partizipation der Rostocker Bürgerschaft an der Stadtpolitik des Rates durch ihn fast völlig unberücksichtigt. Der Sechzehnerausschuss als engeres Organ des Hundertmännerkollegiums sowie die vier „großen“ Gewerke ebenfalls als Vertretung der Bürgerschaft fanden in seinem Tagebuch lediglich im Zusammenhang mit Festlichkeiten, wie etwa den Schützenfesten, Erwähnung. Interesse für Waffen und das Militärische insgesamt bekundete der Bäckermeister nicht nur bezüglich des Scheibenschießens[53] der Rostocker Handwerker und des Aufzugs der Bürgerfahnen, sondern auch hinsichtlich kriegerischer Auseinandersetzungen innerhalb und außerhalb Rostocks und Mecklenburgs. Das ähnelt sehr der Chronik seines Berliner Kollegen, die völlig von den mehr oder weniger siegreichen Schlachten

[51] Das zeigt auch zum Beispiel der auszugsweise Druck des Pristaffschen Tagebuchs: Was man in der Veröffentlichung des Jahres 1840 als weniger interessant bzw. wichtig ansah und wegließ, würde man heute mitunter durchaus anders sehen.

[52] Auf dessen diesbezügliche Informationen beruht wesentlich auch der Aufsatz von Karl Koppmann: Landesherrliche Besuche in Rostock während des 17. Jahrhunderts, in: Beiträge zur Geschichte der Stadt Rostock 4/1 (1904), S. 81-108.

[53] Ein solches Interesse bekundeten auch die ansonsten wesentlich „ziviler“ gestimmten Chronisten Vicke Schorler (siehe Anm. 31), S. 13 und Pristaff (wie Anm. 6), S. 12 passim.

des „großen" Königs Friedrich in den drei Schlesischen Kriegen dominiert wird.[54] Für Schultze standen hierbei in seiner unmittelbaren Umgebung die Kämpfe zwischen den Schweden, Dänen und Brandenburgern sowie weit von Schultze entfernt der Habsburger gegen die Türken[55] im Mittelpunkt. Rostock selbst musste immer wieder Einquartierungen, Garnisonen oder auch nur bloße Durchzüge von Truppen hinnehmen, worüber das Tagebuch vielfach berichtet. Besonders hatte das Geschützwesen es dem Tagebuchschreiber angetan. Akribisch notierte er die Zahl der abgefeuerten Geschütze anlässlich des Ein- und Auszugs, oder auch des bloßen Durchzugs von hohen Herrschaften in Rostock. Das „Lösen der Stücke", also das Abfeuern der Geschütze, zählt daher zu den am häufigsten verwendeten Spezialbegriffen des Tagebuchs. Dieses Interesse wurde dem Bäckermeister beinahe zum Verhängnis: Als er am 9. Juli 1680 mit Familie und Freunden zuschauen wollte, wie neue Geschütze ausprobiert wurden, wurde er durch Geschosssplitter leicht verletzt, worüber er – offenbar noch immer erschreckt – ausführlich in seinem Tagebuch berichtete.

Neben den Aufenthalten der Herzöge und ihrer Familienangehörigen in Rostock – die Namen der regierenden Herzöge sind die mit Abstand am meisten genannten Personennamen des Tagebuchs – und den Predigerwahlen zählen die Ratswahlen sozusagen als dritter roter Faden zu den tragenden Säulen des Schultzeschen Textes. Ähnlich wie für einige Prediger gibt er häufig nicht nur den Todestag und den Tag der Wahl des jeweiligen Ratsherrn oder Bürgermeisters an, sondern – für die heutigen Erwartungen sicherlich etwas übergenau, um nicht zu sagen überflüssig – auch die Zahl seiner Amtsjahre und -tage. Abweichungen von seit langem erprobten Regeln werden zumeist notiert, etwa das Abweichen vom traditionellen Wahltag, dem Matthiastag (24. Februar) (S. 137), die Wahl eines bis dahin nicht als ratsfähig geltenden Seidenkrämers (S. 137) oder die sofortige Wahl als Ratsherr und Bürgermeister (S. 195, 204).

Neben den Prediger- und Ratsherrenwahlen, den fürstlichen Besuchen und den militärischen Einquartierungen und Durchmärschen in der Stadt machen im Schultzeschen Tagebuch Todesfälle und Straftaten sowie deren Ahndung einen festen Bestandteil aus. Bei den Todesfällen geht es nicht so sehr um diese generell, sondern um diejenigen von Vertretern der Oberschichten (insbesondere Fürsten und deren Familien, Adlige, Ratsherren und Prediger) sowie um plötzlich eintretende, u. a. Todesfälle im Ergebnis von Unfällen, nicht zuletzt durch Ertrinken im Bereich von Warnow, Breitling und Ostseeküste. Auf immerhin knapp einem Viertel der Tagebuchseiten wurden solche Fälle des Ertrinkens notiert. Das makaberste dieser Vorkommnisse ist dabei wohl der Tod eines Wachtsoldaten auf der Befestigung vor dem Mühlentor durch Ertrinken in der Oberwarnow während der Verrichtung seiner Notdurft im Jahre 1672 (S. 133). Wenn der Unfalltod Kinder betraf, bekundete der

---

[54] Dies deutet schon der von der Herausgeberin gewählte Titel der Edition an, siehe: Der Roggenpreis (wie Anm. 2).

[55] Unwillkürlich denkt man hierbei an das vom Dichter ironisch gebrochene Gespräch des zweiten und dritten Bürgers in: Faust. Erster Teil, Vor dem Tor, in: Johann Wolfgang Goethe: Werke in zwölf Bänden, Bd. 4, Berlin und Weimar 1966, S. 168.

Tagebuchverfasser durchaus eine gewisse Empathie. Letztere fehlte hingegen völlig bezüglich tatsächlicher oder vermeintlicher Straftaten und deren zumeist drastischer Ahndung, die von der Zurschaustellung am Pranger, dem sogenannte Kaack auf dem Neuen Markt, dem Auspeitschen (dem sogenannten Ausstreichen) über die Verweisung aus der Stadt, der Abtrennung von Gliedmaßen bis hin zur Hinrichtung reichte. Nicht von ungefähr zählten daher der Kaack sowie die Stadtgefängnisse, d. h. die Schreiberei und die Fronerei, zu den im Tagebuch am häufigsten genannten Örtlichkeiten der Stadt. Noch häufiger als der Kaack wurde die dort vollzogene Ausstreichung, d. h. das Auspeitschen, der Delinquenten notiert. Wie die damalige Stadtgesellschaft insgesamt, war Schultze auch vom Hexerei- und Zaubereiwahn befangen, der in seinen Lebensjahren noch etliche Opfer auch in Rostock fand. Neben den oft selbstverschuldeten zumeist kleineren Bränden notierte Bäckermeister Schultze sorgfältig auch die im ungünstigsten Falle die Gestalt von Naturkatastrophen annehmenden Folgen von Stürmen, Gewittern und Überschwemmungen, besonders in den Herbst- und Frühjahrsmonaten. Eher auf die Psyche als auf die Physis drückten darüber hinaus Himmelserscheinungen wie das Auftreten von Kometen. Eine erfreuliche Ausnahme hingegen war eine glückliche Drillingsgeburt im Jahre 1684 (S. 175). Und das war offenbar vor fast 350 Jahren genauso eine Notiz wert wie noch heute.

7. Zur Einrichtung der Edition

Um die auch sprachgeschichtlich interessante Eigenart der Schreibfähigkeiten eines frühneuzeitlichen Handwerksmeisters zu dokumentieren, wird der Text des Bäckermeisters buchstabengetreu wiedergegeben, auch wenn darunter die Verständlichkeit etwas leidet. Ausgeglichen wird dies jedoch bis zu einem gewissen Grade durch den sehr schlichten Satzbau. Für Orts-, Personen-, Monats- und Tagesnamen wurde durchgängig Großschreibung vorgenommen. Auslassungen von Wörtern bzw. Wortteilen werden in eckigen Klammern ergänzt, stillschweigend Wortwiederholungen getilgt und von Schultze später nachgetragene oder chronologisch falsch platzierte Einträge chronologisch richtig eingeordnet. Sehr sinnentstellende Zusammenschreibung von Wörtern wird punktuell korrigiert. Die sehr unterschiedliche Verwendung des Doppelpunkts wird fallweise durch einen Punkt, durch ein Komma ersetzt oder weggelassen. Da Schultze generell nicht zwischen der Groß- und Kleinschreibung des Buchstaben „k“ unterscheidet, wird in der Edition durchgängig eine Normalisierung der Schreibung dieses Buchstaben im Sinne des heutigen Sprachgebrauchs vorgenommen. Abkürzungen im Text werden in einem Abkürzungsverzeichnis aufgelöst. In den Fußnoten erfolgen möglichst knappe Hinweise auf Zusammenhänge und Hintergründe der mitgeteilten Fakten, auf im Text genannte unvollständige oder entstellte Personennamen, schwer verständliche Orts- und Straßennamen sowie die Lokalisierung von Wohnhäusern und Gebäuden in Rostock. Ebenfalls werden durchgehend direkte Parallelstellen im Tagebuch des Matthias Pristaff[56] sowie in

[56] Siehe Anm. 6.

den Gesamtdarstellungen von Johann Georg Wettken[57] und Werner Reinhold[58] angemerkt. Zur besseren Orientierung für den Nutzer werden der jeweilige Beginn eines neuen Jahres im Text fett hervorgehoben und die Jahreszahl in der Kopfzeile jeder Seite genannt. Niederdeutsche, fremdsprachige und heute veraltete Wörter werden in einem Glossar im Anhang erläutert. Dort finden sich auch ein Geographisches Register, ein spezielles Gebäude-, Orts- und Straßenregister für Rostock sowie ein Personenregister. Letzteres enthält nach Möglichkeit auch Hinweise auf die Wohnlage der genannten Rostocker (mit Ausnahme der in der Regel direkt neben ihren Kirchen wohnenden Prediger). Die Lokalisierung erfolgt hierbei nach den Nummern der Rostocker Grundregisters[59], dessen Karten daher der Edition beigegeben werden. Die Seitenangaben in den Registern beziehen sich auf die Seitenzählung des Originals.

57 Siehe Anm. 10.

58 Siehe Anm. 15.

59 Das Rostocker Grundregister (1600-1820), hg. von Ernst Münch, Rostock 1998/99.

II. Edition des Tagebuchs

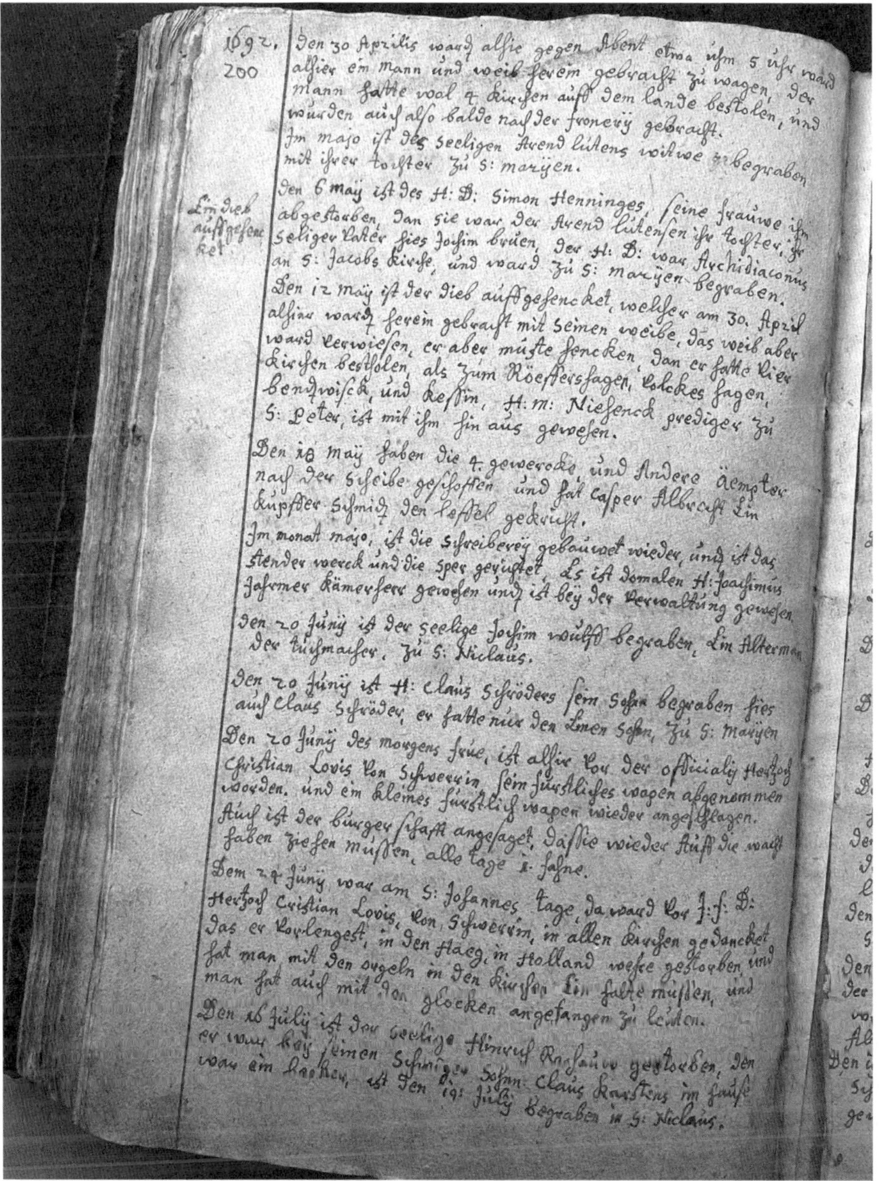

1692.
200

Den 30 Aprilis ward alhie gegen Abent etwa uhm 5 uhr ward alhier ein mann und weib herein gebracht zu wagen, der mann hatte woll 4 kirchen auff dem lande bestolen, und wurden auch also balde nach der fronerÿ gebracht.

Im majo ist des seeligen Arend Lütens witwe begraben mit ihrer tochter zu S: marÿen.

Den 6 maÿ ist des H: D: Simon Henninges, seine frauwe ihm abgestorben, dan sie war der Arend Lütensen ihr tochter, ihr seliger Vater hies Jochim brüen, der H: D: war Archidiaconus an S: Jacobs kirche, und ward zu S: marÿen begraben.

Ein dieb auffgehencket

Den 12 maÿ ist der dieb auffgehencket, welcher am 30. April alhier ward herein gebracht mit seinem weibe, das weib aber ward verwiesen, er aber muste hencken, dan er hatte vier kirchen bestolen, als zum Röefsershagen, Lolckes hagen, Bendwisch, und kessin, H: M: Niehenck prediger zu S: Peter, ist mit ihm hin aus gewesen.

Den 18 maÿ haben die 4. gewercke, und Andere aempter nach der scheibe geschossen und hat Casper Albrecht Ein kupffer Schmidt den Vogel gekrigt.

Im monat majo, ist die schreiberÿ gebauwet wieder, und ist das stender werck und die sper gerichtet, Es ist domalen H: Joachimus Jahrmer kämerherr gewesen und ist beÿ der Verwaltung gewesen.

Den 20 Junÿ ist der seelige Jochim wulff begraben, Ein Alterman der tuchmacher, zu S: Niclaus.

Den 20 Junÿ ist H: Claus Schröders sein Sohn begraben hies auch Claus Schröder, er hatte nur den Einen Sohn, zu S: marÿen

Den 20 Junÿ des morgens frue, ist alhir vor der officialÿ Hertzog Christian Lovis von Schwerin, sein fürstliches wapen abgenommen worden, und ein kleines fürstlich wapen wieder angeschlagen.

Auch ist der bürgerschafft angesaget, daß sie wieder Auff die wacht haben ziehen müssen, alle tage 1. fahne.

Dem 24 Junÿ war am S: Johannes tage, da ward vor I: f: D: Hertzog Cristian Lovis, von Schwerin, in allen kirchen gedancket das er verlengest, in den Hag, im Holland wehre gestorben, und hat man mit den orgeln in den kirchen Ein halte müssen, und man hat auch mit den glocken angefangen zu leüden.

Den 16 Julÿ ist der seelige Hinrich Rosfauw gestorben, der er war beÿ seinen Schwiger Sohn Claus Karstens im hause war ein kracken, ist den 19: Julÿ begraben in S: Niclaus.

Tagebuch, S. 200 (LIIAS, 1.12-1 Chroniken, Sign. 3)

[S. 93]

Dieses buech haebe ich gekaufft Anno 1661.

Aber Anno 1646 bien ich zu wohnen[1] kommen

was sich Mittler zeitt begeben Vndt zu getragen hat.

Anno 1646[2]

Den 15 Januarij siendt die polschen gesandten welche nach FrankReich geschiecket wahren, ihren Könich Vladislaum Eine gemählien zu holen hier durch gereiset mit der braut[3] Vndt sindt wieder nach Polen gezoegen, dan ihm Voriegen 1645 Jahr den 10 Augustij kahmen sie alhier zu Rostock mit grossen geprehnge Vndt ihn ihren stadtliechen habiet herein ziehen, aber da sie wieder aus Frankreich kahmen mußten sie zum theil zu fuesse wieder nacher Polen Reisen.

In diesen 46[4] Jahr hat der Rocke gegolten der scheffel 18, 19 s. der scheffel weitze 32, 34, auch 36 s.

Anno 1647[5]

Den 10 Maij ist Cristianus V[6] miet seiner gemählien[7] aus Dennemarken hin nach dem Curfursten von Sacksen, seinen swieger Vater[8] gereiset Vndt Von dannen nach dem Warmenbade[9], Vndt ist domahlen hie durch gereiset.

Den 10 Augustij Eben auf Laurentii tach, ist durch gottes wetter zum Stralsunde S. Marijen Kierche sampt den thurm, wie auch Klocken, die orgel Ja auch die stuele in der Kierchen Jämmerlich eingeEschert Vndt verbrandt.

In diesen 47[10] Jahr hat der scheffell Rocke gegolten 19 auch 20 s. der scheffel weitze 34, auch 36 s.

[S. 94]

Anno 1648 Den 7 Februarij ist Sehliger burgemeister Bernhardus Klinge gestorben.

Den 15 Februarij ist alhier Ein grosser starker wiendt gewehsen Ein gewaltieger sudewesten sturm des Nachtes Vhm 1 Vndt 2 Vhr Es war des dingestages ihm

---

1 Zugleich Erwerbung des Bürgerrechts im Jahre 1646.
2 Randglosse.
3 Luisa Maria Gonzaga wohnte zuvor in Paris.
4 1646.
5 Randglosse.
6 Kronprinz Christian von Dänemark, er starb bereits zu Lebzeiten seines Vaters 1657, als Christian V. wurde erst sein Neffe König.
7 Magdalene Sybille.
8 Johann Georg I., Kurfürst von Sachsen.
9 Karlsbad (siehe LHAS, 2.11 – 2/5 Empfang und Geleit durchreisender Fürsten und Gesandter durch Mecklenburg. Sign. 61).
10 1647.

Bürgermeister Bernhard Clinge
(KHMR, Bildersammlung)

Fastelafendt Vndt hat zu S. Marijen Von der Kierchen ein gross stucke Kupfer nach der Schreibereij zu abgewehet, Vndt zu S. Jacob das bretterne schuer Von Johan Sibrandes Kappell, Vndt Von S. Niclaus hatt ehr das Kreutze auf dem kleinen bihm thoeren los geweihet Vndt hatt Vorm Peters thoer die beiden toch brucken dahl geworffen wie auch Vorm Stehn thor, Es hatt auch sonsten hien Vndt wieder dieser Stuhrm grossen schaden ahn Kierchen Vndt thuermen gethan.[11]

Den 2 Maij ist Doctor Johannes Qvistorpf Superintende[n]s alhie zu Dobbran ihn gott den herren sehlichlich Eingeslaffen, dan es liessen ihm ihrer furstlieche Durchleuchtiekeiten hertzoch Adolff Friederich Von hie da hien hohlen, Vndt ist alhier den 5 Maij In Rostock zuer Erden bestetieget worden.

Den 5 Junij do steken sich zweij bosleute, ab auf der Warnauw, Nahmens Baltzer Steinhauwer Vndt Hans Koß aber Hans Koß wardt abgestochen, Vndt fiel ihns wasser.

Den 10 Septembris welcher wahr der 15 Sontach Nach der Heiliegen Dreijfaltiekeit, do blieb in S. Marijen Kierche, ein Hamburger Kauff gesell toedt ihn dehn wandt schnieder stöelen[12] ihn dehm das ehr hatt sein gebeht thun wollen den ehr wahr beij Harmen Holdtkampff ihn hause[13]

Sonnabent[14]

Den 30 Decembris welcher wahr der sonabent foer NeuJahr den der Neuwe Jahrs tach fiel eben auf den Montach Ein, des Sonabendes Morgens hatten wier Ein starkes donner wetter welches sluech 3 slege, welche sehr starck **[S. 95]** wahren, ihn dehm das der ander slach sluech ist feuwer an S. Niclaus thurm oben am Knaupffe feuwer gesehen worden, welches Von glaubwurdiegen burgern ist berichtet worden, welche auch fon den herren des Rahtes sint darnach gefraeget worden, aber ihn dehm der 3[.] slach zu geslaegen ist das feuwer Vom Knopffe wieder herunter gefallen Vndt hatt sich wieder zehr teilet, Vndt ist gott lob sonder schaden abgegangen, wo foer wier dem höegsten gott danck saegen, das ehr solches ihn gnaden hatt abgewandt, ehr wolle Vns hien fuero ferner in gnaden bewahre[n] Vhm seines lieben Sohnes Jesu Crijstij willen Amen

In diesen 48[15] Jahr hatt der scheffel Rocke gegolten – 22 auch 24 s. der scheffel weitze 36 auch 40 s.

---

11 Einschub von weiter unten, im Original nach dem 5. Juni 1648 eingetragen. Wettken, S. 197; Reinhold, S. 227.

12 Das Kirchengestühl für Gewandschneider, d.h. die angesehensten Kaufleute.

13 Wasserstraße GR 1361.

14 Randglosse.

15 1648.

1649[16]

Anno 1649 Den 5 Januarij welches auf der Heiliege Dreij Koeniege abent da reiseten die frantzöesischen gesandten hie durch Vndt wollten wieder nach Franckreich dan sie wahren aus Pohlen kommen, stach Einer den andern todt ihm wahgen, aber dehr thäeter wardt gekriecht Vndt wardt auf der Schreibereij gesetzet, aber ehr kahm wieder los.[17]

Rahtes herren ehrwehlet[18]

Den 24 Februarij auff Mattias tach siendt Rahtes[herren] Ehrwehlet, H. Caspar VierEgge[19], H. Roloff Maeke[20], H. Diederich Wulffraedt H. Hermannus Wetteche

Den 22 Maij stack Ein Kannen gehter gesehl einen losbecker gesehlen toedt, aber dehr Kannen gehter gesehl wardt wieder loes gegeben.

Den 26 Maij lies Claus Hoijer seinen gefel[21] ausstrieken Vndt fiel ein Meurman Von der stellunge her Vnter, Vndt fiel sich zu toedte.

Den 22 Junij ferdranc Samel Kabelauw seiner frauwen Mutter brueder sohn hinter Jochim Rahten seine Muhle auff dem Muhlen tham dan ehr wollte was essen nach der Muelen tragen, ihn dem er dass essen in der Mule gebracht hatt ziehet ehr sich aus Vndt Verdranck also

[S. 96]

Den 11 Julij fiel Michel Garfers Koppersmiedt alhier sein sohn Nahmens Baltzer Garfer, fon seines Vaters bohden Vndt hatte Ein Messer in der handt, Vndt fiel sich zu todte.

Sonabendt[22]

Den 15 September war des Sonabendes des 17 Sontages nach der Heiliegen Dreij faltiekeit, da zoech Doctor Joachimus Luettemahn[23] Von hier Nach Wulffen buttel, Vndt ihrer furstliechen gnaden, Hertzoch Augustus zu Braunswiech schickede ihm 8 Reuter Vndt Einen Korparahl die ihn nach Wulffen buttel confoierten, Vndt es gahben ihm Viele burger ahn Mans Vndt auch an frauwens persohnen das geleite aus der stadt bies nach Kessien, dan er wahr alhier zu S. Jacob prehdieger Vndt hatte die Nachmittages prehdichte Vndt seine zu höerer liebeten ihm sehr Vndt wollten ihn nicht gehrne miessen, welche auch zu Vnterschieden Mahlen beij Einen Ehrbahren Rahte anhilten das ehr doch möchte beij ihnen verbleiben, dan es kahm Von wehgen

16 Randglosse.

17 Wettken, S. 197 (zum 15. Januar 1649).

18 Randglosse.

19 Einer der wenigen adligen Rostocker Ratsherren.

20 Einer der letzten Vertreter einer bereits aus dem Mittelalter bekannten Patrizierfamilie.

21 Wasserstraße GR 1362.

22 Randglosse.

23 Richtig: Lütkemann.

Theologe Dr. Joachim Lütkemann
(UBRS, Porträtsammlung)

Einer Disputation[24] hehr so ehr gehalten hatte im Auditorio, darum mueste ehr Von hier wech, aber Hertzoch Augustus machte ihm zu Einen general Superintendem Vber sein furstehnthum Wulffen buettel.

Sonabendt[25]

Den 13 October wahr des Sonabendes des 21 Sontages nach Trinitatis, da hatten wier Einen starken Norde osten wiendt Vndt das wasser wardt sehr groß Vndt standt Vber S. Peters dahm Vndt Muhlen dahm, das auch die höltzer fon dem Felbruecken weck trieben, Vndt stundt in der gärber Vndt fiescher häuser, das auch die leute aus ihren häusern musten gehen, Vndt haben auch die becker das kohrn aus dehr Muhlen wieder auf fahren lassen des Nachtes Vm 12 Vhr den es stundt auch des Rademakers seine stuebe Vndt Kammer Voel wasser Vorm Blockhause auch fiel dasselbe Mahl Johan Lukauwen sein gefel dal welchen auch der wiendt herunter weigete.

In diesen 49[26] Jahr hatt der scheffel Rocke gegolten 28 – 30 auch 32 s. der scheffel weitze 2 f. auch 2 f. 4 s.

[S. 97]

Anno 1650 Den 30 Januarij wardt M. Johannes Corf zu S. Marijen pastor, Vndt H. Licenciat Casparus Mauritius nach Mittages prehdieger

Den 13 Februarii hatten wier alhier Einen starken Sudewesten welcher alhier S. Niclaus wie auch S. Jacobs turm sich sehr bewegten, Vndt auch in grosser gefahr stuenden, aber der liebe gott hatt sie gnäedichlich Erhalten, der wolle sie fehrner Vuer allem Vnglueck bewahren Vm Jesu Crijstij willen, Vndt es siendt auch Etzliche schuetten beim Strande los gekommen, Vndt haben sich Ein ander grossen schaden gethan.

Den 19 Februarij da Doctorierde H. Licenciat Casparus Mauritius Vndt M. Johannes Qvistoo[r]f. Vndt D. Qvistorfs machte desselben tages auch zu gleich hochzeit[27] mit Burgemeister Nicolaus Scharffenberchs tochter[28].

Den 25 Februarij war des Montages im Vastelafent etwa des abendes Vhm 9 Vhr do wardt einen tuffelmacher gesellen die rechte handt abgehauwen Auf S. Marijen Kirchhoefe[29] dieses that ein studiosus Nahmens Wilhelmus Smiedt burtich aus Könningsberch, da ihn aber die wacht hoelen wollte Von seiner stueben spranck ehr

---

24 Es ging um einen theologischen Streit mit Johannes Cothmann, in dem Herzog Adolf Friedrich I. von Mecklenburg Schwerin gegen Lutkemann Partei ergriff. Hierzu auch Wettken, S. 197.

25 Randglosse.

26 1649.

27 Beispiel für die übliche Verbindung der Doktorpromotion mit der Eheschließung.

28 Sophie Scharffenberg.

29 Der Kirchhof von St. Marien war öfters Schauplatz von Auseinandersetzungen zwischen Studenten und Rostockern, dort fand auch der Kampf statt, in dem Tycho de Brahe seine Nase eingebüßt hatte.

aus seinen stueben fenster Vndt kahm also da foen, wie woll des folgenden tages die thore wurden zugehalten

Den 20 Martij ist der gericht schreiber Zacharias Schummer auch eines sleunigen totes gestorben, ist auch des Voerigen abendes noch friesch Vndt gesundt gewehsen[30]

Den 1 Aprilis ist Paschen Költzauw ihn der Möenke strassen wonendt[31] sleunich gestorben. ist aber des foerigen tages noch friesch Vndt gesuendt gewesen

Den 23 Aprilis ist Ein bosman mit seiner frauwen Vertrunken da sie haben wollen nacher Warnemunde miet einen boete fahren Vndt es sindt ihrer woll 14 persohnen darein gewehsen sie sindt aber auf einen stuefen pahl gekommen, Vndt wahn nicht ein Warnemuender wehre da zu kommen der sie noch gerettet sonsten wehren sie Vielleicht alle Vm die helse gekommen

[S. 98]

Den 24 Maij wardt Ein studiosus auf den S. Peters dahm Voer der Zingel toedt geslagen miet einen hoppen staeken, welches haben die bauwren Von Rickthal gethan, es kam aber da foen hehr die bauwren hetten den gärbers loh gefuehret, Vndt da sie des abendes wieder aus der stadt gehen wollen wieder nach hause da gehen sie Voer H. Burgemeister Stiendts[32] hoefe Vor beij, Vndt begehren das sie ihnen doch möchten bier langen Voer ihr geldt, aber dehr mahn hat ihn kein bier wollen folgen lassen, den die studenten hatten alda eine thonne bier zum besten welche ihnen Von den Voerstehern zu S. Peter, Vehr Ehret wahr, da foer das sie dem Canter hetten singen geholffen auf die festage auf dem Coer, da fer zuerneten sich die studenten mit den bauren, das auch die bauwren die flucht nahmen, sie aber folgeten ihnen nach bies nach der Zingel, da zogen die bauwren hoppen staeken Von den hoppen kuhlen[33], Vndt wehreten sich, Vndt hetten diesen studenten mit den hoppen staken auf den Kopf geslaegen, dan des andern Morgens fuenden sie ihn toedt, es ist ihm aber der Kopf auf gesnitten worden da ist Von den balbieren[34] ein stucke geronnen bluedt darein gefuenden welches 8 loudt gewoegen Vndt es siendt auch etzliche ander studenten beschedieget, die bauwren haben sich aber beij Zeiten aus dem wehge gemacht.

Den 26 Julij wahr alhier ein starkes donnerwetter, welches der liebe gott Von Vns gnäedichlich hat abgewandt, aber es fiel ein sehr grosser hagel da beij welches fiel Korn auf dem felde zu nichte gemacht hatt

---

30 Einschub von weiter unten, im Original nach dem 1. April 1650 eingetragen.

31 Große Mönchenstraße GR 1158.

32 Wolhard Stindt war in Wirklichkeit erst seit 1653 Bürgermeister.

33 Beleg für den umfangreichen Hopfenanbau innerhalb der Rostocker Stadtfeldmark.

34 Die Barbiere, insbesondere der Ratsbarbier, untersuchten im Auftrag des Gerichts die Wunden Verletzter oder Toter nach körperlichen Auseinandersetzungen.

Sonnabendt[35]

Den 27 Julij hatten wier abermahl ein starkes donnerwetter Vndt slueg harte schlage, Vndt slueg ihn Claus Maijers seinen giebel in der Hegde[36], aber es ginck gott lob noch sonder schaden ab, der liebe gott wolle Vns fehrner behueten Vm Jesu Crijstij willen Amen.

Den 1 Augustij hatten wier ihn Vnsern becker Ampte Jochim Kröegern nach Dantzich geschicket miet Hinrich Schomakern, Vndt haeben ihn for Jehde last zuer fracht geben 6 f. 8 s. Vndt haeben ihn gesambt miet gethan 4030 f. wier haben aber den schiepffer noch 30 s. zu seiner fracht zu lehgen muessen (also hat der schiepffer einer fracht 7 f. 14 s. gekricht)[37] weilen ehr nicht ist Voel gewesen, es ist aber dieser Rocke zu Dantzich Voer 238 polsche guelden gekaufft ist nach Vnsern gelde 148 f. 16 s. ist der scheffel nach hiesieger Rostocker Maesse 47 ½ s. 2 ½ pfennick wan aber Zoell zu Warnemuende auch zu Dantzich auff der pfundt Kammer Vndt mit allen andern Vnkosten in gesambt da zu gerechenet wierdt kahm dieser Rocke auff 2 f. 8 s. der scheffel ehr hatt aber nuer 25 Dantzieger ihn last gehabt welches nach Vnser Maesse lasten giebt nuer 20 last 80 scheffel dan hier haben wier auff die last 96 scheffel, zu Dantzich 60 scheffel ihrer Maesse, das giebt hier 80 scheffell

[S. 99]

Den 29 Augustij ist Sehlieger Jochimmus Schlorff burger Vndt brauwer alhier in der Wasser strassen[38] wohnende ihn Johan Blueten weinhandelehrs seinen hause[39] sleunich todt geblieben ehr ist aber den 3 September in S. Marijen Kierche begraeben woerden.

Den 6 October welcher wahr der 17 Sontach nach Trinitatis da wolte D. Johannes Cortman[40] teologiae professor alhier nach S. Jacobs Kierche in dehr Nachmittages prehdichte gehen Vndt ihm dehm das ehr ihm gehende wahr, da fiel ehr nieder Vndt blieb todt. Vndt ist ahm 10 October In S. Jacobs Kierche begraeben worden, dahn ehr wahr da zu mahl eben Mangnificus Rector[41], dan die beiden pedellen giengen mir ihren Zeptern foer dem leiche her, Vndt wahren miet schwartzen seidenen floer bezoegen.

Den 20 October da lies eihn Ehrbahr Raht öffentlich Von der Kantzell publicieren, das keiner Vorm thoer noch auff der straessen solte Koern kauffen, sondern man solte

35 Randglosse.
36 An der Hege GR 1304.
37 Randglosse (Klammertext).
38 Wasserstraße GR 1358/59.
39 Hinter der Marienkirche GR 1030.
40 Richtig: Cothmann.
41 Rektor der Universität.

es auff das freije Market fahren lassen, das es alda den burgern möchte Verkaufft wehrden beij hoher straffe[42]

Den 12 December ist Sehlieger Göete Kroes auch sleunich gestoerben, auf seiner werkstelle ihn dehm ehr nuer nicht lange sich hatt nieder gesetzet, Vndt ist dehn 15 December In S. Niclaus Kierche begraeben worden. seines handtwerkes ein Raskemacher.

Den 31 December welches waer auff NeuwJahrs abent da kriechten die westpfheliesche Nation[43] einen studiosum welcher wahr in D. Daniel Sandauwen hause[44] Nahmens Wiederscheim[45] Einer Von Adell, der hatte die gantze westpfheliesche Nation foer hundes fuetter gescholten ihn der Heiliegen Geistes Kierchen foer, Vndt sluegen ihm in der Kierche, so Viel das sie ihm musten nach hause tragen aber die gantze Westpfeliesche Nation die wuerden in das Weïsse Collegium gesetzet, aber der Fiscal wardt auf der Schreibereij gesetzet, aber sie wurden Von der Academia[46] wacker hart gestraffett.

Der Rocke hatt in diesen 1650 Jahr gegolten 46 s. auch 2 f. auch 2 f. 8 s. der weitze der scheffel 2 f. 12 s. auch 2 f. 16 s.

[S. 100]

1651 18 Febru.[47]

Anno 1651 Do wahren die freijherren Von Puttebuesch[48] aus dem lande Ruegen aus Pommern alhier, Vndt da sie des abendes wolten wieder wech Reiten, dan sie wahren in Junker Moelten[49] Vom Teutenwinkel seinen hause in der Steinstrasse[50], do fer Vnwilligeten sie sich miet H. B. D. Niclaus Scharffenberches seinen Sohn Nahmens Berendt Baltzer Scharffenberch, Vndt sluegen den burgemeister etzliche Rueten aus dem fenster in der stueben[51], Vndt es wardt ein geschreij gemacht sie hatten einen erschossen, Vndt wurden dar auff also balde die thore zu gemacht, aber es erhielt[52] sich gott lob so nicht des andern tages aber fertruegen sie sich wieder.

---

[42] Wettken, S. 197; Reinhold, S. 227. Dieses sogenannte Vorkaufsverbot sollte Vorteile für einzelne Käufer sowie Preistreiberei verhindern helfen.

[43] Eine der Landsmannschaften unter den Studenten der Universität Rostock.

[44] Buchbinderstraße GR 3-6.

[45] Richtig: Antonius Otto Wietersheim, immatrikuliert 1645.

[46] Durch das akademische Gericht der Universität.

[47] Randglosse.

[48] Richtig: Putbus.

[49] Joachim Friedrich von Moltke, Gutsherr auf Toitenwinkel.

[50] Steinstraße GR 1423/24. Beispiel für den Hausbesitz von adligen Gutsherren aus dem Rostocker Umfeld in Rostock.

[51] Steinstraße GR 1434.

[52] Richtig: verhielt.

Herzog Adolf Friedrich I. von Mecklenburg-Schwerin (UBRS, Porträtsammlung)

Rahtes Herren Erwehlet.[53]

Den 24 Februarij auff Mattias tach do wuerden zu Rahtes herren Ehrwehlet H. Hans Wehgener, H. Johannes Wielbrandt. H. Teodorus Sueter.

Den 5 Martij ist des oberster Georgius Behr ein pommerscher Von adel alhie gestorben Vndt ist alhier bei gesetzet worden dan seine frauwe boett S. Marijen Kierche 100 Reichesthaler das ehr alhier solte begraeben werden, welches Johan Sibrant Voersteher alda nicht staeten[54] wolte den ehr wahr da zu mahl beij der regierunge, also wardt der selbiege oberster vom Neuwen hause abgetraegen, Vndt wurden ihm 2 Fahnen fohr getraegen. In die grosse fahne wahr sein waepen ihn gemahlet, Vndt eine kleine swartze standarde Vndt sein diener Riette mit seinen leibpferde ihn einem fuellen Kurietze Vndt einen blossen dehgen in der handt form leiche her Vndt das pfehrdt war miet schönen plumasien auf den Kopffe Vndt schwantze wol augestafieret[55] Vndt der diener hatte auch schöne plumasien auf den Kopffe ehr muste aber die gantze prehdichte Vber miet dem pferde in der Kierche nehben dem leiche behalten bleiben, ehr ist aber hernacher nach Triebsehs, in Pommern gefuhret, den ehr hatte ihrer Kaijserlichen Maijestet[56] lange gedienet, Vndt ist Commendant in der stadt Brieg gewehsen, Vndt hinter der leiche wardt auch ein pferdt miet schwartzen wande bekleidet geleitet.

Den 13 Martij sindt Vnser soldahten alhie zu Rostock abgedanket[57] auf dem freijen Markete, Vndt ist Capitein gewehsen Friederich Schneider leutenampt ist zu der Zeit nicht gewehsen, fehnrich wahr Michell Schlothauwer ehr lach aber auf das sloes Dämptz[58] wo hin ihn ihrer F. D.[59] gelecht hatte, so fuhrete dem nach der fuehrer das **[S. 101]** Fähnlein, Vndt da sie nun abgedanket wahren, ihm beij sein H. obristen Göetzen[60], Vndt H. Burgemeistern Johannes Petreus, Vndt ihrer Mehr, Vndt der profas[61] wardt auch wieder ehrlich gemacht, da zu Rissen die soldaten das fähnlein, Vndt der foehrer kriechte das Kröenechen nicht fom stangen, den ehe sie sichs fohr sehgen Vndt gewahr wurden hatten die soldahten das fähnlein zerriessen es beschedichten sich auch ihrer fiell Vndt kahmen auch etzlieche Muskwehten entzweij, darnach wurden die stucke auch auf dem walle geloeset.

Den 16 Aprilis wardt der Knopf miet sampt dem Kreutze Von dem kleinen tohrm da die bihm Klocke in hanget auf S. Niclaus Kierche abgenommen durch den

53 Randglosse.

54 Richtig: gestatten.

55 Richtig: ausstaffiert.

56 Kaiser Ferdinand III.

57 Rostock hatte schon ein Jahr zuvor deren Abschaffung gewünscht, Herzog Adolf Friedrich I. dies jedoch unter Hinweis auf die noch immer unruhige Lage im Reich abgelehnt.

58 Niederdeutsch für: Dömitz.

59 Adolf Friedrich I., Herzog von Mecklenburg-Schwerin.

60 Oberst Dietrich Görtz.

61 Jürgen Claus.

tohremdecker Meister Johan Adam Rump Vndt ist den 21 Aprilis dar wieder auf gesetzet worden.

Den 26 Aprilis da zoch des verstorbehnen printzen aus Dennemarken Cristianus des 5[62] gemählien[63] hie durch Vndt Reisete nach Gustrauw, Vndt fon dar zoch sie nach ihren Vatter zu dehn Curfursten nach Dresen[64], Hertzoch Johannes Georgius[65]

Den 30 Aprilis ist der beht Vatter aus dem Heiliegen Geiste[66] miet dem schwehrte gerichtet Nahmens Peter Mesauw, dehn er hatte fiel gestollen, Vndt hatte auch einen Nachslüssel gehabt zu der armmen buesse, wor aus ehr auch gestollen, Vndt einen Mahnne ihm Armen hause Vber 100 Reiches thaler, Vndt etzliechen Mehr Von den armmen dehn ehr was gestholen hatte ehr hatte aber ehe den galgen Verdienet alse das schwert[67], aber durch grosse furbitte seiner freunde wieder fuhr es ihm, aber der scharff richter hieb 2 Mahl

Im Monat Julius[68] ist die Furstliche Residentzstadt Schwerrin abgebrandt Vber die 70 wonhäuser, wie auch das Raht hauss ohne ander Zimmer, welches leider ihm weinich stunden gahr Jemmerlich in die asche ist geleget worden, es ist aber alhier, zu Rostock ihn allen 4 Kierspelen da zu gesamlet worden ihn einen Jehdtwehden Kierspel durch zweij burger welche es ein gesamlet haben.[69]

[S. 102]

Den 1 December starb sehlieger Burgemeister Doctor Niclaus Scharffenberch Vndt war den 8 December begraben in S. Marijen Kierche.

Den 10 December da segelde Hinrich Hoege nach Bergen, Vndt alse ehr zu Warnemunde auf der Reide lach Vndt ihm die WarneMunder das leste[70] bier in die schuete hulffen, da sie aber wieder nacher WarneMunde fuhren miet ihren gellen, da Ver[un]willigten sie sich auf der Seh Vndt wurden sich slagen in der gelle Vndt die gelle sluch Vhm, Vndt sindt ihrer 5 Verdruncken Vndt 4 haben sich noch gerettet[71]

In diesen 51[72] Jahr hat der scheffel Rocke gegolten 44 s. auch 2 f. auch 2 f. 8 s. weitze der scheffel 2 f. 8 s. auch 2 f. 16 s. gärste der scheffel 27 s. auch 30 s.

---

62 Kronprinz Christian war 1647 verstorben. Als Christian V. herrschte später sein Neffe.

63 Magdalena Sybille von Sachsen.

64 Richtig: Dresden.

65 Herzog Johann Georg I., Kurfürst von Sachsen.

66 Das Hospital zum Heiligen Geist an der Grenze zwischen Mittel- und Neustadt.

67 Auf Diebstahl stand der Galgen, der Tod durch das Schwert galt als ehrenvoller

68 Am 16. Juli 1651.

69 Wettken, S. 197-198; Reinhold, S. 227.

70 Richtig: letzte.

71 Beispiel für die bedeutenden Handelsverbindungen Rostock – Norwegen, für den zeitweilig umfangreichen Bierexport aus Rostock sowie für das Zusammenwirken größerer und kleinerer Wasserfahrzeuge.

72 1651.

Bürgermeister Dr. Nicolaus Scharffenberg
(KHMR, Bildersammlung)

1652[73]

Anno 1652 Den 10 Martij ist der herren Zimmer meister Hans Bobzien nach der Schreibereij gebracht, die weile ihm die soldahten, befuenden auf den walle auf den Alten werck das ehr fon den stucken lafeten das eisen abgebrochen hatte den es kam das eisen Von den lafeten wech wie auch Von den Rehdern Vndt wuste niemandt wehr es gethan hatte bis sie diesen dar uber betroffen, ehr wardt aber dar auff den 12 Martij nach der Bohdelij gebracht, Vndt ist den 21 Julij ausgestriechen worden beim Kaeke, Vndt hat Empfhangen 31 strieche, darnach wurden ihm die beiden fodersten fingern auf der Rechten handt geslagen, Vndt wurden die finger an den kaack genaegelt, Vndt wardt hernacher die stadt Verwiesen.

Sonnabendt[74]

Den 17 Julij welches wahr der Sonabent des 5 Sontages nach Trinitatis, auf den Nachmittach zwischen 1 Vndt halb 2 Vhr da hatten wier ein starkes donnerwetter Vndt sluch in S. Peters thurm auf der suedewester seiten, Vndt sluch Viel schefel zu nichte Vndt binnen ihm thore sluech es wol einen balcken oder 3 zunichte aber der liebe gott wante es noch gnäedichlich ab das kein feuwr da beij wahr. der getreuwe gott wolle Vnser Kirchen schulen Vndt heuser fehrner gnädichlich behueten Vndt bewahren.[75]

[S. 103]

Den 19 Julij sindt alhier zweij beutel schneider an dem Kacke öffentlich ausgestrichen Vndt ein Jechliecher hat Entpfangen 21 striche welche ihm pfingst Marck betroffen wurden das sie einen Manne hatten 21 f. aus der foepeken gezogen

Den 27 Julij ist der Sehliege Superintende[n]s Magister Cristianus Michael pastor zu S. Jacob begraben in der selbiegen Kierche.

Im Augusto ist der grosse Knoep wieder auf S. Marijen Kierche wieder gesetzet worden mit dem hanen welche sint gantz wieder Repariret worden, den ehr wardt im Monat Julio abgenommen.

Den 20 October ist Sehliege H. Burgemeister Joachimus Kleinschmiedt begraben In S. Marijen.

Den 9 November wart alhier des obersten Cappellen sein Sohn todt gestochen Von einen Vom adel Nahmens Von der Lue[76], aber ehr kahm des abendes wech nach der Fehre[77], Vndt wurden gleichwoll die thore 2 tage zu gehalten.

---

[73] Randglosse.

[74] Randglosse.

[75] Wettken, S. 198; Reinhold, S. 227.

[76] Von der Lühe.

[77] Der Fährberg bei Gehlsdorf lag auf dem Gebiet des Moltkeschen Gutes Toitenwinkel und galt als Asylort.

Den 13 December wardt Doctor Steffens Sohn[78] Von Gustrauw todt geschossen auf den Market, Von Rietmeister Von der Lieppen[79] welcher da zu Malen Zielmauw[80] ihnne hatt, ehr wardt aber gefangen genommen Vndt nach der Schreibereij gebracht ehr ist aber Anno 1653 den 29 Martij in der Nacht da wieder Von gekommen.

In diesen Jahre hat der scheffel Rocke gegolten 40, 44 s. auch 2 f. weitze 2 f. 12 s. auch 3 f. garsten 28 s. 30 s.

1653[81]

Anno 1653 auch ist in diesen foriegen 1652 Jahre etwa den 5 December eine Komet stehrne gesehen worden welche ist gesehen worden bies den 5 Januarij Anno 1663[82]

Den 31 Januarij ist H. Volhardus Stiendt burgemester geworden.

[S. 104]

Den 10 Februarij ist alhier ein weib ausgestriechen Nahmens Anna Franken, Vndt hat 21 striche bekommen, den es wardt gesaget sie hatte ihr Kindt Vhmgebracht, welches sie aber nicht hat gestehen wollen, sondern sie hat Vorgebracht in ihrer peinigunge[83] das das Kindt wehre todt zu der welt gebohren.

Rahtes Herren Erwehlet[84]

Den 24 Februarij auf Mattias tach sindt Rahtes herren Ehrwehlet worden alse H. Bernhardus Lindeman H. Johannnes Wedege, H. Jacob Alwardt H. Andreas Schmalbach

Sonabendt[85]

Den 23 Aprilis Viel das tach Von S. Peters thor, Vndt fiel eine frauwe darunter zu todt welche fon ihren hofe kahm ihr Mahn ist ein traeger gewehsen Nahmens Hans Brun Vndt wonete in der Lage strasse[86].

Mittewochen[87]

Den 28 Aprilis auf den abent zwischen 9 Vndt 10 Vhr sluch das wetter in S. Niclaus thurm, bafen das Maurwerk da das Kopper angehet auf die wester seiden Vndt sluech die grosse scheibe e[n]tzweij, Vndt die Mauwr Vnter dem seijer in der Kierchen Vndt an dem seijer in der Kierchen sindt die Ziefer alse gantz swartz geworden Vndt

---

78 Joachim Steffens oder Stephanus; Sühnevertrag in AHR, 1.1.3.22, Nr. 349: Kreuzstein auf dem Neuen Markt, dort offensichtlich irrig auf 1682 datiert.

79 Thomas von der Lippe.

80 Richtig: Sildemow.

81 Randglosse.

82 Richtig: 1653. Wettken, S. 198; Reinhold, S. 227.

83 Peinliche Befragung durch das Gericht.

84 Randglosse.

85 Randglosse.

86 Lagerstraße GR 824.

87 Randglosse.

das Epitapfium welches auf dem ohrte wahr wen mahn nach der tauffe gehen wiel entzweij Vndt auch einen stuel in der thorm thuer, es wardt auch feuwr ihm thorm gefunden, welches aber gott lob Vndt danck wiederumb geleschet wardt der liebe gott wolle hinfuero Vnsere Kirchen schuelen Vndt häuser fur allem Vngluck ferner ihn gnaden bewahren Vm Jesu Christij willen Amen[88]

Sontage[89]

Den 10 Julij hat Hans Seke, er war da mal pensionarius zu Harmenstorpff, Jurgen Mesters seine frauwe ihn ihren eigen hause thot geschossen, er aber kam da von.

Den 7 December ist M. Teopfilus Großgebauw[90] in S. Marijen zum prehdieger in ordiniret.[91]

Der scheffel Rocke hat gegolten erstlich in diesen Jahr 32 s. hernacher ist ehr gekommen auf den herbst auf 16 auch 13 s.

der weitze hat gegolten 2 f. hernacher 28 s. garste 16 s.

[S. 105]

1654[92]

Sontage[93]

Den 23 Januarij ist alhier ein Jude getaufft Nahmens Daniel Stein, Vndt hat in der tauffe einen andern Namen bekommen Cristianus Vndt hat ihn getaufft D. Casparus Mauritius Superintende[n]s zu S. Marijen Vndt hat 25[94] pahten gehabt, alse D. Johannes Qvistorpf zu der Zeit wahr ehr Mangnificus[95]: H. Burgermeister Caspar Vieregge. D. Augustus Verrenius[96], Hinricus Stahlmeister, D. Kruhthoff[97] D. Johannes Backmeister. M. Johannes Stein. M. Jochimus Schröeder, H. Joachimus Lindeman, M. Hinrikus Möller burger sindt gewesen Kemnitzius. Jochim Mantzel Hans Konauw, Natanael Munderich, frauwen sindt gewesen die alte Qvistorfsche[98], D. Kerbersche D. Mauritiussche[99] Peter Möllersche H. Jacobus Lempsche Thomas Schmedesche Peter Wagenehrsche

---

88 Wettken, S. 198; Reinhold, S. 228.
89 Randglosse.
90 Richtig: Großgebauer.
91 Nachträgliche Richtigstellung durch Schultze: Ist aber prediger zu S. Jacob.
92 Randglosse.
93 Randglosse.
94 Die große Zahl von Paten aus der sozialen Oberschicht zeigt, welche Bedeutung dieser Taufe beigemessen wurde.
95 Johann Quistorp d. J. war viermal Rektor der Universität Rostock.
96 Richtig: Varenius.
97 Richtig: Krauthoff.
98 Barbara Quistorp.
99 Katharine Mauritius, Tochter des Superintendenten Christian Michael.

Theologe Dr. Caspar Mauritius (UBRS, Porträtsammlung)

Anno 1654 Den 29 Januarij ist ihm Bahlmans hause[100] ein feldtscherer todt gestochen, welches ein studiosus hat gethan burtich aus Frieslandt es wurden die thore ia wol 14 tage ab Vndt zu zu gehalten aber ehr kahm gleichwol da fohn.[101]

Den 19 Martij ist D. Casparus Mauritius zum Supperintend[en]ten ein geordiniret.

Den 5 Aprilis ist M. Michael Wagener zu S. Cattrinen zum prehdieger in geordiniret.

Den 11 Aprilis ist D. Steffanus Schultetus ein Medicus auf Johan Zanders seiner hochzeit in dehm ehr miet der braut hat dantzen wollen sleunich todt geblieben

Den 2 Maij ist Furstlichen Durchleuchtikeiten hertzoch Gustafus Adolfus zu Gustrauw an die regierunge getretten[102], Vndt ist beij ihm gewehsen sein her Vetter, Ihre F. D. hertzoch Adolf Friederich zu Schwerrien, welcher I. F. D. Vormundt wahr[103], Vndt hat damals die Regierunge Vndt formundtschafft abgetretten Vndt wurden auch desselbigen tages zu Gustrauw die beiden **[S. 106]** Kustappel In dehm das sie die stucken wieder lahden wollen sich selbest zu nichte schöessen der eihne Nahmes Mattias Ipfendorp wardt der rechte ahrm halb ab Vndt ihn die rechte lende welcher auch desselbiegen tages starb, dem andern die beiden hende ab, welcher gleichwol noch beim lebende blieb welcher war seines handtwerkes ein Rohtgiesser der Junge aber der das Kraut truch wardt auch beschedieget dieses geschach for dem Lefienschen thore[104].

Sonabendt[105]

Den 17 Junij hat sich alhier ein alte frauwe nahmens Bäersche auf gehenket, welche Vnter Doctor Sibrandeschen in ihren Keller[106] wohnete, der buttel hat sie aber ausgefuhret Vndt auf S. Garderuhten Kierch hoefe begraben[107]

Den 5 Julij hat I. F. D. Gustaf Adolf seine frauw Mutter In Gustrauw wieder eingeholet.[108]

Den 6 Julii ist I. F. D. Gustaf Adolf Von der Ritterschafft gehuldieget worden auf den platz Vorm schlosse ihn Gustrauw.

---

100 Neuer Markt GR 159

101 Einschub von weiter oben, im Original vor dem 23. Januar 1654 eingetragen.

102 Der Herzog war im Februar 1654 21 Jahre alt und damit volljährig geworden.

103 Adolf Friedrich I. von Mecklenburg-Schwerin hatte sich 1636 als Onkel von Gustav Adolf durch den sogenannten Güstrower Prinzenraub die Vormundschaft für den Neffen gegen dessen Mutter, die Witwe von Herzog Johann Albrecht II. von Mecklenburg-Güstrow, gewaltsam verschafft.

104 Gleviner Tor im Südosten von Güstrow

105 Randglosse.

106 Beispiel für das vielfach typische enge Zusammenleben von Ober- und Unterschicht innerhalb eines Hauses.

107 Der St. Gertruden-Friedhof diente auch als Armenfriedhof.

108 Eleonore Marie von Anhalt-Bernburg, Witwe von Herzog Johann Albrecht II. von Mecklenburg-Güstrow, war im Vormundschaftsstreit für ihren Sohn Gustav Adolf dem Schweriner Herzog Adolf Friedrich I. unterlegen.

Herzog Gustav Adolf von Mecklenburg-Güstrow
(UBRS, Porträtsammlung)

Den 26 Julij fiel Michel Westphal sich zu todte In der Grapengehterstratte, den ehr wolte seines sehliegen Vaters haus[109] wieder bauwen lassen, ihn dehm ehr wolte eine alte mauwre dael brechen fiel sie ihm auf das leib, Ehr wohnete aber da mahlen in dem Schon Verlaege[110].

Den 14 Augustij ist die gantze burgerschafft alhie zu Rostock auf dem Walle geMunstert worden Vndt sint gewehsen 13[111] Fahnen.

Montag[112]

Den 29 Augustij ist I. F. D. Hertzoch Gustaf Adolf alhier zu der huldigunge eingezogen In das Kräeplinsche thor des Nachmittages zwischen 4 Vndt 5 Vhr, Vndt hat die gantze burgerschafft ihns gewehr gestanden Vom Kräeplinschen thor Vndt die gantze Bluetstrasse Vndt auff das Market Vndt form Rahthause fuer Vber Vndt bies for dem Gladen ahl Vndt die 12[.] Vndt 13[.] fahne ist in Voller bereitschafft auf dem Market bestende geblieben ess sindt aber diese strassen mit doppelten Reigen besetzet gewehsen, Vndt dar nach wie I. F. D. mit ihren Comitat foer beij wahr, ist die gantze burgerschafft wieder auf das Market gefueret worden, Vndt alda 3 losungen gegeben mit ihren Musqveten, hernach ist die burgerschafft Vor I. F. D. losament fuer Vber Massiret Vndt ist gliedt weise abermahl feuwr gegeben ihm Massiren. In dehm das I. F. D. ein zoch sint die stucken auch auf dem Walle herum **[S. 107]** geloeset worden, hernacher wie die burgerschafft Vom Market ist wech gewehsen, ist I. F. D. die praesenta hin gebracht worden, Erstlich Einen schöenen Vber guldeten globum 2[.] Ein stadtliecher feister ockse. 3[.] Zweij ohme weins, 4. Zweij last bier, 5[.] Zweij last habern 5[.][113] Eihn Kahen mit fieschen Den 29 Augustij ist I. F. D. nach S. Marijen Kierche gefahren, an zu höeren die huldigungs predichte welche that der Superintendens D. Casparus Mauritius, nach gehaltener prehdichte ist I. F. D. nach dem Rahthause gerietten, Vndt ist alda Von der burgerschafft gehuldiget Vndt ihn den Erbhuldigungs Eidt gethan, nach geschehener huldigung sint die stucken auff dem Walle wieder gelöeset worden, Vndt ist ihre durchleuchtikeiten wieder ihn ihrer losament nacher licenciat Von Gehrden[114] hause geritten[115]

Den 29 Augustij des abendes Vhm die Klocke 9 haben die studenten, I. F. D. Eine schöene Musick gebracht mit 3 Kohren, das Erste Cor kam vom Hoppen Market das ander aus der Coeffeltstrasse[116] das dritte aus dem Ortsunde.[117]

---

109 Grapengießerstraße GR 537.

110 Das Schonenfahrergelag als Gast- und Versammlungshaus der Schonenfahrer in der Großen Bäckerstraße bzw. auf der Fischbank GR 1228.

111 Die Zahl der Bürgerfahnen, d.h. des militärischen Aufgebotes der Rostocker Bürger, belief sich seit 1635 bis 1682 auf 13, vorher auf 18 und danach auf 11.

112 Randglosse.

113 Richtig: 6.

114 Marquard Gerdes wohnte am Neuen Markt GR 1514/15.

115 Wettken, S. 198, Reinhold, S. 156.

116 Richtig: Koßfelderstraße.

117 Einschub von weiter unten, im Original nach dem 31. August 1654 eingetragen.

Den 30 Augustij ist Ihre Furstlieche Durchlęuchtikeiten herum gefahren in dehr Stadt Vndt hat auch gleichsahm die Thore Vndt Welle besehen.

Den 31 Augustij ist I. F. D. miet Ihren gantzen Comitat, wie auch der gantze Raht zu bohte nacher WarneMunde gefahren Vndt sindt des abendes wieder gekommen

Den 1 September seint I. F. D. Gustaf Adolf zu pferde wieder ausgezogen aus dem Muelenthor, Vndt hat abermahl die gantze burgerschafft, sich mit ihren gewehr aufs das Market presentiret, hernacher ist die burgerschafft Von Market wieder ab Massiret bis for das Muelenthor Vndt sindt die strassen Vom Muelenthor bies an das Market mit doppelten Regen besetzet, durch welche I. D. mit ihren Comitat ist zwischen durch geritten, da er aber Vber Zoch brucken wahr da wurden ihm alle stucken auf den Wellen wieder gelöeset

Den 3 November ist alhier Ein bauwr gerichtet welcher zu Klentz gewohnet hat dieser bauwr hat seinen Eigenen knecht todt geslagen, Vndt ist zu Vns nach Rostock gekommen, wo selbest er auch ist gefencklich Eingezogen, Vndt ist Vorm Mulenthor ihm der Kopf abgehauwen Vndt der leib ist auf das Raht gelecht Vndt der Kopf ist auf den pfal genagelt.

[S. 108]

In diesen 1654 Jahr hat der scheffel Rocke gegolten in der Erste 13, 12, 10. Auch her nacher Vor 8 s. gekaufft der scheffel weitze 28, 26, 24 auch 20 s. gegolten.

1655[118]

Anno 1655 Den 14 Martii ist alhier Ein sager mit dem schwehrte gerichtet Nahmens Hans Timme welcher zweij weiber hatte genommen.

Den 6 Aprilis ist dieses forgedachten Miessethäters seine beifrauwe aus gestrichen worden.[119]

In diesen Monat Aprilis ist Sehlieger H. Tiete Maes gestorben.

Den 4 Maij ist Ihre Furstliche Durchleuchtikeiten hertzoch Cristian[120] Von Schwerrien alhier Ei[n]gekommen.

Den 23 October Ist alhier Ein frembder In Sancte Niclaus kirche auf dingstage Vnter der prehdichte kommen Es prehdichte da zu Mahlen ein studiosus, Vndt ist for der prehdiger stuel gekommen Vndt hat ihre beiden barrette welche for ihnen auf den stuel lagen, an die Erden geworffen, Vndt hat gerueffen heraus aus der Kierchen Vndt hat auch gesaget herrunter Vom prehdichstuel, wie ehr aber hat gesehen das die leute ihm haben angreiffen wollen ist ehr aus der Kierchen Vndt zum Pehters thore hin aus gelauffen Nach Burgermeisters Stientes[121] hoefe wo fon ihm die Richt Knechte haben wieder geholet Vndt ist hernacher verwiesen worden

---

118 Randglosse.

119 Nachtrag durch Schultze: mit 9 strichen.

120 Sohn und späterer Nachfolger von Herzog Adolf Friedrich I. von Mecklenburg-Schwerin.

121 Wolhard Stindt.

Bürgermeister Wolhard Stindt
(KHMR, Bildersammlung)

Den 25 Octobris ist alhier der dankel tach gehalten worden welcher auf den 25 September sollte gehalten werden sein welcher alle 100 Jahr gehalten wierdt wehgen der Auspurgischen Confession.[122]

In diesen 1655 Jahr hat der scheffel Rocke golt[123] 10, 11 auch 12 s. weitze der scheffel 24 s. 22 auch 21 s. gerste auch 10. auch 8 s.

[S. 109]

Anno 1656[124]

Rahtes Herren Ehrwelet[125]

Anno 1656 den 25 Februarij auff Mattias tach seindt Rahtes Herren Ehrwehlet, H. Doctor Kruethoff[126], H. Casper Thurman, Vndt H. Dafiedt Brandes.

am Himmel Fardtsaben[d][127]

Den 14 Maij ist Arendt Franck ein weinhendeler alhier erstochen worden in seinem Eigenen hause, Von Einem studioso Nahmens Mons. Gansewin[128] burtich aus Preussen, ehr hat nur gelebet bis auff den 19 Maij

Den 10 Junij ist oberster Polleij[129] alhier begraben in Sancte Marijen Kierche.

Den 18 September hat Berend Strehlinger beij der Fische banck seinen soet wollen auszeubern lassen, durch die pipenleggers, Vndt ihm dehme sie die pumppe das aus gewunden hatten, wolte der eine pipenlegger Nahmens Frantz Beest dar hin ein stiegen, Vndt es besehen wo es in wendich darein beschaffen wahr, ihn dehm fiel ehr aus dem tauw darinnen ehr standt hin ab in den soedt, Vndt kam auch nicht lebendich wieder heraus, sonder[n] ehr wardt toedt dar wieder her aus gezogen, Vndt sein Miet gesehl, wollte zu sehen wo ehr bliebe, Vndt kam auch fast halb toedt wieder heraus.[130]

Sonabendt[131]

Den 1 November hat ein pommerscher studiosus, auff der Warnauw, Vnfersehens einen studiosum, aus Lunnenburg Jemmerlich erschossen.

---

122 Wettken, S. 198. Endgültige reichsrechtliche Anerkennung der Augsburgischen Konfession (Protestantismus) neben dem Katholizismus im Religions- und Landfrieden auf dem Augsburger Reichstag am 25. September 1555.

123 Bedeutet: gegolten.

124 Randglosse.

125 Randglosse.

126 Richtig: Krauthoff.

127 Randglosse.

128 Johann Gantzwindt, immatrikuliert 1656.

129 Der schwedische Oberst Caspar Pohley auf Fienstorf.

130 Wettken, S. 198.

131 Randglosse.

In diesen 1656 Jahr hat der scheffell Rocke gegolten 12. auch 14 schilling. der weitze der scheffel 24. bis 27 schl. gärste der scheffel 14, 16 schl.

1657[132]

Anno 1657 den 13 Januarij siendt auff der Nedder Warnauw zweij studiosij fertruncken, Vndt ein bosman der sie auf den slietten hat gepecket, dan sie haben zweij peck slietten zu sammen gebunden, es hat sich aber der eine bosman noch gerettet.

Den 16 September, ist I. F. D. hertzoch Gustaff Adolff frauw Mutter Eleonora Maria[133] zu Gustrauw in der thum kirche begraben worden.

[S. 110]

Den 18 September ist Ihrer Königliche Maijesteten aus Schweden Carel Gustaff[134], alhier durch gezogen, auff den NachMittach zwischen 12 Vndt 1 Vhr, es hat sich aber die burgerschafft ins gewehr presentiret, ehr aber ist Nuer fluchs durchgefahren Nach dem Stralsunde zu

Den 20 December ist die Accise aufs Neuw wieder Von den Cantzeln wieder publiciret.[135]

In diesen 1657 Jahr hat der scheffel Rocke gegolten 16 schl.

der weitze, 24, 28 schl.

1658[136]

Anno 1658. den 8 Januarii ist oberster leutenampt Gahm[137] zum Commodanten alhier angenommen.

Rahtes Herren Erwehlet.[138]

Den 24 Februarij auff Mattias tach seindt Rahtesherren Erwehlet worden, H. Michael Geismar, H. Jochim Mantzell, H. Jochim Koeck, H. Steffen Schultze, H. Hinrich Riedemann, H. Andreas Wulff.

Den 27 Februarij ist Ihrer Furstliche Durchleuchtikeiten Hertzoch Adolf Friederich Sehlich ferstorben zu Schwerrin

Den 14 Julii ist Thomas Luetens ferdruncken hinter Jochim Rahten Muhel

Den 20 December ist I. F. D. Hertzoch Cristian Von Swerrin zu Vns herein gekommen.

---

132 Randglosse.

133 Eleonore Marie von Anhalt-Bernburg war am 17. Juli 1657 in Strelitz gestorben.

134 Karl X. Gustav befand sich im Krieg gegen Dänemark, Polen und Russland.

135 Einschub von weiter oben, im Original vor dem 18. September 1657 eingetragen.

136 Randglosse.

137 Stadtkommandant Oberstleutnant Christoffer von Gamme, erbgesessen auf Prillwitz, blieb nur bis 1659 im Amt.

138 Randglosse.

Herzog Christian (Ludwig) I. von Mecklenburg-Schwerin (UBRS, Porträtsammlung)

In diesen 58[139] Jahr hat der scheffel Rocke gegolten, 15. 16 schl.

der scheffel weitze 24 bies 28 schl.

1659[140]

Sonabendt[141]

Den 15 Januarij Ist I. F. D. Hertzoch Gustaff Adolff, Von Gustrauw zu Vns in Rostock herein gekommen in Rostock mit 70 pfherden, Vndt der diese troep fueret hatte einen blossen degen in der handt, Vndt die Reuter hatten ihre pistolen mit auffgeslagenen hahnen in der handt. Vndt hatten die standarte auch beij sich Vndt Stelleten sich auff das Marcket, Vndt ist also die burgerschafft angesaget, Vndt sindt auch ins gewehr gekommen, Vndt haben sich auch alle auff das Marcket presentieret, es haben sich auch Ihrer F. D. Hertzoch Cristians seine Reuter auch auff das Market ferfueget, welcher zu der Zeit auff dem Rahthause losirte, aber ihrer wahren Vber 20 nicht starck, da haben sich aber die burger zwischen beiden parteijen eingesetzet[142], Vndt haben die Reuter gehalten, bies zu Vhm den abent da haben sich I. F. D. **[S. 111]** Hertzoch Gustaff Adolff seine leute nacher Kessin Verleget, Vndt I. F. D. siendt alhier geblieben.[143]

Den 26 Januarji ist I. F. D. Hertzoch Carl, I. F. D. Hertzoch Cristians sein her brueder herein gekommen, mit 15 pferde, Vndt eine karosse.

Den 27 Januarij ist I. F. D. Hertzoch Gustaff Adolff, seine gemählin[144] zu Vns herein gekommen, mit 10 Karossen, Vndt 3 trompeter siendt foer Ihrer Karosse her geritten Vndt sindt 6 stucke gelöeset, Vndt die soldaten haben 3 losungen mit Musqveten auff den Marcket geschossen.

Sonabendt[145]

Den 29 Januarij ist I. F. D. Hertzoch Cristian Von hier Nacher Butzauw gereiset.

Sonabendt[146]

Den 5 Februarij ist I. F. D. Hertzoch Gustaff Adolff, mit seiner gemählin wieder nacher Gustrauw gereiset.

Den 8 Februarij ist I. F. D. Hertzoch Cristian wiederkommen mit Hertzoch Rudolff[147] seinen herren brueder.

---

139 1658.

140 Randglosse.

141 Randglosse.

142 Der Überlieferung nach haben die Rostocker auf diese Weise eine direkte Konfrontation zwischen beiden Herzögen verhindert.

143 Wettken, S. 188; Reinhold, S. 156.

144 Magdalene Sybille.

145 Randglosse.

146 Randglosse.

147 Gustav Rudolf.

Den 15 Februarij sindt I. F. D. Hertzoch Carl wieder nacher Gustrauw gereiset.

Den 18 Februarij ist I. F. D. Hertzoch Cristian mit seinen herren brueder Hertzoch Rudolff wieder nacher Butzauw ferreiset.

Den 23 Februarij ist I. F. D. Hertzoch Cristian Vndt Hertzoch Rudolff wieder gekommen.

Den 24 Februarij ist alhier zu Rostock in allen 4 Kirspell Kirchen leicht[148] predigen gehalten, alse I. F. D. Sehliger Hertzoch Adolff Friderich zu Swerrin ist beigesetzet[149] worden, aber in S. Marijen ist eine lateinische oration gehalten welche D. Bodock[150] gehalten, Vndt die teutzsche predige hat D. Casparus Ma[u]ritius gehalten, Vndt sindt auch I. F. D. Hertzoch Cristian Vndt Hertzoch Rudolff[151] selbest in der Kirche gewesen.

Sonabendt[152]

Den 26 Februarij ist des Morgens zwieschen 4 Vndt 5 Vhr ist alhier Eine feuwrs brunst Entstanden auff den Market beij dem Neuwen hause in H. Cristian v. Thenen hause[153], anitzo Johan Nettelblats, welches aber gott lob noch for Mittage wieder gedampffet wardt, sonsten hette das Rahthaus in gefahr gestanden, dan es Ritten I. F. D. H. Cristian[154] selbst herum Vndt Reizeten die leute ahn das sie Retten M...[155]

[S. 112]

Den 5 Aprilis seindt I. F. D. Hertzoch Cristian Von hier wieder wech gereiset.

Den 20 Aprilis haben I. F. D. Hertzoch Gustaff Adolff Von Gustrauw, etzliche Einspenner herein gesandt, des Morgens frue, Vndt haeben Hertzoch Cristians sein wapen for dem Dobranschen[156] wieder abgenommen Vndt haben das alte

---

148 Richtig: Leich.

149 Die Verzögerung über ein Jahr nach dem Tode des Herzogs ergab sich aus dem gespannten Verhältnis zwischen Adolf Friedrich I. und seinem Nachfolger Christian sowie dessen Auseinandersetzungen mit dem Güstrower Herzog Gustav Adolf. Endgültig beigesetzt wurde Adolf Friedrich I. erst 1692 in der Doberaner Klosterkirche.

150 Laurentius Bodock.

151 Gustav Rudolf.

152 Randglosse.

153 Neuer Markt GR 1510.

154 Der Überlieferung nach betrachtete der abergläubische Herzog den Brand als Menetekel und verließ die Stadt.

155 Der Rest des Wortes ist im Original abgeschnitten, wahrscheinlich hieß es: Müssen. Wettken, S. 199; Reinhold, S. 157 und 228.

156 Gemeint ist der Doberaner Hof in der späteren Buchbinderstraße GR 11, ehemals Stadthof des Zisterzienserklosters Doberan in Rostock, gelangte nach der Reformation an die Landesherrschaft. Daher beanspruchte sowohl der Schweriner als auch der Güstrower Herzog Rechte daran.

Furstliche wape wieder dar ahn gehangen, dan Hertzoch Cristian lies das alte wapen wechnemen, Vndt Nuer sein wape alleine da foer.[157]

In diesen Jahre ist der Rocke Von 18 schl. bies auff 32, 36 schl. gekommen. der weitze hat golten[158] 36 schl. bies auff 2 f. 8 schl. ist ehr gekommen.

1660[159]

Den 9 Januarij ist I. F. D. hertzoch Gustaff Adolff mit seiner gemehlin[160] herein gekommen.

Den 10 Januarij ist Sehliger Doctor Johannes Georgius Dorscheus begraben worden in S. Jacobs Kierche Vndt I. F. D. Hertzoch Gustaff Adolff, seindt selbsten in der leich predigte gewesen.

Den 12 Januarij siendt I. F. D. sampt derro gemählin wieder Nacher Gustrauw ferReiset.

Freitage[161]

Den 16 November am[162] ist ein starcker sturwindt Entstanden am abent Vhm 5 Vhr hat gewehret bis Vhm 9 Vhr Vndt hat an S. Niclaus thurm, Von der Suede wester Kante Ein gros stuck Kupffer mit sampt den bräetern bei 3 bähn hoch, Vndt die zweij Ziefer alse 2 Vndt die 0 mit abgewehet Vndt haben des folgenden tages den 17 das Kupffer mit den brehtern im stadt graben wieder gefunden Vorm Mulen thor Vndt ein fenster Vom thurm haben sie auff der Nedderblecke wieder gefunden, Vndt hat auch am Markete etzliche gefel beschediget Vndt Von S. Marijen Kierche ist auch etwas Kupffer abgewehet, Vndt die schuten ahm Strande haben auch zimlichen schaden ehrlitten[163]

Sontage[164]

Den 11 December ist abermal ein starcker sturm gewesen des abendes Vhm 6 Vhr Vndt hat gewehret bis zu Mitternacht Vndt hat abermahl Von S. Niclaus thurm Von der Sude oster Kante Ein stucke Kupffer abgewehet mit sampt den brehtern Vndt ist des Morgens im Garfer gange wieder gefunden

[S. 113][165]

---

157 Wettken, S. 199; Reinhold, S. 156-157.
158 Gemeint ist: gegolten.
159 Randglosse.
160 Magdalene Sybille.
161 Randglosse.
162 Textlücke.
163 Wettken, S. 199; Reinhold, S. 228.
164 Randglosse.
165 Diese leere Seite wurde von Schultze vermutlich für die Einträge über das Jahr 1661 vorgesehen.

[S. 114]

Anno 1662 den 8 Januarij ist Johan Ericksen gewesener schluetwechter, zu dieser Zeit wahr er bestellet zum saeck Kieker auff den Muelen tham, Vertruncken, Vndt ist Vnter der Voedersten LoeMuelen Vnter das wasser Raht durchgangen Vndt hat Vor dem Rahte gelegen, hat noch seine Mantel Vndt degen Vhm gehabt.

Rahtes Herren. Ehrwehlet.[166]

Den 24 Februarij sindt Rahtesherren ehrwehlet, auff Mattias tage: H. Matteus Liebherr, H. Vlrich Elvers, H. Claus Meijer, H. Cristianus Knesebeck, H. Johan Jochim Stöefer H. Joachimus Jahrmer

Montag[167]

Den 14 Aprilis ist die Munsterunge Vor sich gangen Vnter der burgerschafft, auff I. F. D. Hertzoch Cristians, kunfftige huldigunge.[168]

Dingestage[169]

Den 22 Aprilis ist I. F. D. Hertzoch Cristian sein Einzug geschehen, des abendes uhm 5 Vndt 6 Vhr, Vndt hat die burger Vom Marcket an bis an das Kräeplinsche thor, Mit doppelten Regen ins gewehr gestanden, Es sindt Vor I. F. D. Erstlich Vor hehr gezogen, 3 Kärnit Reutereij, welche mit fliegenden standarten sindt Eingekommen,[170]

1 Vor den Ersten troep hat geritten Ein paucken släeger, Vndt 3 trompeter, der officirer so Vor angeritten, mit Einen blossen degen, Vndt Eine weisse standart in gesampt 9 gelieder, beij 50 Mahn starck.

2 Vor den andern trop haben geritten 2 trompeter, auch ein officirer mit entblöeseten degen, Vndt Eine gruene standart, auch 9 gelieder starck, auch 50 Mahn.

3 Foer den dritten troep, hat geritten 1 trompeter, auch Ein officirer mit entblösseten degen, Vndt Eine gruene standart, auch 9 gelieder, Vndt 50 Man starck, Es haben diese Reuter allesampt ihre Kalbiener auff den Knihen stehende gehabt, Vndt alle mit gelben Köellern gekleidet gewesen, In den standarten ist I. F. D. wapen gar kunstlich mit pardelsticker arbeit, Eingesticket gewesen, Vndt hat sich diese Reutereij auff das Marcket in dreij teil gesetzet.

Her nacher sindt I. F. D. handtpfherde gefueret, Vndt ist den selben die gantze Ritterschafft her Nach gefolget.

---

166 Randglosse.

167 Randglosse.

168 Wettken, S. 199. Die Huldigung für Herzog Christian von Mecklenburg-Schwerin, der bereits seit 1658 regierte, hatte sich jahrelang wegen akuter Streitereien zwischen dem Herzog und den Landständen verzögert.

169 Randglosse.

170 Wettken, S. 199.

Herzog Christian I. von Mecklenburg-Schwerin Huldigungsmedaille 1662 (KHMR, G 1355, 2 1 6)

[S. 115]

Dar auff folgeten I. F. D. Vor derro selben Ritten Vor hehr 8 trompeter, mit silbernen trompeten, mit schönen Kwasten, Vndt fahnen, wor ihnnen I. F. D. wapen wahr ihn gemahlet, Nach dennen Volgete Ein paucken sleger, die paucken wahren auch mit schonen decken worrinnen auch I. F. D. wapen war sehr schon eingemahlet dar auff Volgeten 4 lackeijen, mit entblöeseten haupt, waren auch zweij Moren darbeij, die hatten silberne halsbande uhm, Darauff folgete I. F. D. auff einen schönen pfherde reitende, darauff folgete, die leib guardi, mit ihren Kalbinern, so sie in den henden Vndt auff den Knien stehende hatten, darauff folgeten I. F. D. 2 schöne Carossen mit Rohten Sammet ausgeslagen, Vndt Viel andere Carrossen mehr, wie auch andere wagen mehr, wie Nun dieses Vorbeij wahr, da folgete die gantze burgerschafft, Vndt stelleten sich auff das Marcket fur I. F. D. losament, Vndt gaben 3 losungen wie dieses Vor beij wahr, Massirten die burgerschafft, Compaganeis weise Vor I. F. D. losament Vorbeij, dar nach wardt I. F. D. presentiret, ein present, als ein silbern becken nebenst Einer giskan welches sehr schon verguldet wahr, auf welcher gieskahn die göttin Venus gar kunstlich gemacht, dieses present ist auff 400 Reiches thaler geschetzet, wie auch Ein feister ockse, 2 last habern, 2 last bier, 2 ohme wein, Vndt ein Kachn mit fischen.

Den 23 Aprilis ist I. F. D. Nach S. Marijen Kierche gefahren, die huldigungs predigt an zu höeren, Nach gehaltener predigte seindt I. F. D. Nach dem Rahthause gefahren, da sindt die burger Von der Bluetstrasse ahn, bis an das Rahthaus, mit doppelten Rehgen, Vndt fliegen[den] Fähnlein ins gewehr gestanden durch welche I. F. D. hat fahren Muessen. Form Rathause sindt I. F. D. trompeter Vnd paucken schleger gestanden, Vndt ist auffs herligste geblasen, wor auff dan die huldigung auff dem Rahthause Von Raht Vndt burgerschafft ist geschehen. Vndt ihn den Erbhuldigungs Eidt gethan, wie die huldigung geschehen sindt die stucken auff dem walle geloeset, es hat auch I. F. D. geldt Vom Rahthause aus werffen lassen[171], wor auff I. F. D. bilde war gepreget, wor uber ein grosses gedreng wahr, Es haben ihn auch die studeosi eine Musieck des abendes gebracht.[172]

Sonabende[173]

Den 24 Aprilis ist I. F. D. gegent Abent wieder wech gezogen aus das Kräplinsche thor, Vndt hat den aussug gehalten, wie der Einzug wahr Vndt hat sich die gantze burgerschafft wieder Vom Marcket bis an das Kräplinsche thor, mit doppelten Regen ins gewehr gestanden wo durch I. F. D. sindt geRitten, mit Ihren gantzen Comitat.

[S. 116]

Den 28 Julij ist Ein bosman Nahmens Jochim Druel, Von schiepffer Frans Kastens, seiner Mast welche ehr hat aus setzen wollen Vndt eine Neuwe wieder einsetzen wollen, beij der Wokrent brugge mit sampt der Mast auff der brucke gefallen, Vndt ist gar zu todte kommen.[174]

den Mittewochen.[175]

Den 6 Augustij sindt zweij schieppers Söhne ferdruncken, welche haben wollen auff der Warnauw, ausserhalb des Baumes, nach hechten aus fharen mit dem Jange angel, Vndt sindt gewesen Jurgen Kemmin, Jochim Kemmins sein Sohn, der ander ist gewesen Hans Wramp, Henninck Wrampen sein Sohn,

Eben an den selbigen tage hat Cordt von Eichen, seine tochter ihr eigenes Kindt, Von der Hueseken brugge beim Strande herunter gestossen, Vndt ist auch Jämmerlich vertruncken, das Kindt aber ist den 12 Augustij Erstlich wieder gefunden, beim Krahn zwischen den schueten, sie aber die Mutter ist nicht Recht beij sinnen gewesen.

---

171 Gilt als bislang einziger Fall in der mecklenburgischen Geschichte.

172 Wettken, S. 199.

173 Randglosse.

174 Dieser tödliche Unfall ist auch überliefert in AHR, 1.1.15.2585 Register und Rechnung der Einnahme und Ausgabe wegen der Assignation 1662: Jochim Drule, hatt sich am Strande todt gefallen in d. Schutten.

175 Randglosse.

Theologe Dr. Heinrich Müller
(UBRS, Porträtsammlung)

Sontage[176]

Den 21 September war auff den tag des Apostels Mattei, hat Doctor Casparus Mauritius, Supperintendendes alhie seine Vahlet prehdichte gethan, den ehr ist nacher Hamburg zum pastorn ehrwehlet, an S. Jacobs kierche.[177]

Den 1 October ist Cordt von Eichen seine tochter gerichtet worden.

Den 3 October ist D. Casparus Mauritius Von hier Nacher Hamburg gereiset.

Den 9 October ist alhie ein weib aus gestrichen auff den Neuwen Kack, welcher man neuwlich renoviret, Nahmens Trin Jarchauwen.

Den 13 October ist D. Hinricus Muller, zum pastoren ehrwehlet, zu S. Marijen, in D. Casparus Mauritius stelle

Den 17 October ist Hinrich Lindenberg, Sehligen Jochim Lindenberges Sohn losbecker alhier, mit dem schwerde gerichtet, dan er hatte einen studiosum erstochen am 12 Maii

Im Monat November ist H. Michel Laurentius Sein Sohn auch Nahmens Michael Laurentius zum prediger ordiniret, Vndt zu S. Jacob, auch zum prediger Eingewiesen.

[S. 117]

Den[178] November ist H. Joachimus Lindeman Von S. Peter Nach S. Marijen zum Archidiacono Ehrwehlet worden, Vndt ist den 17 December zu S. Marijen in sein prehdig ampt Eingeordiniret Vndt eingewiesen worden.

Den 8 December ist H. Mattias Liebher zum Burger meister Ehrwehlet[179]

der scheffel Rocke hat in diesen Jahre des 1662, gegolten 2 f. 14 schl. der scheffel weitze 3 f. 6 s. auch 3 f. 12 schl. da aber das Neuwe Korn ist Reif geworden ist der schff. Rock 1 f. 12 [s.] auch 1 f. der Neuwe weitze a scheff. 3 f. 4 s. auch 3 f. gekommen.

Anno 1663

Den 4 Martij ist H. Magister Protasius Beselin, zum prediger in ordiniret, in S. Marijen Kirche, dan er ist zu S. Peter in H. Joachimus Lindemans stelle zum prediger ehrwehlet. Vndt ist den 9 Martij zu S. Peter Eingewiesen worden.

Den 11 Martij ist Magister Georgius Dahm, zu S. Marijen zum prediger ehrwehlet, ihn Sehligen H. Licenciat Riedemans[180] stelle, ehr aber ist alhie nicht gewesen, sondern zu Konningsberg.

---

176 Randglosse.

177 Nachtrag durch Schultze: ist den 3 October Nach Hamburg gereiset.

178 Textlücke für die Eintragung des Tages.

179 Einschub von weiter oben, im Original nach der letzten Novembernotiz eingetragen.

180 Nikolaus Riedemann.

Den 18 Martij hat sich H. Johannes Wedege[181] zu todte gefallen Von seinen dritten[182] boden durch die lueke, ehr aber ist domalen regierender gewette herre gewesen.

Den 28 Aprilis hat Rietmeister Plutzschauw[183] zu Kobrauw auf jentzeit der Lage[184], seinen hirten, welcher ihm seine scheuwre Vndt das thorhaus, Vndt noch andere dreij Zimmer angestecket, in welchen sindt verbrandt 70 haupt Kuh Vie 9 last korn, Vndt was an schweinen Vndt huenern, noch ist gewesen. derselbe hierte ist zweij mahl mit gluenden Zangen gezogen, als am rechten ahrm, Vndt an die lincke brust, her Nacher ist ehr auf einen Holtzhauffen gesetzet Vndt ferbrandt.[185]

Den 30 Aprilis ist alhier ein Rademacher auff gehencket worden ausser dem Steinthor Nahmens Cristoffer Kretzmer.

Den 10 Junij ist Malchin leider das dritte teil der stadt Jemmerlich abgebrandt.[186]

Den 8 Julii ist M. Georgius Dahm zum prediger ordiniret Vndt zu gleich ein gewiesen zu S. Marijen.

[S. 118]

Den 30 Julij ist Daviedt Zueter, des Rahtes Kleinschmiedt des Morgens frue Vhm 4 Vhr, heimlich aus der stadt ferwiesen, das ehr die zeit seines lebens nicht wieder sol hien Einkommen, es ist aber daruhm geschehen, weilen ehr etwas pulfer Vom Wahl[187] gestoclen hatte Vndt andere sachen Mehr.

Den 18 October ist Von allen Kantzelen abgelesen, das des Morgens die Klocke 9 Vndt des abendes Vhm 5 Vhr die behte Klocke, oder turcken Klocke[188] möchte gezogen werden.

Den 16 November ist Sehlige M. Johannes Stein in gott dem herrn Sehlig entschlaffen, Vndt ist des Erwurdigen Ministerii Senior gewesen, ist den 24 9ber. in S. Nicolaus begraben seines alters 85 Jahr, Er ist 20 Jahr Diaconus, Vndt 28 Jahr pastor an S. Nicolaij gewesen, so ist er 48 Jahr prediger gewesen.

Montage[189]

Den 7 December ist alhie Ein starcker Nordewesten storm gewehet welches ein grosses wasser gebracht. das der Strandt Vol gestanden, das Kueter Gärber, Vndt Fiescher broeck, wie auch der Muelen tham, Ja es haben die schuette Vor den Muelen Vndt an der sluesse getrieben, auch etzliche bruggen beim Strande wech

---

181 Er wohnte in der Koßfelderstraße GR 1003.

182 Beispiel für die Existenz mehrerer Böden in einem Giebelhaus.

183 Richtig: Plückow.

184 Stadt Laage.

185 Beispiel für gutsherrliche Gerichtsbarkeit.

186 Wettken, S. 200.

187 Wall.

188 Das war Ausdruck einer besonderen Türkenangst und durch Herzog Gustav Adolf von Mecklenburg-Güstrow angeordnet.

189 Randglosse.

getrieben, auch am Fischer Rundeil auch ein zimlicher schade geschehen, die Muelen stein so beim Kraen stehen sindt fast bei einer handt breidt mit wasser bedecket gewesen zu WarNemunde ist ahm Bolwercke auch ein grosser schade geschehen, Vndt Vnterschiedtliche Kisten sindt wech getrieben, ist aber gottlob des abendes uhm 7 Vhr wieder abgelauffen.[190]

der scheffel Rocke hat in diesen 1663 Jahr gegolten 34, 35 s. da aber auf den herbst der Neuw Rocke ist Reif geworden hat er gegolten der scheffel – 20, 18 s.

der weitze hat gegolten der scheffel 2 f. 12 s. auch 2 f. 8 s. auf den herbest hat er gegolten da der Neuw ist Reif geworden 1 f. 20 s. 1 f. 16 s.

[S. 119]

Anno 1664

Im Monat Julio ist die alte Mullersche Von Retz[191] Nach der Schreibereij gebracht worden, wegen ihrer Zaubereii Vndt hernacher Nacher der Fronereij

In diesen Monat Augusto ist auch Jacob Kluet, Vndt die alte Wegenersche wehgen ZauberReij halben, nach der Schreibereij gebracht Vndt Von dannen nach der Fronereij.

ist zwischen den Sonabend Vndt Sontag nacht geschehen[192]

Den 13 Augustij die Nacht uber sindt mier etzliche pfundt ocksen fleisch wech gekommen, aus den spanne, welches des abendes ist ins wasser geleget, Vndt ist zu gedecket gewesen. wie man des Morgens dar beij gekommen, ist es Vor alse nach zu gedecket gewesen, aber das fleisch ist gantz weck gewesen.

Den 29 Augustij ist die alte Hinrich Kindes witwe des abendes uhm 7 Vhr durch den wachtmeister Vndt wacht nach der Schreibereij geholet worden.

Den 12 September ist alhie ein dieb aus gestrichen, Vndt hat 30 striche bekommen, Vndt ist ihm die galge auf den Rucken gebrandt worden, Vndt ist her nacher ferwiesen worden.

Den 26 September ist die pulffer Mule Vor dem Kräplinschen thor beij dem Föegen diecke auff geflogen[193]

Den 23 October ist alhie gedancket worden, Vor den frieden der mit den Turcken ist gemachet worden.[194]

Den 1 November ist M. Rambertus Sandthagen zu pastorn zu S. Niclaus ehrwehlet in Sehligen M. Johannes Stein seiner Stelle

---

190 Wettken, S. 200 (zum 7. September 1663); Reinhold, S. 228 (zum 7. September 1663).

191 Reez.

192 Randglosse.

193 Wettken, S. 200; Reinhold, S. 229.

194 Dem Frieden von Eisenburg gingen Niederlagen der Türken in Ungarn voraus.

Den 9 November ist die alte Mullersche Von Retz[195] Nahmens Liesebeht Schwamppen gebrandt worden

Den 10 November ist die Kindesche Von der Schreibereij nach der Fronereij gebracht.

Den 29 November ist Hinricus Schlutauw zu S. Nicolaus zum prediger Ehrwehlet

Den 6 December ist die Alte Wegenersche gebrandt worden.

Den 10 December ist Jacob Kluedt wieder aus der Fronereij freij gelassen, weilen ihm man keine Zaubereij beweisen können.

[S. 120]

Den 13 December ist M. Rambertus Sandhagen zum pastorn ein ordiniret, er ist aber 36 Jahr Diaconus an S. Nicolaus gewesen ist Anno 1635 zum prediger ehrwehlet.[196]

Es hat sich auch in diesen Jahre etwa ihm ausgange des Monats November eine Comet sehen lassen, des Morgens uhm 3 Vhr Undt hat eine zimliche Strale Von sich gegeben Nach Sude westen zu[197]

In diesen 1664 Jahr hat der scheffel Rocke 18. 19 s. golten[198]

der scheffel weitze 40 s. auch 44 s.

Anno 1665.

Den 20 Januarij ist Hinricus Schlutauw Ein ordiniret zum prediger, Vndt ist den 24 in S. Nicolaus eingewiesen.[199]

Den 11 Martij ist Sehliger H. Joachimus Koch gestorben.

Sonabendt am Oster abendt[200]

Den 25 Martij seindt unsere stadt soldaten, zu WarneMunde aus der Vogedeij aus gejaget, Von den Schwedischen, so in der Schantze[201] gelegen, es war da malen eben Oster abendt.[202]

Den 12 Aprilis ist abermahl eine alte Zaubererschе Von dem Röfershagen her ein gebracht.

---

195 Reez.

196 Nachtrag durch Schultze: 1635.

197 Wettken, S. 200; Reinhold, S. 229.

198 Gemeint ist: gegolten.

199 Nachtrag durch Schultze: durch den H. Senioren M. Johannes Kentzeler Pastor zu S Peter.

200 Randglosse.

201 Seit dem Dreißigjährigen Krieg lieferten sich die Schweden mit den Rostockern, den Kaiserlichen, später den Dänen sowie den Brandenburgern um die Schanze immer wieder eine Art Katz-und-Maus-Spiel. Die Schanze war 1660 abgerissen, 1661 aber von den Schweden wieder aufgebaut worden.

202 Wettken, S. 200; Reinhold, S. 157.

Sonabendt.[203]

Den 24 Junij am S. Johannis tage hat ein Knabe des nachMittages Vnter der predigte Casten Voeten bestolen. des Knaben Vater ist ein aldtbinder gewesen Nahmens Adam Kröeger, er ist zu erste Nach der Schreibereij, Vndt Von dannen nach der Fronereij gebracht, der Knabe hat aber mit des teuffels Kunsten umgehen können, welches ihm der Kuehirte zu Schwan soll gelernet haben.

Den 22 Augustij ist der Sehlige H. Michael Lafrentz gestorben den 28 zu S. Jacob begraben.

Den 28 Augustij hatten wier ein starckes donnerwetter des NachMittages uhm 4 Vhr, welches gott lob noch sonder schaden forbeij ginck, den es Sluech auch in Niclas Fresen haus in der Coffelder strasse[204], undt auff der Warnauw in zweijen Schuten hat es die grossen Masten zerslagen.

Den 1 7ber. Wardt alhier Ein weib aus gestrichen die 5 huer Kinder gehabt, das sie war nicht Recht klug, dan sie ginck for die thuren undt betelte die Almosen.[205]

Den 1 December ist M. Johannes Kentzler zum Supperintendendes ehr wehlet, es ist aber alhier in Rostock. Von Anno 1662 den 21 September bis 1665 kein Supperintendendes gewesen.

der scheffel Rocke hat in diesen Jahr gegolten 15 bis 19 schl.

der scheffel weitze hat gegolten. 34, auch 36 schl.

[S. 121]

Anno 1666

Den 18 Februarij ist alhier gedancket worden, das sich gott lob Ihrer beider[206] Furstliche Durchleuchtikeiten, der friede getroffen unter ihnen, gott der allerhögste wolle Einen Ewigen frieden[207], Vnd zu Ewigen Zeiten erhalten Vnter Ihrer beiderseites Furstliche Durchleuchtikeiten.

Den 20 Februarij ist der Frantzösische Ambassadör[208], Nebenst I. F. D. beider seites Herren Rähte, Nach dem Rathaus gefahren, Vndt da sich I. F. D. beider seites Herren Rähte, Einer dem andern die Verträge uber geben hatten, da wardt Vom Rahthause

203 Randglosse.

204 Richtig: Koßfelderstraße.

205 Einschub der drei Einträge vom 22. und 28. August sowie vom 1. September 1665 von weiter unten nach den Getreidepreisen des Jahres 1665.

206 Herzog Christian Ludwig I. von Mecklenburg-Schwerin und Herzog Gustav Adolf von Mecklenburg-Güstrow.

207 Die Friedenssehnsucht blieb ein frommer Wunsch, der Dauerstreit zwischen den beiden herzoglichen Vettern nur oberflächlich beigelegt.

208 Der französische Gesandte hatte die Aussöhnung zwischen den beiden Herzögen vermittelt.

durch des Rahtes Musicanten mit zincken Vndt posaunen Musiciret, Vndt wurden dar auff, auff dem Walle gelöeset 15 stucke, Vndt wardt auch Von S. Marijen, wie auch Von S. Nicolaus turmen[209] mit trommeten geblasen.[210]

Den 26 Februarij ist der Frantzosische Ambassadör, nebenst I. F. D. beider seites herren Rähte, nacher Gustrauw gefahren, Vndt sindt ihnen 6 stuck geloeset worden.

Den 13 Martij ist alhier zu Rostock ein algemeiner land tach Von I. F. D. beider[211] seites ausgeschrieben. Vndt alhier gehalten.[212]

Den 25 Martii auff Marijen Verkundigunge ist M. Johannes Kentzeler der ihm Vorigen Jahr den 1 December zum Supperintendenten erwehlet ist heute Von I. F. D. beider seites Confirmiret, Vndt Von den Gustrowschen H. Supperintendendes M. Daniel Jano[213] Eingewiesen, Vndt ist ihm das auffsehen uber alle prediger, schuel Vndt Kirchen diener, anbefolen worden Nach laut des ErbVertrages[214] am 27 September 1573.

Den 26 Martij ist Ein Muelen Knecht vertruncken auff den Muelen tham, in Jochim Storms seinen grunde werck, Vndt ist Vnter seiner nedder Muelen Rath hindurch gegangen, sie aber haben es nicht gewust haben des Morgens seinen huet ihm grunde werck gefunden, er ist aber den 7 Martij[215] erstlich wieder gefunden

Den 29 Maij ist zu Gustrauw I. F. D. Hertzoch Gustaff Adolff seine Frau Schwester[216] Ihr begrebnus geschehen, welche den Fursten[217] zu Brieck[218] in Der Slesie[219] gehabt[220] hat.

Sontag war Johannitag[221]

Den 24 Junij haben die becker gesellen, des abendes Vhm 11 Vndt 12 Vhr mit der burger wacht Einen Streit gehabt, Vndt haben einen aus der Burgerwacht Nahmens Casper Eggers, so Viel gehauwen Vndt gestochen das er beij die 27 wunden gehabt, Vndt ist auch des folgenden tages gestorben

---

209 Auf den Türmen von St. Marien und St. Nikolai dienten ohnehin Turmbläser.
210 Wettken, S. 200.
211 In Schwerin und Güstrow.
212 Gewöhnliche Orte der Landtage im Frühjahr und Herbst waren Sternberg und Malchin.
213 Daniel Janus.
214 Der Rostocker Erbvertrag von 1573 regelte auch die Befugnisse hinsichtlich der Geistlichkeit zwischen den mecklenburgischen Landesherren und dem Rostocker Rat.
215 Irrtümlich für April oder Mai.
216 Anna Sophie.
217 Ludwig IV. von Liegnitz.
218 Brieg.
219 Schlesien.
220 Gemeint ist: als Ehemann.
221 Randglosse.

[S. 122]

Den 2 Augustii ist der Junge aus der Fronereij wieder gelassen welcher anno 1665 den 24 Junij wegen diebereij ist Eingesetzet worden worden. der 1 Jahr Vndt 6 wochen gesessen.

Den 14 Augustij ist die alte Kindesche des Morgens frue aus gewiesen worden durch die schluetwechter, dan sie wardt anno 1664 den 29 Augustij wegen Zaubereij halben, erstlich auff der Schreibereij gesetzet, Vndt dan 10 9ber. in der Fronereij gebracht sie hat aber 2 Jahr gesessen minnen 15 tage

Sonabendt

Den 15 September sindt Johan Cohten seine beiden becker gesellen die da haben läem holen wollen aus dem Kräeplinschn thor Vndt sindt leider alle beide Vnter dem Läem berge zu todte gefallen, der eine gehöerte Nach Wismar Nahmens Casper Steinbäeck eines Meisters Sohn, der ander gehöerte Nach Könningsberg ihn Preussen Nahmens Melcher Kunneke auch eines Meisters Sohn[222] sie sindt den 19 7ber. in S. Jacobs Kirche begraben Vndt hat ihnen H. Michael Laurentius die leich predigte getan

Sonabendt[223]

Den 8 December ist der Cur printz, des Curfürsten Von Sacksen Hertzoch Johan Georg[224] von Sacksen Eltester Herr [Sohn][225] alhier gekommen aus Dennemarcken, des Nachtens zwischen 10 Vnd 11 Vhr Mit seiner gemählin, des Könniges Friderici tertij[226] tochter[227] aus Dennemarcken, Vndt es sindt des selben abendes 6 companijen Von den burgern auffgezogen mit fliegenden Fahnen, die 1[.] Vndt 2. Fahne sindt beim Strande gestanden, die 3[.] Vndt 4[.] auff den Market die 5[.] Vndt 6[.] Fahne auff den Hoppen Marcket, dan es kam der Cur printz zu wasser, da ist er Vor dem Möncke thor aus der galleij gestigen, Vndt ist mit einer Carosse welche inwendich mit gruenen Sammet aus geschlagen gewesen, ist die Coeffeldt strasse[228] auffgefahren, uber das Marcket, Vndt Nach der Bludtstrasse, Vndt hat am Hopffen Marcket in Doctor Dorscheo[229] haus[230] losiret es sindt ihm 12 stuck gelöeset, es sin[d] ihm also balde die andern Fahnen gefolget Von den burgern Vndt haben sich alle 6 Fahnen Vor des Cur printzen losament praesentiret, haben keine losungen geben können weilen es eben sehr Regenich wetter wahr Vndt auch spehte nacht wahr, so ist die 1[.] Vndt 2[.] Fahn auff den Hoppen Marcket geblieben die 3[.] Vndt 4[.] auff den grossen Marcket die 5[.] Vndt 6[.] haben die 4 landt thor besetzet. Den 9 10ber. sindt

---

222 Die Berufe und die Herkunft aus Wismar und Königsberg sind Beispiele für die Vererbung des Berufes sowie die Wanderschaft der Gesellen.

223 Randglosse.

224 Johann Georg II.

225 Der spätere Kurfürst Johann Georg III.

226 König Friedrich III. von Dänemark.

227 Anna Sophie.

228 Richtig: Koßfelderstraße.

229 Johannes Georg Dorscheus.

230 Hopfenmarkt GR 98.

die andern 6 Fahnen alse die 7. 8. 9. 10. 11. 12. Fahne haben sich erst auff das grosse Marcket gesetzet, hernacher sindt sie nach dem Hoppen Marcket Massiret, Vndt haben sich Vor das grosse Weisse Collegium gestellet, Nebenst der 1[.] Vndt 2[.] Fahne **[S. 123]** so daselbst die wache hatten, Vndt haben alda 3 losungen gegeben Vndt ist die 7[.] Vndt 8[.] Fahne auff dem Hopffen Marcket geblieben die 9[.] Vndt 10. Auff das Marckt, 11. Vnd 12[.] for die 4 landt thör, es ist ihnen Von hiesigen studenten den Curprintzen, Vndt seiner gemählin eine Musick gebracht. Den 10 10ber. des Mittages Vhm 11 Vhr ist ehr Von hier wieder wechgereiset Nach Gustrauw da ehr seinen auszug gehalten, sindt unsere Soldaten, Nebenst den Fänrich der sie gefueret, Vor ihnen hergezogen, her Nacher sindt I. F. D. beider seites Herren abgesandten, alse Hertzoch Cristian Lovis[231] Von Schwerrin, Vndt Hertzoch Gustaff Adolff Von Gustrauw, ein Jehder in Einer sonderbahren Carosse, Vor dem Curprintzen her gefahren, her nacher sindt geritten 4 tromppetter mit silbernen tromppeten, hernacher der Curprintz mit seiner gemählin in einer schönen Carosse mit Rotten Sammet aus geschlagen, Eine andere mit gruenen Sammet ausgeschlagen die 3[.] mit blauwen Sammet, die 4[.] mit Roeten wande. Vndt ist zu Muelen thor wieder ausgereiset Vndt sin[d] ihm die Stucken wieder nach gelöeset,[232]

der scheffel Rocke hat in diesen Jahr gegolten 16 s. bis 20 schl. der scheffel weitze hat gegolten 24, 26. auch bis 30 schl.[233]

Anno 1667.

Freitag[234]

Den 15 Februarij ist alhier zu Rostock Vor des Sehligen post Mesters Brandt Tieten thur[235], eine pasqvil angeschlagen gewesen worrinnen Ein hochweiser Raht ist sehr schimpfiret gewesen.

Den 25 Februarij hat Ein Ehdeler hochweiser Raht, des Morgens Vor Mittage, durch einen öffentlichen trummelschlag ausRuffen lassen durch die gantze Stadt, so Jemandt den selben pasqvillanten wuste der die selbe pasquil gemachet hatte der solt 100 Reiches thaler zum tranckgelde haben.[236]

Rahtes H. Erwelet[237]

Den 25 Februarij sindt Rahtes herren Ehrwehlet alse H. Albrecht Wedauw. H. Johan Danckwertz. H. Jacobus Slorff. H. Valentin Beselin. H. Petrus Eggers.

---

231 Erstmalige Verwendung des Zweitnamens für Christian Ludwig I. durch den Tagebuchschreiber nach der Konversion des Herzogs zum Katholizismus im Jahre 1663.

232 Nachtrag durch Schultze: undt sindt Nacher Gustrauw gereiset. Wettken, S. 200, nennt statt des Kurprinzen die Anwesenheit des Kurfürsten in Rostock.

233 Die Getreidepreise wurden nachträglich ergänzt.

234 Randglosse.

235 Beginenberg GR 1447. Der Postmeister wohnte vermutlich nicht zufällig in der Nähe eines Stadttores.

236 Pristaff, S. 1 (zu Januar 1667).

237 Randglosse.

Donnerstag.[238]

Den 28 Februarii hat ein Ehdeler hochweiser Raht, dur[ch] den buttel die pasquil, wie auch eine höltzerne handt worinnen eine schreib fedder ist gemacht gewesen, Vndt die pasquil unten anhengende auff den Kaeck mit feuwr ferbrandt worden, Vndt ist auch dabeij durch den Fron Meister ausgerueffen worden so Jemandt den verleumbder Vndt Ehren dieb der die pasquil gemacht her beij bringen könnte der solte 100 Reiches thaler haben.[239]

[S. 124]

Den 6 Martij ist abermahl ein starcker frost eingefallen das die Warnauw ist wieder zu gefroeren, das man hat nacher Warnemunde zu Eise gehen Vndt Reisen können.

Auch haben die Muelen herren die Muhlen wagen ab[ge]schaffet Von den Muelen tham.[240]

Im Anfanck des Monates Aprilis hat E. E. hochweiser Raht durch die regierenden gerichtesherren alle Muller so woll auff den Muelen tham wie auch andere wasser Vndt windt Muller sampt ihren Mattern Vndt Jungen foedern lassen, Vndt in Eidt genommen, das sie hin furo kein Korn sollen auff die Muelen mahlen es seij dan das das gewönliche accise zeichen darbeij ist, auch keinen brauwer kein Maltz in die Muelen malen es seij dan das die secke gewröeget, Vndt des Rahtes Marck dar auff gezeichnet ist Vndt sollen ihn Jehden sacke 20 scheffel haben, ihm gleichen auch den beckern kein Korn abmahlen es seij dan das die secke auch sindt gewröeget Vndt das das Zeichen darbeij ist Vndt sollen in Jehtweden sacke 6 scheffel sein Vndt das das Rahtes Marck dar auff ist.[241]

Den 17 Maij ist Sehlige H. Diederich Wulffraht der Elter gewesener Kämmer herre begraben worden.[242]

Den 11 Julij ist die Alte Kindesche zu wagen wieder eingekommen in S. Peters thor, Vndt hat sich in ihr haus wieder ferfueget, aber da es Ein hochweiser Raht hat erfahren, das sie wieder herrein gekommen, hat sie sich den 12 Julij zu fues wieder her aus gemachet, es hat sie ein hochweiser Raht durch die diener nach suchen lassen, aber sie ist nicht gefunden worden

Den 21 Julij hat Doctor Georgius Daem[243], seine Valet predigt gethan weilen ehr nach Könningsberch zum pastorn berueffen Vndt ehrwehlet worden

---

238 Randglosse.

239 Pristaff, S. 1.

240 Wettken, S. 200-201; Reinhold, S. 229 (zum Jahre 1668).

241 Die Maßnahmen sollten den Unterschleif bei der Akziseleistung verhindern. Wettken, S. 200-201; Pristaff, S. 1 (zum 20. April 1667); Reinhold, S. 229.

242 Nachtrag durch Schultze: ist anno 1649 d. 24 Febr[uar] in den Raht ehrwehlet.

243 Richtig: Dahm.

Den 4. September ist Magister Ludovicus Barchleide zu S. Marijen zum prediger ehrwehlet, an Doctor Georgius Dammen seiner stelle Vndt ist den 16 October ordiniret worden.

Den 15 October ist alhier eine Zaubererscher Verbrandt die zur Elmenhorst zu hause gehöeret

Der Rocke hat gegolten der scheffel 14 auch 16 schl.

der weitze hat gegolten der scheffel. 24 bies 30 schl.[244]

[S. 125]

Anno 1668.

Den 15 Martij des abendes zwischen 5 Vndt 6 Vhren ist der H. Supperintendendes Magister Johannes Käentzeler ihn gott Sehlig eingeschlaffen er ist 2 Jahr 3 Monat 14 tage Supperintendendes gewesen, seines alters 64 Jahr.

Den 1 Aprilis ist H. Michael Laurentius prediger zu S. Jacob gestorben ist 6 Jahr ihm dienste gewesen.

Den 3 Aprilis ist Sehlige H. Jochim Mantzel gestorben Vndt den 9 Aprilis begraben.

Den 27 Julij ist Magister[245] Poltzius zum prediger Erwelet an S. Johannes Kierche.

Den 27 Julij ist Magister Protasius Beselin zum pastorn erwehlet, an Sehligen M. Johannes Käentzlers Stelle. Vndt ist den 7 Septembe[r] zum pastorn ordiniret worden.[246]

Den 5 September ist H. Michael Geismer in der Kräplinschen Straete[247] gestorben.

Den 12 October ist Magister Davidt Herberdinck zu Sanct Peter zum prediger ehrwehlet. Vndt ist den 4 November ordiniret Vndt 9 9ber. Eingewiesen.

der scheffel Rocke hat gegolten 14 schl. bies 16 schl.

der scheffel weitze hat gegolten. 25, 28 bies 30 schl.[248]

Anno 1669.

Den 15 Februarij ist I. F. D. Hertzoch Rudolff[249] alhier Eingekommen Vndt hat die burgerschafft also balde auff die wacht ziehen Muessen alle tage 1 Fahne.[250]

---

244 Die Getreidepreise wurden durch Schultze nachträglich ergänzt.

245 Textlücke für den Vornamen: Mauritius.

246 Nachtrag durch Schultze: durch den H. Senioren D. Johannes Qvistorff, Pastor zu S. Jacob.

247 Kröpeliner Straße GR 124.

248 Die Getreidepreise wurden durch Schultze nachträglich ergänzt.

249 Gustav Rudolf.

250 Pristaff, S. 10.

Den 16 Februarij ist I. F. D. Hertzoch Carl Vndt Hertzoch Hans Jurgen[251], Vndt die hertzogin Von Ruen[252] her ein gekommen.[253]

Den 19 Martij ist I. F. D. Hertzoch Friedrich alhier Eingekommen.[254]

Den 22 Martij ist die Hertzogin Von Ruen wieder weggereiset.[255]

Den 31 Martij ist I. F. D. Hertzoch Carl weggereiset.[256]

Den 7 Aprilis ist I. F. D. Hertzoch Friderich weggereiset.

auch ist den burgern angesaget das sie sollen die schweine abschaffen.[257]

[S. 126]

Den 20 Aprilis ist Magister Hermannus[258] Becker zum prediger Ehrwehlet in Sehligen H. Michael Laurentius stelle. Vndt ist den 7 Julij ordiniret. Vndt den 8 Julij eingewiesen worden.

Im Monat Junio ist das Neuwe gitter Vnter dem Raht hause gemachet, Vndt ist auch die Neuwe scheibe oben an das Raht haus gesetzet worden.

Den 10 Julii ist Hans Eggebrecht auff der strasse ihn dehm er hat aus gehen wollen, hat er den slach gekricht, Vndt hat man ihm zu hause[259] gefharen auff einen schlitten aber er ist balde dar auff gestorben.

Den 2 Augustij haben Vnsere burger wieder angefangen nach der scheibe zu schiessen, ist Casparus Horneman konig worden.[260]

Den 2 November ist es ausgekommen das ein goldtSchmidt nahmens Peter Steffens, welcher beij S. Marijen Kirche wonent[261] das ehr seine dienst maget etwa Vor 6 wochen oder mehr hat todt geschlagen, ehr aber hat sich in der Zeit da Von gemacht, Vndt hat hernacher geschrieben, das ehr die maget hat todt geschlagen, Vndt das sie lege ihn seinen Stalle, Vndt sie unter dem holtze beleget, sie möchten doch helffen

---

251 Johann Georg.

252 Sophie Agnes, Schwester von Herzog Christian Ludwig I. von Mecklenburg-Schwerin, Äbtissin in Kloster Rühn bei Bützow.

253 Laut Pristaff, S. 10-12, diente die Zusammenkunft der Geschwister des regierenden Herzogs mit dessen Gesandten in Rostock der Regelung gegenseitiger Ansprüche. Eine Übereinkunft zwischen dem regierenden Herzog und Gustav Rudolf erregte jedoch den Widerspruch der übrigen Geschwister.

254 Pristaff, S. 10.

255 Pristaff, S. 12.

256 Pristaff, S. 12.

257 Man befürchtete eine neue Pestwelle und die Schweine als deren Überträger.

258 Der Vorname ist durch Schultze nachgetragen worden.

259 Am Strande GR 919.

260 Pristaff, S. 12-13, berichtet dies zum 19. Juli 1669. Laut seiner Notiz hatte das Scheibenschießen seit 36 Jahren geruht.

261 Bei der Marienkirche GR 967.

Theologe M. Hermann Becker
(UBRS, Porträtsammlung)

das sie begraben würde, so ist sie hernacher auff S. Johannis Kirch hoffe durch die pracher Vöegede begraben worden.

Den 7 December ist der Sehlige H. Joachimus Lindeman in gott Sehlich eingeschlaffen er ist Archidiaconus zu Marijen gewesen ins 7 Jahr Vndt zu S. Peter ist er 19 Jahr Diaconus gewesen ist 26 Jahr prediger alhier gewesen.

Den 13 December ist H. Albrecht Wedauw gestorben[262]

Den 22 December ist Jacob Mormans sein Matter hinter seiner Muelen fertruncken.

Sonabendt war Eben der Weinachts tag[263]

Den 25 December ist der Sehlige Doctor Johannes Qvistorpf in gott sehlichlich eingeschlaffen.

der scheffel Rocken hat gegolten 10, 11, 12 schl. der scheffel weitze hat gegolten – 20, 22. 24 schl.[264]

[S. 127]

Anno 1670.

Den 3 Januarij ist zu Bartelstorpff Ein schäeffer Nahmens Tohmas Wielbrandt Von obendal gerehdert worden.

Den 4 Januarij ist der Sehlige in gott Ruhende Doctor Johannes Qvistorpffius begraben worden, in S. Marijen, er ist aber zu der Zeit Mangnificus Rector hiesiger Vniversitet gewesen, Vndt Senior der Teolog[i]schen Facultet, Vndt des Ehrwurdigen Ministerii Senior gewesen, es sindt auch die beiden septer durch die pedellen, Vor dem leiche Vor getragen worden welche mit schwartzen flor sindt bezogen gewesen, Vndt ist die leiche Vor dem Weissen Collegio fur uber getragen worden.[265]

Donnerstag[266]

Den 3 Februarij des abendes zwischen 5 Vndt 6 Vhr ist die post welche Von Wismar kompt angefallen worden, Von Claus Ahrens Vnd seinen Stief sohn Berendt Stehlman, Vndt haben ihm so Viel geschlagen, das sie auch fermeinet haben, das sie ihm so Viel geslagen, das ehr todt wehre, haben ihm auch die briefe mit wechgenommen, er aber hat sich gleichwoll wieder Verholet, die thäter aber sindt beide dieselbige Nacht, Von der Nacht wache, Nach der Schreibereij geholet, der Sohn der Junge Berendt Stehlman ist den 4 Februarij Nach dem Dwenger gebracht ehr hat aber Nuer biss an den abendt dar auff gesessen Vndt sindt des abendes beide der stieffVatter Vndt sohn Nach der Fronerei gebracht worden.

---

262 Einschub von weiter unten, im Original nach dem 22. Dezember 1669 eingetragen.

263 Randglosse.

264 Die Getreidepreise wurden durch Schultze nachträglich notiert. Laut Pristaff, S. 10 kostete der Scheffel Gerste damals 10 ½ Schilling.

265 Nachträglicher Zusatz durch Schultze: Zu S. Marijen begraben.

266 Randglosse.

Freitag.[267]

Den 18 Februarij seindt Von Warnemunde ab 5 leute uber Eis uber die sehe gangen Nacher Gäester[268] uber, welches sindt 7 Meilen uber, sindt auch glulcklich[269] hin uber kommen. Vndt sindt wieder kommen den 26 Februarij. Vndt haben ihren kauffman Nach geholet mit Einen pferhde Vndt schlitten.[270]

Den 1 Martij seindt I. F. D. Hertzoch Gustaff Adolff hier durch gereiset, Vndt sindt ihm 6 stucke Nach gelöeset worden, da ehr ihn das S. Peters thor ein kahm, Vnd da I. F. D. wieder aus dem Stein thor wieder aus zog dan ehr wahr die Vorige Nacht zum Teuten winkel[271] gewesen.

[S. 128]

Den 14 Martii ist Claus Ahrens mit seinen stieff Sohn Berendt Stehlman, mit dem schwerde gerichtet worden aus dem Kräplinschen thor, an der Schete[272] da sie den post knecht geschlagen haben, sindt auch alda begraben worden, Vndt sindt ihnen zweij höltzerne Kreutze Nach gesetzet worden.[273]

Den 24 Martij ist Jacob Mohrmans sein Matter erst wieder gefunden, welcher ahm 22 December des 1669 Jahres ist fertruncken.

Den 28 Martij ist Hinrich Becker aus gestrichen worden am Kaecke, Vndt hat 25 striche bekommen, Vndt ist hernacher Verwiesen worden, er ist aber so eine person gewesen da niecht Viel guetes ist an gewesen.

Den 17 Maij ist der Sehlige H. Burgermeister Johannes Petreus in gott selhlich eingeslaffen.

Den 19 Junij welches war der 3 Sontag Nach Trinitatis hat das wetter zu Stralsundt in S. Nicolaus Kirchen geschlagen, Vnter der haupt prehdigte, da der herr Doctor Gosman[274] hat geprediget, Vndt hat zimlichen schaden gethan.

Den 23 Junij auff Johanni abent ist Ein studiosus ihm Fiescher Schuttinge[275] in der Fiescher strasse gestochen Vndt ist den dritten dach her Nacher gestorben, der thäter ist gewesen Hinrich Prenger, Johan Prengers sein Sohn.

Den 21 Augustij ist H. Hinrichus Schlutauw ihn gott sehlich eingeslaffen, er ist den 26 Augustij zuer Erden bestehtiget worden in S. Nicolaus, Er ist aber anno 1664

---

267 Randglosse.

268 Richtig: Gedser.

269 Richtig: glücklich.

270 Pristaff, S. 13-14; Reinhold, S. 229.

271 Der wiederholte Aufenthalt des Herzogs in Toitenwinkel stand nicht zuletzt in Verbindung mit den zeitweiligen herzoglichen Plänen zur Erwerbung des großen Gutes zwischen Rostock, der Unterwarnow, dem Breitling und der Rostocker Heide.

272 Richtig: Stätte.

273 Pristaff, S. 14-15.

274 Bernhard Gosmann.

275 Fischerstraße GR 494.

den 29 November zum prediger Eehrwehlet Vndt ist anno 1665 den 20 Januarij ordiniret worden, den 24 Januarij ist ehr Eingewiesen, Vndt den 29 Januarij am Sontag Sexagesime sein Erste predigte gehalten, ist aber Nuer ins 6 Jahr prediger gewesen, seines alters 33 Jahr.

[S. 129]

Anno 1670 im Monat September und October haben die Schmiede etzliche Amboltzen Vorm Heringes thor schmieden lassen, alhie in Rostock welches in die 62 Jahr nicht geschehen, welches mues geschehen sein 1608.

Den 23 November ist Magister Ludovicus Barchleide zum Archidiacono Ehrwehlet, zu S. Marijen in Sehligen H. Joachimus Lindemans Stelle.

Dem 19 December ist Hinrich Prenger, Johan Prengers sein Sohn aus gestrichen worden, weilen ehr den studiosum erstochen am 23 Junij, es ist aber zu erkandt worden, das ihm das messer sollte durch die Rechte handt geschlagen werden, Undt sollte es selber aus Reissen, aber er ist gleichwoll noch begnadet worden, es ist aber das Messer an den Kack genagelt worden.

Anno 1671

Den 25 Januarij haben die 16 burger[276] einen schmaus gehabt, in Friederich Törckes seinen hause[277], Vndt des abendes da sie haben wollen nach hause gehen Vndt Von der stuben haben wollen herunter steigen, ist der guete Jacob Engelbrecht etwa 3 oder 4 treppen Von der Ehrde schnubbeldt geworden, Vndt ist uber das gegitter gefallen, auff den Kopff an der lincken seiten, Vnd hat so Viel dafon gekricht, das ehr den 29 in gott Sehlig ist eingeslaffen in dem 62 Jahr seines alters. Vndt ist den 3 Februarij zu Sancte Niclaus zuer Erden bestehtiget, ehr ist auch Vorsteher an der selben Kirchen gewesen.

[S. 129a][278]

Anno 1671 Den 8 Februarij ist M. Ludovicus Barchleide zum Archidiacono eingewiesen worden zu S. Marijen, in Sehligen H. Joachimus Lindemans seiner Stelle, den zu Vor war er Diaconus an der selbigen Kierche

Den 24 Februarij auff Mattias tag seindt Rahtes herren Ehrwehlet, alse H. Diederich Wulffraht, H. Johan Nettelnbladt gewandtschneider[279] Vnd H. Ernestus Sulteman.[280]

---

276 Der Sechzehnerausschuss war ein engeres Organ des Hundertmännerkollegiums für Verhandlungen mit dem Rat. Er bestand aus jeweils vier Vertretern aus jedem der vier Quartiere der Hundertmänner.

277 Neuer Markt GR 1613.

278 Die folgenden beiden Einträge vom 8. und 24. Februar sind nachgetragen und mittels eines Notizzettels an S. 129 angeheftet worden.

279 Die nachgestellte Berufsbezeichnung Gewandschneider bezieht sich auf beide vorhergehenden Personen.

280 Pristaff, S. 15.

[S. 129][281]

Den 1 Martij ist Matteus Laurentzius zum prediger Ehrwehlet alse zum Diacono in S. Marijen in M. Barchleiden seiner Stelle.

Den 16 Martij ist M. Hermanus Becker zum pastorn Ehrwehlet in Sehligen D. Johannes Qvistorpfius seiner Stelle zu S. Jacob ehr aber ist Diaconus gewesen Vndt D. Enochius Schwant ist Archidiaconus gewesen dem hatte es aber zu kommen können.

Den 17 Martij ist I. F. D. Hertzoch Hans Jurgen[282] beij uns wieder angelanget.

[S. 130]

Den 2 Aprilis haben I. F. D. zu Schwerrin Vnd Gustrauw[283] alhier zu Rostock ablesen lassen Von allen Kantzeln, das das däensche geldt alse die schilling Vndt secksling nicht mehr sollen gelten alse Nuer den helfften teil[284]

Den 12 Aprilis ist M. Matteus Laurentius Ein ordiniret zu S. Marijen, ist auch [so]fort eingewiesen geworden.

Den 4 Martij[285] ist H. Johan Jochim Stöefer sehliger zu S. Jacob begraben worden.

Den 8 Junij ist M. Hermannus Becker zum pastorn Ein ordiniret zu S. Jacob.

Den 20 Junij ist Jochim Steffens welcher auff Sehligen Jacob Engelbrechtes hoefe wonete, auff denselben hoefe Jämmerlich erstochen, der thäter ist gewesen Arendt Gehrmans sein Sohn, seines handtwerckes ein schue knecht, ist auch selbigen abendes nach der Schreibereij gebracht, Vndt folgendes Nach der Fronereij.[286]

Den 29 Junij ist leider gott Erbarme es die stadt Wahren mit Kirchen Vnd Schuelen abgebrandt.[287]

Den 2 Julij ist M. Johannes Herberdinck prehdiger zum Heiligen Geiste in gott Sehlig eingeschlaffen, Vnd hat desselben Morgens Noch sein ampt in der Kirchen verrichtet Vndt den Segen gesprochen.

In Diesen Monat Julio ist Michel Gerdes dem gärber leider ein Knäbechen fertruncken etwa Von 3 Jahren alt.

Den 12 Julij hatten wier des Nachmittages etwa uhm 4 Vhr ein starckes donnerwetter Vndt ist Berendt Strelinger mit seiner haus frauwen Vndt Hinrich Schärcken mit seiner haus frauwen aus dem thor gefahren, Vndt da sie siendt zu Roggentin gekommen, hat das wetter, Vndt der windt des schoffers seinen schaffstahl, worrinnen sie mit

---

281 Fortsetzung nach S. 129a.

282 Johann Georg.

283 Herzog Christian Ludwig I. und Gustav Adolf.

284 Wettken, S. 201.

285 Richtig: Mai. Johann Joachim Stever war am 25. April 1671 gestorben.

286 Pristaff, S. 16.

287 Wettken, S. 201.

den wagen sindt gefahren Vor das wetter, Vndt den Rehgen, herunter geschlagen, Vndt ist Hinrich Schärcken seine haus frauwe leider darunter zue tode gefallen Vndt ist den 13 Julij in S. Peter begraben worden.

[S. 131]

Den 27 Julij haben die zu S. Jacob Einen prehdiger Ehrwehlen sollen, Vndt sindt ihnen von Einen Ehdelen hochweisen Rahte Vor geschlagen 3 personen welche auch haben die proff predigte gethan, alse M. Nihenck[288], rector an der Schuelen[289], Fridericus Dörcke, Vndt M. Heninges[290] Sein Sohn Von Copenhagen, aber die burgerschafft, hat Von diesen dreijen so Vorgeschlagen sindt keinen haben wollen, Vndt sindt also Vnferrichter sache Vom Raht hause wieder abgegangen.

Den 8 Augustji sindt die S. Jacobschen[291] aber mahl Von Einen Ehdelen hochweisen Rahte, zu Rath hause gefoedert, Vndt haben die burger M. Michael Wagenern zum ihren prehdiger Ehrwehlet, ehr aber ist Schon ins 18 Jahr ahn S. Cattarinen prehdiger gewesen. Dan Anno 1654 ist ehr alda ehrwehlet.

Den 22 Augustij ist Johan Gehrman, Arend Gehrmans sein Sohn mit dem Schwehrde gerichtet welcher den 20 Junij Jochim Steffens hatte erstochen, er ist aber auff den Köppenberg Vorm Steinthor gerichtet, welchen Ein Ehdeler hochweiser Raht, hat wieder ferfertigen lassen, es ist aber auff diesen berge fast in die 40 Jahr Niemandt auffgerichtet.[292]

Den 25 Augustij ist H. D. Hinricus Muller zum Supperintendenten ehr wehlet in Sehligen M. Johannes Käentzelers stelle.

Den 24 September haeben alhie zu S. Nicolaus diese 3 Nachfolgende die proffprehdigten gethan, des Morgens Von 8 bis 9. hat M. Johannes Mantzel geprediget, Von 2 bis 3 des Nachmittages hat Hinricus Carmon geprediget, Vnd den 26 September am dingestage hat M. Schröders[293] sein Sohn Von Gustrauw geprehdiget, ahm selbigen tage hat Ein Ehdeler hochweiser Raht die burger auff das Rahthaus fodern lassen zuer wahl, Vndt ist Von der burgerschafft Erwehlet Hinricus Carmon Vndt hat gehabt 87 vota M. Johannes Mantzel 8 vota, Vndt M. Schröders sohn 6 vota.

[S. 132]

Den 22 October ist H. Doctor Hinricus Muller zum Supperintendentem Ein ordiniret, Von dem H. Supperintendenten, M. Jacobus Sommerfeldt zu Parchem

Den 26 October ist M. Michael Wagener Ein ordiniret zu S. Jacob zu ihren prehdiger

---

[288] Georg Niehenck.

[289] Große Stadtschule.

[290] Simon Henning.

[291] Die Kirchgemeinde von Sankt Jakobi.

[292] Pristaff, S. 17.

[293] Joachim Schröder.

Den 18 November ist alhier der Junge Andrefes Lulauw aus gestrichen worden, er hatte aber den 6 November den leuchter Von S. Peters prädigstuel gestholen.

Den 14 December ist Her Licenciat Zacharias Grapius zu S. Cattarinen zum praediger Ehrwehlet.[294]

Anno 1672

Den 10 Januarij ist M. Hinricus Carmon zu S. Marijen ordiniret, den 16 Januarij zu S. Nicolaus Eingewiesen Vndt den 21 Januarij hat er alda seine antritz prädigte gethan. Er wardt ihm Vorigen Jahr 1671 Den 26 Septemb. Erwelet[295]

Den 7 Februarij ist H. Licenciat Zacharias Grapius Ein ordiniret, den 11 zu S. Cattarinen Eingewiesen, den 18 Februarij hat er seine antritz prädigte gethan.

Den 21 Martij ist Sehlige H. Claus Meijer begraben in S. Marijen.

Den 3 Aprilis ist der Sehlige H. Magister Matteus Laurentius in gott Sehlig eingeslaffen, welcher noch nicht ein Voll Jahr ist ihm dienste gewesen, er ist ihm Vorigen Jahre den 12 Aprilis zum prehdiger zu S. Marijen einordiniret worden.

[S. 133]

Den 10 Junij ist Ein Soldat Nahmens Marten Bukauw fertruncken Vor dem Muelen thor des abendes Vhm 9 Vhr den er hat seine Noht turfft thun wollen, Vndt ist leider zu Ruckwertes in die ober WarNauw gefallen, dan er hat die wache ihn den Raevelin alda gehabt.

Den 1 Julij haben Ihrer beider seites Furstliche Durchleuchtikeiten[296], die Accise buede auff den Borchwal[297] ferschlissen Vndt fersiegeln lass[en].[298]

Den 5 Julij ist der loegerber ihre windtMuel ausser dem Stein thor belegen, herunter gefallen, der Mueller ist an der bruest Versehret worden, wor auff er ist gefallen, die andern so dar auff gewesen sindt auch in etwas beschadiget aber es hat nicht so grosse Noht alse mit dem Muller.

Den 8 Julij ist die Accise buede[299] wieder uhm eröffnet Vndt haben Ihrer beider Furstliche durchleuchtikeiten[300], zwehne Von ihren leuten, dar auff sitzen [ge]habt, Vndt haben auch ein slos da for gehabt. zu der thuer.[301]

Den 23 Julij hat der Junge Jochim Cappell, dem Muller Carel Brugeman hinter berge in der Junffer Muele woenende todt geschossen zu Dobbran, er aber ist desselben abendes der thäter noch durch die stadt geritten, wo aber er hin kommen ist wirdt

[294] Pristaff, S. 17.
[295] Pristaff, S. 18.
[296] Die Herzöge in Schwerin und Güstrow.
[297] Burgwall GR 960/61.
[298] Wettken, S. 201.
[299] Burgwall GR 960/61.
[300] Die Herzöge in Schwerin und Güstrow.
[301] Wettken, S. 201.

die zeit geben, Vndt was sie zu sahmen zu thuende haben gehabt hat man keine wissentschafft Von.

Den 29 October ist I. F. D. Hertzoch Cristian Ludwig zu Schwerrin seine gemählin zu uns in Rostock her ein gekommen, Nahmens Isabella Angelica[302] des Nachmittages, Vndt hat beij sich gehabt 4 Carossen Vndt 12 Reuter, nebenst Einen officirer der sie Commodiret, die Reuter hatten Rohte Röcken ahn welche woll schamariret wahren, Vndt I. F. D. wapent war ihnen auff jehden ahrm Vndt Rucken auffgesetzet, Es Riet auch Ein paucken sleger Vor ihr hehr, an den Paucken hingen **[S. 134]** schone Roete seiden decken, worrinnen I. F. D. wapen war gesticket, wor auff folgeten dreij tromppeter, dar Nach fuhr I. F. D. gemahlin in ihre Carosse, nebenst der Carosse gingen auff Jeder seiten Ein Heiduck, die pasien gingen for der Carrosse her, Vndt es wahr die gantze burgerschafft alse 13 Fahnen ihns gewehr, die stunden Von den Kräeplinschen thor ahn bis uber das Marcket auff beiden zeiten[303], wo durch I. F. D. gemahlin hin durch fohr Vndt sie losirte in Hans Swengels losamente[304]. da sie wieder aus zog war Die burgerschafft alle wieder ins gewehr[305]

Anno 1673

Den 21 Januarij ist die Junffer Domina Sehlige Maria Gerdes begraben in der Kloster Kierche zum Heiligen Creutz.

Den 10 Martij hat Carl Behrens Von MarNeij[306] einen erstochen ihn Jochim Mattias seinen hause[307], welcher ist ein Corporal zu pferde gewesen Vndt for diesen ein balbierer zu Nijenbukauw[308] aber Carl Behrens ist da Von gekommen.

Den 9 Aprilis ist Harmen Holtzkampff burger Vndt Kauffman alhier mit einer schleunigen Kranckheit uberfallen, den er ist beim strande gewesen, wo selbsten ehr ein schieff bauwen lies, dasselbige zu besehen, Vndt wie ehr Von dannen gehen wollen, ist ehr bis an das Batstäefer thor gekommen, wo selbesten ehr nieder gefallen zuer Erden, hat aber gleichwoll noch bies zu abendes gelebet, er ist aber desselben Morgens ehe er Nach dem strande gangen in S. Marijen Kierche gewesen Vndt hat seinen gottes dienst Verrichtet er ist den 15 Aprilis begraben.

[S. 135]

Den 18 Junij ist Berenhardus Muller Eingeordiniret zum prediger in S. Marijen in Sehligen Matteus Laurentius seiner stelle, Vndt ist am Selbigen tage eingewiesen worden, Vndt hat den 22 Junij seine antrittes predigte gethan Von 12 bies 1 Vhr

302 Die Hochzeit mit einer hochadligen Französin sowie die Annahme seines zweiten Vornamens waren Ausdruck der Hinwendung Christian Ludwigs I. nach Frankreich.

303 Richtig: Seiten.

304 Neuer Markt GR 1503.

305 Pristaff, S. 19-23, der u.a. auch 450 Studenten als Teilnehmer angibt, ein wichtiger Hinweis auf die damalige Zahl der Studenten in Rostock.

306 Richtig: Marienehe.

307 Steinstraße GR 1435, die sogenannte Hamburger Herberge.

308 Neubukow.

Dänemark, König Friedrich III., 2 Mark 1666, København, 3,3 cm, 11,156 g (Den Kgl. Mønt- og Medaljesamling, Nationalmuseet, Danmark, Foto: Rasmus Holst Nielsen)

Den 21 Julij ist alhier Einer aus gestrichen worden an den Prangen Vndt hat 25 striche bekommen, er aber hat ausserhalb der stadt gestölen.

Den 18 October ist der H. B. Theodorus Sueter, in gott Sehlig eingeschlaffen, Vnd ist den 29 8bris. in S. Jacob begraben worden. Er ist Anno 1651 den 24 Februarij in den Raht ehrwehlet.[309]

Man hat auch in diesen Jahr das geldt abgesetzet, alse die dänschen Swedeschen kronen auff 28 schilling die halben zu 14 schilling, imgleichen die brandenburgschen, brauwsweigschen ia alle Marckstucke sindt auff 14 schillinge gesetzet, die duetchen auff 2 ½ schillinck die doppel schilling zu 1 ½ schillinck, Vndt die schilling alle mit ein ander haben dreij witte gegolten, es ist aber unter der gemeine ein gros seufftzen Vnd weklagen ver uhrsachet worden.[310]

Den 5 December hatten wier ein zimliches hohes wasser, das das wasser in das Borchwal thor stundt, undt hat auch grossen schaden gethan zu Warnemunde ahm Bolwerck, es ist auch ein grosser Schade zur Sehe geschehen.

[309] Pristaff, S. 26.

[310] Wettken, S. 201, setzt diese Veränderung in das Jahr 1672.

Bürgermeister Theodor Suter
(KHMR, Bildersammlung)

Anno 1674.

Den 11 Februarij sindt Ihrer beiderseites F. D. Von Schwerrin Vndt Gustrauw, beide Kantzeler, Von Schwerrin Doctor Wehdeman[311] Vndt Von Gustrauw, Doctor Schlueter[312], Nacher WarneMunde gefahren, nebenst Vnserm H. B. Mattias[313] Liebeher, Nebenst den Deputirten aus der burgerschafft. In Vnser Zoell sache zu handeln mit der Cron Schweden, welche ihre H. abgesandten auch alda gehabt.

Den 19 Februarij sindt die sämptlichen H. Abgesandten alhie in Rostock zu sammen gewesen, haben sich noch nicht vergleichen können, haben sich Vorgenommen innerhalb 6 wochen wieder zu sammen kommen.[314]

Auch ist in diesen Monat die Accise ferhöeget auff die helfften teil, dan zu Vorn gab der scheffel Rocke 2 schilling, Nun giebt er der scheffel 3 s. der scheffel weitze gab 4 schl. Nun giebt er 6 s. der scheffel Maltz gab 4 schl. Nun giebt er 6 s. die thonne bier gab 12 s. Nun giebt sie 16 s.[315]

[S. 136]

Den 3 Aprilis ist Margreta VerEggen Eines tieschers tochter nach der Fronereij gebracht, weilen sie zuer huer ist geworden Vndt das Kindt das sie gehabt ist umbracht worden, dan sie war beij ihrer Schwesterman Nahmens Jacob Knegendorpff auff den Gerber brueche wonend, seines handtwercks ein wandtpresser da diese Kinder Mordt ist Vorgegangen, es ist aber dieser Vorgedachter Mahn sampt seiner frauwen Vndt Kindern Von hier heimlich wechgezogen Vndt haben alle das ihrige stehen lassen, welches Ein hochweiser Raht hernacher ihre hinterbliebende guter nach der Schreibereij hat holen lassen, sie haben sich Vors erste Nach der Wismar begeben, weilen sie aber alda nicht lenger haben dulden können, sindt sie Von dannen Nacher Dantzig gereiset, sie sindt aber citiret Von Einen hochweisen Rahte, Vndt ist durch ein offentliches Mandat an alle thor, Vndt Kierchen tueren hangende citiret, sie aber haben sich nicht wieder Eingestellet.

Den 11 Aprilis hat Claus Mahnen seine tochter ihm hals Eisen gestanden auff S. Marijen Kirchoeffe.

Den 6 Maij ist alhier Ein Mäetchen mit dem Schwerte gerichtet weilen sie ist wegen der Zaubereij halben uber wiesen worden, sie aber hat nach Barnstorpff gehöeret.

Den 15 Maij ist alhier Eines Zimmer Mans frauw aus gestrichen, weilen sie Eine Coppelerin ist gewesen, Vndt fiele ferfueret hat. Auch ist desselben tages Ein Mahn Vndt weib, haben ihn genant Doctor Tomas, weilen derselbe ist Ein Suppen Kocher gewesen, Vnd andern Vndienliche dinge gebrauchet haben die beide alse Mahn Vndt weib 2 stunden lanck auff den Kaeke stehen muessen, Vndt hat ein Jehder die

311 Hans Heinrich Wedemann.

312 Johann Schlüter.

313 Richtig: Matthäus.

314 Wettken, S. 201. Die Verhandlungen scheiterten an der Ablehnung Schwedens.

315 Wettken, S. 201-202; Reinhold, S. 229.

Ruete in den ahrmen gehabt, Vndt zu sehen muessen, wie das ZimmerMans weib ist aus gestrichen worden, Vndt sindt hernacher alle dreij die stadt ferweisen worden

Den 29 Maij ist der Sehlige Magister Protasius Beselin in gott Sehlig eingeschlaffen, Pastor zu Sanct Peter. Er ist Anno 1663 den 4 Martii zum prediger ordiniret, den 9 Martii zu S. P. introduciret, Anno 1668 d. 7 September zum Pastorn ordiniret ist also ins 5 Jahr Diaconus gewesen Vndt Pastor 6 Jahr ist also 11 Jahr 3 Monat Prediger gewesen Vndt ist Den 5 Junii in Sanct Niclaus Kirche begraben.

[S. 137]

Den 5 Junij ist Ein bauwr auff den S. Peters Dahm Von einen andern bawren, mit Einem stucke holtz auff den Kopff geschlagen das er Vor todt gelegen, der thäter ist da Von gelauffen, hat pfherde Vndt wagen ihm sticke gelassen. Er ist aber wider curiret.

Den 11 Junij haben die Mauwrleute den Vierten pfeiler unter dem Rahthause, Vorm Broet scharen ahn, aus bessern wollen, Vndt wie sie ihn haben herunter hauwen wollen ist ehr Eingefallen, Vndt ein gros stucke Vom gewelbe mit, ist aber baldt wieder uhm auff gebauwet worden.[316]

Den 18 Junij hat Hinrich Wielden seine frauwe, ihre Stiefftochter toedt geschlagen, sie aber ist Claus Lafrentzen Ein bundtmachers tochter gewesen, sie hat eine Zeit auff der Schreibereij gesessen, Vndt ist her nacher wieder freij geworden Vnd ihr Mahn hat sie wieder beij sich genommen.

Den 25 Junij hat sich Claus Primers seine frauwe zu Warnemunde vertruncken, dan sie ist selbest in den Strohm gesprungen, dan sie wohnete daselbesten.

auch hat sich Hans Mauw Vorm Bramauschen tohr wonende zu toedte gefallen.

Den 1 Julij des Abendes uhm 10 Vhr ist I. F. D. hertzoch Gustaff Adolff Schwester[317] dochter[318] alhier gekommen aus Dennemarcken, Vndt ist der 3 Julij wieder wech gereiset, Vndt haben zweij Fahne burger auff ziehen mussen mit fliegenden Fahnen Vndt trommelschlag, wo for die Eine auff den Marcket, Vndt die ander for den thoren geblieben

Rahts herren ehrwehlet[319]

Den 6 Julij sindt Rahtes herren Ehrwehlet, also H. D. Daniel Fiescher Von Lubeck, H. D. Detloff Marckman, H. Mattias Priestaff, H. Evert Von Berg, dieser Von Berg war Ein seiden Krahmer, es [ist] noch niemahlen alhie zu Rostock ein sieden Krahmer in den Raht ehrwehlet, Vndt ist was Neuwes, das man auff diese Zeit hat

---

316 Einschub von weiter unten, im Original nach dem 3. August 1674 eingetragen.

317 Sophie Elisabeth oder Anna Sophie.

318 Eventuell Marie Elisabeth.

319 Randglosse.

Rahtes herren ehrwehlet, dan es ist sein lebe tage nicht geschehen, sonsten hat man alle Zeit auff Mattias[320] tag gewehlet.[321]

Den 30 Julij ist Sehliger Doctor Enochius Schwantenius gestorben Archidiaconus zu S. Jacob, er ist aber des Mittages noch frisch Vndt gesundt gewesen Er ist den 18 Augustij, In S. Jacob begraben.

Burger Meister Ehrwehlet[322]

Den 3 Augustij ist Her Doctor Daniel Fiescher zum Burger Meister[323] ehrwehlet, ihn Sehligen H. Burger Meister Johannes Petreus seine stelle Vndt ist den 9 Augustij zuer Kirche gefueret mit den Jungsten Rahts herrn, H. Evert Von Berg.

[S. 138]

Den 26 Augustij ist der Herr Supperintendendes, Samuel Vossius alhier zu Rostock begraben. Er war Superintendendes uber das Rostocksche destrict, Vndt haben ihm die priester Vom lande tragen muessen, dan er ist Einer Vom Aedel gewesen.

Den 15 November des Morgens uhm halb 7 Vhr ist der hoch Ehdeler, Herr Burger Meister, Casper VierEgge, ihn gott Sehlig eingeslaffen, den er ist Anno 1649 den 24 Februarij auff Mattias tag in den Raht ehrwehlet. ist also ins 26 Jahr ihm Rahte gewesen Er ist aber im folgenden 1675 Jahr den 10 Februarij alhie in S. Marijen Kirche Aedelich zuer Erden bestehtiget, Es ist zue ersten sein Aedeliches wapen Vor here getragen, hernacher hat einer Ein schwartz sammeten Kussen getragen, wor auff Ein kurtzer staeb gelegen der mit sammit ist uber zogen gewesen, Vnd ein degen welcher blos mit der scheide dar auff lag, Vndt auch seine spoeren, welches auff den Kuessen gehefftet wahr, Nebenst dehm folgete Einer der die fahne trug, dar auff folgete die leiche welche blos getragen wardt ohne decke, Vndt beij der leiche gingen 6 Raht herren, auff eine jeder seiten 3, dar auff folgete das pfhert welches mit schwartzen tueche bekleidet aber es blieb Vor der stegel bestehen, Vndt kahm nicht mit in die Kirche, aber das Vorgedachte blieb die präedigt uber in der Kierchen Vor der leiche bestehen, dieses Vorgedachte wapen, Fahne, degen stab, Vndt Spoeren sindt den 2 Martij erstlich auff das Cohr auff gehencket.[324]

Den 29 November ist des Gravens Von Wittenbergs[325] seine geMaelin[326] alhie gewesen, Nebenst der G[r]äevin König Marcksche[327].

---

320 24. Februar.

321 Wettken, S. 202; Pristaff, S. 33.

322 Randglosse.

323 Die Wahl als Bürgermeister schon einen Monat nach der Wahl als Ratsherr bildete eine Ausnahme.

324 Pristaff, S. 34 und 40-44.

325 Leonhard Johann Graf von Wittenberg.

326 Polydora Christine Gräfin von Wittenberg.

327 Marie Christiane Gräfin von Königsmarck.

Den 30 November ist alhie Ein weib mit dem Schwerde gerichtet weilen sie ist beschuldiget das sie Margreta Vereggen ihr Kindt hat Verwahrloset, Vnd auch Vnzucht getrieben Nahmens Ilse.[328]

Den 7 December ist Margreta Vereggen ausgestrichen Eines Dieschers[329] tochter Vnd hat bekommen 35 striche, Vndt ist ihr Ein brandtmal auff den Rucken gebrandt, Vndt sindt ihr die hahr abgeschnitten, Vndt an den Kaeck genagelt, Vndt hernacher ferwiesen worden, dan sie ist in diesen Jahr den 3 Aprilis nach der Fronereij gebracht.

Den 12 December ist H. Michael Geismar gestorben er ist der Elteste Caemer herr, Vndt auch der Elteste im gantzen Rahte

Den 20 December war der 4 Sontag des Adventes, die Nacht uber uhm 2 Vhr wehete der windt zimlich starck, hagelte, Vnd Regnete darbeij es war auch ein donner wetter darbeij, Vnd slug ein harter slag dar beij, es ginck aber gottlob noch ohne schaden ab, aber zu Dobbran hat es ihn Ihrer Furstlichen Durchleuchtigkeiten[330] auff dero Hause in einen stalle geslagen, welcher ist abgebrandt, Vndt etzliche Kuehe sindt mit darein Verbrandt

[S. 139]

Anno 1675

Den 25 Januarij[331] ist Ihrer Furstliche Durchleuchtikeiten, hertzoch Gustaff Adolff, beij Vns her ein gekommen, dan er ist den 24 Januarij des abendes uhm 7 Vhr zum Teuten winkel gekommen, Vnd ist den 25. zu Mittage beij uns herein gekommen ins S. Peters thor, Vndt es sindt alsobalde 4 Fahnen burger angesaget, so mit fliegenden Fahnen Vnd mit dem trommelschlage sindt auff gezogen, die 7[.] Fahne ist auff das Marcket geblieben die 8[.] Fahn hat Vor das Peters thor gestahnden wo I. F. D. ist Eingezogen, die 9. Vnd 10. Fahn hat Vorm Stein thor gestanden, Vnd ist I. F. D. des abendes uhm 4 Vhr wieder wechgezogen Vnd hat den Jungen Printzen Von Schwerrin bei sich gehabt Nahmens Hertzoch Adolff[332].

Den 18 Februarij sindt alhier 3 weiber Eingezogen worden fors Erste sindt sie auff der Schreibereij gebracht, dan sie sindt wegen diebereij beschuldiget, dan es ist in kurtzer Zeit, Schwartzkopff in der Breiten strassen wonende[333] bestolen, denselben haben sie seinen Sammiten Rock undt andere mehr sachen gestolen, darnach haben sie auch des Sehligen Hern Doctoris Johannes Qvistorpffs gewesenen pastores zu S. Jacob frauw witwe[334] bestolen, undt haben auch beij einer Von diesen weibern der Doctorin ihren Rock gefunden, welchen sie auff dem leibe gehabt, undt hat den

328 Pristaff, S. 35-37.

329 Tischler Joachim Veregge.

330 Herzog Christian Ludwig I. von Mecklenburg-Schwerin.

331 Pristaff, S. 37-40.

332 Später als Adolf Friedrich II. Herzog von Mecklenburg-Strelitz, verheiratet mit der Tochter Marie von Herzog Gustav Adolf von Mecklenburg-Güstrow.

333 Breite Straße GR 258.

334 Sophie Quistorp.

selben auff der Schreibereij aus ziehen mussen, es sindt aber Von diesen weibern 2 Nach der Fronereij gebracht, die 3[.] ist aber auff der Schreibereij geblieben, sie ist aber her Nach auch Nach der Fronereij gebracht. Vndt sindt den 7 Maij alle 3 miet dem schwehrde gerichtet, die Eine haben die Doctores medicinae bekommen welche sie haben anatomiret.

Sonabendt[335]

Den 27 Februarij ist leider gottes Meines halb bruedern Sohn Johan Luetens welcher in der Lange strasse wohnet, ihm sieden backhuese[336] seines handtwerckes ein becker, dan ehr hat Von Einen bauwern gekaufft 3 stucke Eichen bauw holtz ihn dehm sie das Erste stucke holtz, Vom wagen bringen wollen undt schon der grosse Ende auff der Erden gelegen, Vndt haben auch das kleine Ende auff das Raet geleget, undt er se[l]best die andern gewarnet so ihm haben helffen wollen, das sie nicht möchten zu schaden kommen, ist ihm leider das stucke holtz auff die bruest undt auff den Kopff geschlagen, undt hat auch kein wort mehr geredet, undt ist also gantz Jämmerlich uhm sein leben gekommen undt ist den 3 Martij in S. Jacob begraben worden.

[S. 140]

1675 Den 16 Martij hat Michel Tacken sein Sohn, auff S. Marijen Kirchoffe ins halseisen gestanden 2 stunden Von 8 Vhr bis 10, undt haet ein wacks licht ihn dem ahrmen gehabt, dan ehr hatte aus S. Marijen Kirche 3 wackslichter, undt aus S. Jacob 2 liechter, undt aus S. Peter 1 liecht gestolen, er ist aber auff 3 Jahr Verwiesen worden

Den 17 Martij ist der Graff Benct Oxenstern[337], alhier Eingekommen des abendes uhm 5 uhr, dan er ist Königlicher Swedischer Legatus, gesandt nach Ihrer Kaijserlichen Maijestet[338], nacher Wien undt sindt ihm 3 Stucken gelöset, beij dem Einzuge, er ist aber den 18 Morgens uhm 8 Vhr wieder weg gezogen, undt sindt ihm abermals 3 Stucken gelöeset, undt hat auch die Erste Fahne in bereitschafft auff das Marcket gestanden.[339]

Sonnabent am Osterabendt[340]

Den 3 Aprilis ist der studiosus Nahmens Andreas Riesener, burtig aus Dantzig, welchen Ein Ehdeler hochweiser Raht, den 30 Martij des Nachtens durch den wachtmeister, Vom bette hat holen lassen, weilen I. F. D. hertzoch Gustaff Adolff Von Gustrauw, an Einen Ehdelen hochweisen Raht hat geschrieben, das sie denselben sollen in arrest nehmen[341] ist auch derselbe auff das Rahthaus in den Weisen stube

335 Randglosse.

336 Lange Straße GR 640.

337 Bengt Oxenstierna.

338 Leopold I.

339 Wettken, S. 204.

340 Randglosse.

341 Riesener, immatrikuliert 1673, wurde vorgeworfen, als Hauslehrer eine ehebrecherische Verbindung mit seiner Gutsherrin unterhalten zu haben.

gesetzet, undt haben ihn zweij Von der wacht die des Nachtes wachen bewahren mussen, hat er dieselbe Von sich gesandt, etwa Eine Kanne wein zu holen, dem andern taback holen lassen er aber hat sich mitler weile mit Einen stricke, aus dem fenster herunter gelassen, undt ist durch Herren Johan Nettelbladtes haus[342] gekommen, undt hat sich in des H. Rectores Mangnifici Doctor Doebels[343] haus[344] begeben, der eben am Marcket wohnet, Es hat sich aber Ein Ehdeler hochweiser Raht bemuhet zum offtern, undt den Hern protonotario Johan Nieman, zum den Mangnifico, undt den gantzen Concilio gesandt, welche in des Rectoris Doctor Doebels haus fersamlet wahren, uhm erlassung des ferlauffen studiosi aber es hat nichtes helffen wollen, es hat auch Ein hochweiser Raht durch die Nachtwacht das haus besetzen lassen, das ehr nicht entlauffen können, ia es sindt auch die stadt Soldaten auff das Marcket commodiret, mit ihrem gewehr, da haben sich die studiosi hauffens weise auff das Marcket ferfuget, etwa ihn Meinung einen tumult anzufangen, da hat Ein Ehdeler hochweiser Raht die trommeln Ruhren lassen, da sindt also balde **[S. 141]** etzliche Fahnen Von der burgerschafft auff gezogen mit ihren gewehr, undt haben sich auff das Marcket gesetzet, da haben sich die studiosi Vom Marcket packen mussen, Vndt hat Ein hochweiser Raht den Vorgedachten studiosum, mit gewalt aus des Mangnifici haus holen lassen, undt haben ihm in seine forige herberge gebracht, wor aus er ent lauffen, Es ist auch Einer Von des Concilii Zeptern ent zweij gekommen, Es hat aber Ihrer Furstlichen Durchleuchtikeiten, Hertzoch Gustaff Adolff, den studiosum den 9 Aprilis. Nach Gustrauw abfoedern lassen durch 8 Einspender.[345]

Den 16 Aprilis ist Hans Mehtlinck, mit seiner frauwen Von der Schreibereij Nach der Fronereij gebracht, weilen ehr die dreij weiber gehauset hatte, die den 18 Februarij sindt Ein gezogen wegen diebereij halben, Vndt ist den 4 Maij mit sampt seinen weibe ausgestrichen worden öffentlich am Prangen, undt sindt her Nacher zu Ewigen Zeiten der stadt verwiesen worden.

Den 2 Maij ist Herr Licenciat Zacharias Grapius zum pastorn Ehrwehlet, zu Sanct Peter, in Sehligen Magister Protasii Beselins Stelle, dan ehr wahr zu Sanct Cattrinen pastor[346]

Den 26 Maij ist der Sehlige H. Andreas Wulff in gott sehlig Eingeslaffen undt ist den 8 Junij in S. Marijen begraben worden.[347]

Im Junio ist der Doctor Hermannus Sibrandt, Von Eihnem hochweisen Rahte zum Sindicum Ehrwehlet.[348]

---

342 Neuer Markt GR 1510.
343 Johann Jacob Dobelius, damals Rektor der Universität.
344 Neuer Markt GR 1295.
345 Wettken, S. 204.
346 Pristaff, S. 51-54.
347 Nachtrag durch Schultze: er ist Anno 1658 den 24 Februarij in den Raht ehrwehlet.
348 Pristaff, S. 56.

Im Monat Junio[349]

Auch haben sich die Cuhr Furstlichen Von Brandenburg miet den Königlichen Schwedischen geschlagen, beij Ratenauw[350] in der Marck Brandenburg, undt haben die Brandenburgischen den Sieg erhalten welches alhie im gantzen lande Mecklenburg, so wol beij der Rieterschafft, undt der gantzen landtschafft[351], auch unterthanen ein grosses schrecken fer ursachet, also das auch die Vom lande ihre gereitesten Sachen Nacher Rostock brachten.

[S. 142]

Burgermeister Erwehlet.[352]

Den 5 Julij ist der Herr Petrus Eggers zum Burgermeister Ehrwehlet, Vndt ist den 11. Julij zuer Kierchen mit den Jungsten Rahtes herren, H. Evert Von Bergen begleitet worden.[353]

Auch ist in diesen Monat Julio Ihre Cur Furstliche Durchleuchtikeiten Von Brandenburg[354], mit seiner gantzen Armade zu uns in Mecklenburg kommen, undt hat man ihnen proviant alhier aus Rostock geben muessen.[355]

Auch hat I. Cur F. D. die Warnemunder Schantze eingenommen, Nach dem die Königliche Schwedische dar wahren ausgelauffen. Es ist aber ehe die Schantze die Schwedischen haben ferlassen, der Curbrandenburgische General Adiutant in des Vogedes Hinrich Wolters losament[356] zu todte geschossen.

Es hat auch beij dieser Zeit, die burgerschafft alle abent auff die wacht ziehen muessen 3 Fahnen, mit trommelslage Vndt mit fliegenden Fahnen[357]

Den 27 Julij ist alhier Ein leinenweber aus gewiesen worden welcher ein Rohr Von der burgerwacht hat gestolen, undt ist sein Nahm an den Kaeck geslagen auff Einer blecken taffel gemachet.

Den 28 Julij ist alhier Einer mit dem schwerde gerichtet worden dan der selbe hat in diesen Monat S. Peters Kierche bestolen.

---

349 Randglosse. Später von Joachim Schultze nachgetragen.
350 Am 25. Juni 1675.
351 Ritter- und Landschaft bildeten die Landstände in Mecklenburg. Die Ritterschaft bestand aus den zumeist adligen Großgrundbesitzern, die Landschaft aus den Städten des Landes.
352 Randglosse.
353 Pristaff, S. 56.
354 Friedrich Wilhelm III.
355 Wettken, S. 204.
356 Die Vogtei in Warnemünde.
357 Wettken, S. 204.

Sonabendt[358]

Den 7 Augustij ist I. Cur F. D. Von Brandenburg[359], sampt dero geMahlin[360] wie auch dessen General Dorfflinck[361], undt andere Mehr fohr nehme Cavalier Vor beij gezogen, undt ist durch die garten gefahren, seine Reuter sindt mit auff geslagenen hahnen auff ihre Calbiner welche sie auff den Knien haben, stehen gehabt, die officirer haben blosse degen in den henden gehabt, undt sindt ihm 9 stucke Nach gelöeset Vom Wael[362].

Den 10 Augustij sindt I. Cur F. D. Von Brandenburg, sampt dero geMählin, Nacher Warnemunde gefahren, haben 2 Kornet Reuter beij sich gehabt, mit 2 standarten, er hat auch hehr paucken undt trompeten beij sich ist auch desselben abendes wieder durch die gahrten gefahren, es seindt ihnen 12 stucke Nach gelöeset hatte auch woll 30 draguner beij sich.[363]

Im Anfanck des Monats September ist das landt Pöel Von I. Cur F. D. Von Brandenburg Eingenommen, wo fon die Königliche Schwedische sindt abgegangen undt es haben ferlassen.

Den 16 7ber. sindt I. F. D. Hertzoch Gustaff Adolff, Von Gustrauw zu uns herein gekommen, weilen I. Königliche Maijesteten zu Denne Marcken Cristianus 5. Alhier zu Rostock Ein qvattirung begehren mit I. K. M. des wegen zu handeln.[364]

[S. 143]

Den 17 September ist alhier bues undt behte auch fast tach gehalten[365]

Sonabendt[366]

d. 18 7ber. des Morgens sindt die thore alhie zu gehalten, undt ist die gantze burgerschafft ins gewehr gekommen, sindt auff das Marckt gestellet, undt hat Von dannen Eine Jehde Fahn Nach ihren Ver ordenten post ziehen mussen Es ist aber I. F. D.[367] Nebenst den H. Burgermeister Matteo Liebherren, Nach I. K. M. Cristianus Qvintus zu Denne Marcken gefharen, weilen der selbe zu Marneij[368] losierten, uhm die besatzunge zu handeln, aber es hat nicht helffen wollen, wier haben Nuer mahn 8 Companien soldaten Ein nehmen mussen welche des Nach Mittages uhm 2 Vhr ein Massirten in das Stein thor, undt sich auff das Marcket Vorm Rahthause gesetzet, es ist des obersten Schacks sein Regiment, undt blauw gekleidet gewesen. Es ist aber

358 Randglosse.
359 Friedrich Wilhelm III.
360 Dorothea.
361 Georg Freiherr von Derfflinger.
362 Richtig: Wall.
363 Wettken, S. 205.
364 Wettken, S. 206; Reinhold, S. 160.
365 Wettken, S. 206.
366 Randglosse.
367 Herzog Gustav Adolf von Mecklenburg-Güstrow.
368 Richtig: Marienehe.

König Christian V. von Dänemark
(UBRS, Porträtsammlung)

I. F. D. Hertzoch Gustaff Adolff mit seinen bei habenden, nebenst dehro Carossen aus dehm Muhlen thor geritten Nacher Gustrauw. Ihn dehm sindt I. K. M. Von Dennemarck Cristianus 5 zu uns herein gezogen, sampt dehro H. brueder Printz Jurgen[369], mit seinen bei habenden Comitat, in das Kräplinsche thor, undt hat losiret in Doctor Gerdes losament[370] auff das Marcket, undt hat mit allen seinen pakasie undt Rustwagen das Marcket zu gefharen, undt sindt auch die stucken ihm zu Ehren Vom walle gelöeset worden, auch haben die Soldaten Von den Dähnschen desselben abendes die 4 landt thore besetzet.[371]

Den 19 7ber. sindt I. K. M. Stucke an der Zahl 39, Nebenst 2 grosse feuwr möe[r]ser her durch gebracht, auch seindt dehro soldatescha mit fliegenden Fahnen undt trommelschlage hin durch Massiret, zu Peters thor hin aus, die Reutereij ist auch mit fliegenden standarten, auch mit paucken, undt trompeten aus dem Mulen thor gezogen.[372]

Den 20 7ber. des Morgens uhm 7 Vhr sindt I. K. M.[373] sampt dehro H. brueder printz Jurgen, mit seinen beij habenden Comitat Nacher Ribbenitz gereiset, undt sindt aber Mahl die sämptlichen burger ins gewehr gewesen[374]

Den 23. 7ber. ist der H. Supperintendendes D. Hinricus Muller, ihn gott Sehlig eingeschlaffen, gewesener pastor zu S. Marijen, undt ist d. 4. 8ber. in S. Marijen mit cristlichen ceremonien zuer Erden bestehtiget seines Alters 45 Jahr.[375]

d. 5. 8ber. hat I. K. M.[376] zu Dennemarcken Damgarden Eroberdt[377]

Den 5 8ber. haben I. K. M. zu Dennemarcken, Den paes Damgarden ihn Pommern erobert, auch hat I. K. M. alhier sehr Viel Munition, zu wasser aus Dennemarcken bringen lassen, an grossen feuwr Kugeln, auch Viel stuck Kugeln, auch sindt 8 Neuwe stucke gebracht 12 punder, 4 halbe Cartauwen[378] 4 dreij Viertel Cartauwen, Nebenst 5 feuwr Möe[r]ser, dieses alles ist nach der Wismar gebracht zur belagerunge.[379]

Den 19. 8ber. sindt I. K. M. samp[t] dehro H. brueder printz Jurgen undt dehro Commitat, zu uns herein gekommen, in das S. Peters thor, Von Damgarden, hat sich abermall die gantze burgerschafft sich ins gewehr presentiret, Vndt haben I. K. M. sampt dehro H. brueder auff das Rahthaus losiret.[380]

---

369 Prinz Georg von Dänemark, später Herzog von Cumberland, Prinzgemahl.
370 Dr. Marquard Gerdes wohnte am Neuen Markt GR 1514/15.
371 Wettken, S. 206 (zum 16. August 1675); Reinhold, S. 160.
372 Wettken, S. 207; Reinhold, S. 161.
373 Christian V. von Dänemark.
374 Wettken, S. 207.
375 Pristaff, S. 56-57.
376 Christian V.
377 Randglosse.
378 Richtig: Kartaunen.
379 Wettken, S. 208 (zum 6. Oktober 1675); Reinhold, S. 161 (zum 6. Oktober 1675).
380 Wettken, S. 208.

Den 20. 8ber. sindt I. K. M. sampt dehro H. brueder, wieder wechgereiset, Nach der Wismar, mit allen seinen beihabenden Comitat, Es hat ihm auch I. F. D. Hertzoch Gustaff Adolff Von Gustrauw, I. K. M. das geleite gegeben, hat sich abermahl die gantze burgerschafft, mit Ihren gewehr presentiret, Vom Marcket ahn bis an das Kräplinsche thor, wo selbesten I. K. M. sindt aus gereiset, Es hat sich aber mahl die gantze burgerschafft hernacher gestellet in der Kräehmer strasse, wo selbsten I. F. D. in Sehligen, H. B. Klingen, haus[381] losirte, undt den Schild hin auff, wo selbsten I. F. D. da sie wieder einkehme, her durch Ritte, hernacher massirte **[S. 144]** die burgerschafft I. F. D. losament Vor beij, Es ist auch demselben Dato, des Hertzogen Von Pläens[382] Regiment, mit 8 Fähnlein zu uns herein gekommen, Es hat aber der oberste leutenampt Brinck das Comando gehabt, undt hat des obersten Schacks Regiment, wieder ausziehen mussen, welche den 18. 7ber. herein kahmen.[383]

Den 21. 8ber. ist H. Vlrich Elvers gestorben, undt d. 27. in S. Marijen begraben.

Den 25. 8ber. ist Licenciat Zacharias Grapius, zu S. Peter zum pastorn Eingewiesen, hat den 31. seine antritz predigte gehalten.

Den 1. 9ber. ist Cristian Brummers sein Eltester Sohn, Von seinen Eigenen bruder leider unfersehens Jähmmerlich erschossen, ihn seinen Eigenen hause[384], ist d. 5. 9ber. in S. Jacob begraben.

d. 5 9ber.[385]

Den 5 9ber. haben I. K. M. Von Dennemarcken[386], den Walfisch Voer der Wismar, Nebenst einen grossen Schwehdischen orloffs Schiff erobert.[387]

d. 17. 9ber. ist Ein Saeger Nahmens Hans Jänneke, Vom sageblock herunter gefallen beim Strande, ist auch [so]fort todt geblieben.[388]

Den 7 December ist Magister Hinricus Carmon, zu S. Jacob zum prediger Ehrwehlet ihn des Sehligen D. Enochius Schwantenius stelle zum Archidiacono, er ist aber schon prediger gewesen zu S. Niclaus[389]

d. 13 Xber. hat es der Morgens zwieschen 7 undt 8 Vhr, zimlich hart gewittert undt unterschiedtliche starcke donnerschläege gethan, es ist aber gott lob noch ohne schaden abgangen.

d. 13 Xber. auff Luciae tag sindt die Königliche Schwedische Völcker so in Ribbenitz gelegen etwa beij 4½00 Mahn an Reuter, draguner, undt Musqvetirer, Von den

381 Bernhard Clinge in Krämerstraße GR 1171/72.

382 Bernhard, Herzog von Schleswig-Holstein-Sonderburg-Plön.

383 Wettken, S. 208; Reinhold, S. 162.

384 Schnickmannstraße GR 662.

385 Randglosse.

386 König Christian V.

387 Wettken, S. 208; Reinhold, S. 162.

388 Pristaff, S. 59.

389 Pristaff, S. 59-61.

Königlichen Däenschen wie auch Von den Cur brandenburgischen so ihre Völcker zu sammen gestossen, die Schweden uber fallen, undt sie alle sampt gefangen genommen, mit ihren offecirern, haben dem Nach die Königliche[390], Vndt Cur brandenburgische, die gefangenen unter sich getheilet, undt haben die Königliche däensche, ihre gefangenen alhier zu Rostock eingebracht. die soldaten sindt ihn wuste häuser verleget, do[391] officirer, sindt auch in arrest behalten[392]

d. 13. Xber. Wismar ubergangen[393]

Auch hat I. K. M. Von Dennemarcken Cristianus Qvintus d. 13 Xber. die stadt Wismar erobert.[394]

Den 29. Xber. haben wier alhier 3 Regimenter Däensche Völcker einbekommen, alse des obersten Degenfeldes, undt des obersten Harlogs, aber der oberste Degenfeldt hat das Commando gehabt.[395]

Den 30. Xber. sindt alhier in die 200 Reuter Von den Königlichen[396] eingezogen, undt sindt alhier einqvartiret.[397]

Den 31 Xber. ist des Hertzogen Von Pläens[398] Regiment alhier wieder ausmassiret, mit 8 fliegenden fhänlein unter, des obersten leutenampts Brincken Commando, sindt aber den 20. 8ber. her ein gekommen.[399]

Anno 1676

Im Anfanck dieses Jahres, hat Ein hoch Ehdeler, undt hochweiser Raht abgeschaffet das keine frauwen nicht mehr sollen zuer leiche folgen[400]

Den 4 Januarij ist alhier Eine Companeij Reutereij eingeleget worden, in die qvattier, aber sie sindt den 9 Januarij wieder aus gezogen.

Den 5 Januarij seindt die herren des gewettes, alse H. Cristian Knesebeck undt H. Johan Danckwertz Nacher Warnemunde[401] gereiset, wegen der Schantze, das dieselbe, Von I. K. M. zu Dennemarcken[402] leuten möchte herunter gerissen werden, undt geschlauffet, der anfanck ist den 6 Januarij gemachet, undt sindt auch die stucke

390 Dänischen.
391 Richtig: die.
392 Wettken, S. 208; Reinhold, S. 163.
393 Randglosse.
394 Wettken, S. 208.
395 Wettken, S. 209.
396 Dänischen.
397 Wettken, S. 209.
398 Bernhard, Herzog von Schleswig-Holstein-Sonderburg-Plön.
399 Wettken, S. 209; Reinhold, S. 163.
400 Wettken, S. 209; Pristaff, S. 61-62; Reinhold, S. 229.
401 Warnemünde gehörte zum Zuständigkeitsbereich der Rostocker Gewettherren.
402 Christian V.

so darein gewesen alhier auff gebracht, welche an der Zahl 9 Eiserne stucken wahren, undt sindt auff das Marckct gcfharcn[403]

[S. 145]

Den 8 Januarii ist Daniel Jochim Eggebrecht, Vom obersten Degenfeldt zum Ritter uber Son undt Mondt gemacht. Er ist aber wie des Degenfeldes Regiment ist aus massiret den 7 Aprilis zu Marneij[404] Von Einen Leutenampt erstochen, also hat diese Ritterschafft ihre Endschafft ehrReichet.

Den 9 Januarij ist der H. General Arenstorff von hier wieder weg gereiset undt sindt ihm zu ehren 4 Stucke gelöeset worden, er aber ist am 7 Januarij des Nachmittages alhier herein gekommen.[405]

Den 16 Januarij hat Magister Hinricus Carmon seine abdanckungs prädigte gehalten, weilen ehr nach S. Jacob zum Archidiacono ist Ehrwehlet ihm Vorigen [Jahr] 1675 den 7 Xber. ist den 20 Januarij Eingewiesen, undt den 23. Janu. seine antritz predigte gehalten, dan er ist Anno 1671 den 26. 7ber. zu S. Niclaus ehrwehlet.[406]

Den 2 Februarij haben die Cur Furstliche Brandenburgische Von den gefangenen welche abgeholet, die den 3. Xbris. des Vorigen Jahres in Riebbenitz gefangen wurden, undt ist der Major Wrangel mit abgefoedert.

Den 13 Februarii haben diese Nach folgende studiosi die proff predigte gethan zu S. Niclaus Von 8 bies 9 Vhr, Hat H. Steffen Schultzen Sohn geprediget, des Nachmittages Von 2 bis 3 Vhr, hat Cristianus Hoege geprediget, den 15 hat des Sehligen D. Qvistorffs Sohn Johan Nicolaus Qvistorpff geprediget Von 8 bis 9 Vhr, Vndt ist an dem selben tage die wahl auff dem Rahthause Vorgangen, Vndt ist dieser Qvistorpff zum prediger Ehrwehlet hat gehabt 76 Vota.[407]

Den 20 Februarij ist der Major aus des Obersten Degenfeldes Regiment in S. Marijen begraben.

Den 28 Februarij ist der Oberste Leutenampt Von demselben regimente in S. Peter begraben worden.

diengestag[408]

Den 29 Februarij sindt alhier aus Pommern Von Demmin zwehne burger, der Eine ein schuster, der ander Ein Kraemer beij uns herein gekommen mit Ruechledder, undt haben dasselbe einen gärber Nahmens Michel Gerdes gebracht, weilen derselbe mit dem schuester aus Demmin gehandelt, hat ihm da foer puent ledder undt smehret ledder gethan sindt auch den 1 Martij da mit wieder wech gefharen, da sie weg

403 Wettken, S. 209.
404 Richtig: Marienehe.
405 Einschub von weiter oben, im Original vor dem 8. Januar 1676 eingetragen.
406 Pristaff, S. 62.
407 Pristaff, S. 53.
408 Randglosse.

gewesen da ist es aus gekommen, den es hat alhier beij uns zu Rostock gelegen I. K. M. zu Denne Marcken[409] guarnisun, Nemlich der oberste Degenfeldt, Ein Baron der ist Commodant gewesen, der hat ihnen Nachgesandt, undt hat sie wieder uhm holen lassen, mit allen guete das sie beij sich gehabt, undt hat die leute in arrest genommen, undt sind in die Cortegarde auff dem Marcket eingesetzet, undt das lehder zu sich in sein losament genommen, dessent sich der Commodant woll unterstehen duerffen, undt hat wollen, das Rauch ledder mit gewaldt aus des gärbers Michel Gäerdes hause Nehmen, undt mit seinen soldaten die Execution ferrichten wollen, hat auch dar auff gegen den abendt sein Regiment, wie auch des obersten Harlogs Regiment auff das Marcket gefoedert, undt alda ins gewehr sich praesentiret, dar auff hat alsobalde Ein Ehdeler hochweiser Raht, die gantze burgerschafft ansagen lassen, beij leib undt lebens straffe, Ein Jehdtweder burger soll sich mit seinen gewehr Vor seines Capiteins[410] thur verfugen, sindt auch also baldt die trommeln gerueret, die burgerschafft hat sich also fort zu sammen gethan, hat sich die 7. 8. undt 9[.] Fahne auff das Marcket presentiret, **[S. 146]** Auch die 2[.] Fahne, hat auff das Marcket gestanden, die Erste Fahne blieb Vor Ihres Capiteins[411] thuer, in der Wasser strasse, die 11. 12. haben auff Marijen Kirch hoefe gestanden, undt wurden auff dem Marcket fackeln, Vndt pick Krantz angestecket, (dieses geschah am 31 Martij am Sonabent)[412] das man allenthalben her uhm sehen könnte, undt wurden die Ketten for den gassen uber gezogen, so Vom Marcket abgehen, die 3[.] Fahne blieb Vor ihres Capiteins[413] thuer, die 6[.] Fahne blieb auch Vor Ihres Capiteins[414] thuer beij S. Niclaus, die 4[.] Vndt 5[.] Fahne hatten die wacht die 10[.] Fahne stundt auff das Hoppen Marcket, es war auch in des gärbers haus Michel Gerdes eine Corperalschafft Von den Stadt soldaten die hatten das haus besatzet dieses ginck ahn des abendes uhm 6 uhr, undt wehret bies auff die Nacht uhm 11. uhr, da giengen die Soldaten Vom Marcket wieder Nach ihren qvattiren, undt die burger giengen auch ein Jehdtweder wieder Nach hause undt hat der Commendant die Demminschen leute Nach Schwan gesandt, er hat sie aber her nacher wieder losgeben, undt sindt Nach hause gereiset.[415]

Den 22 Martij ist der Major Allart Von dem Degenfeldischen Regiment in S. Marijen begraben, sindt ihm auch 2 fahnen undt sein wapen nach gehenget

Den 20 Martij ist der oberster Hinrich Harloff gestorben, undt ist den 26. in S. Jacob begraben, undt sindt ihm 2 fahnen, das wapen degen Vndt Sporn Nach aufgehencket.

---

409 Christian V.

410 Hier: Chef einer Bürgerfahne.

411 Heinrich Kirchoff wohnte Obere Wasserstraße GR 1508.

412 Randglosse (Klammernotiz).

413 Claus Witte wohnte Lange Straße GR 374.

414 Franciscus Schorler wohnte Wendländer Schild GR 1645.

415 Wettken, S. 209-210; Reinhold, S. 163. Der dänische Oberst Degenfeldt betrachtete den Handel mit dem schwedischen Demmin als Schmuggel. Rostock hingegen verwies darauf, dass der dänische König die Freiheit des Handels trotz Krieges zugesagt hatte und auch Lübeck Handel mit den Schweden trieb, siehe auch AHR, 1.1.3.2.100 Ratsprotokolle 1676/77 (2. März 1676 passim).

Den 29 Martij ist der oberster Detloff Von Öertz alhier Eingezogen mit seinen Dragunern, hat 2 hehr paucken Vor sich gehabt, undt 4 standarten, Eine weisse undt 3 gelbe

Den 31 Martij ist des Obersten Degenfeldes auch des Sehligen obersten Harlogs Regiment, alhier wieder ausgezogen sie sindt aber Anno 1675 den 29. Xber. alhier herein gekommen.

Sonabendt[416]

Den 1 Aprilis hat Claus Lillienblat, mit seiner frauwen ins hals eisen gestanden, wegen diebereij halben, weilen sie das gestolene guet haben beherberget, und ferhandelt, dan es ist den Kraemern toback gestolen worden, sie sindt hernacher beide Verwiesen worden.

Es ist auch eine frauwe sampt der tochter verwiesen, weilen sie des H. Burgermeister Matteo Liebherrn, seinen Kuetschen haben bestolen.

Den 7 Aprilis ist Daniel Jochim Eggebrecht, zu Marneij[417] erstochen, Von einen leutenampt, Von des Degenfeldes Regiment, es hat Vor gedachter oberster Degenfeldt den 9 Januarij diesen Eggebrecht zum Ritter gemacht uber Son, undt Mondt, hat also diese Ritterschafft ihr Ende.

Den 9 Maij ist in Hinrich Luetens Ein grobschmidt am alten Marcket hause[418] ihm Keller feuwr gewesen, es ist aber wieder geleschet, Man saget das ein draguner soll feuwr darein geschossen haben, der selbe aber ist weg gelauffen.

Den 22 oder 23 Maij sindt 2 Reuter todt geslagen, haben gelegen auf den Bartelstörper felde, man hat keine nachricht haben können, wer die thäter sindt gewesen, es sollen 2 Cur brandenburgische gewesen sein.

[S. 147]

Den 2 Junij ist Johan Nicolaus Qvistorpff ordiniret zum prediger, den 6 Julij zu S. Niclaus introiudiciret, hat den 10 Junij seine antritz predigte gehalten.

Den 25 Junij des Nach Mittages zwischen 2 undt 3 uhr, unter der Nachmittages predigte, ist dem leinen weber Alterman, Baltzer Schrödern, wonende Vorm Bramauwschen thor[419], ihres Ampts Sielber, das ehr ihm hause gehabt gestolen, alse 8 Sielberne Stoepffe ihre beiden bucksen eine die den Ampte zu gehöeret, darrinnen sie ihren Vorraht ahn geldt auch an schrifften gehabt, was die Ampts bruder, dem Ampte sindt Schuldich gewesen, die andere die Armen bueckse, Es ist aber Vor gedachter Alterman am selben tage zum heiligen Abendtmal gewesen in Sanct Jacob, dieses Zeug hat in eine Kieste gelegen so den Ampte zu gehöret

---

416 Randglosse.

417 Richtig: Marienehe.

418 Alter Markt GR 1922.

419 Vorm Bramower Tor GR 401.

die ist auff gebrochen, haben aber beij der obrikeit angehalten, das durch die gewette diener etzliche häuser möchten visitiret werden, dar auff sie einen argwon hatten, ist auch geschehen, haben aber Nichtes gefunden. Im Monat Julio haben sie aber Nach gerade die stoepffe wiederkricht auch hat sich einer Von ihren gesellen Nahmens Hinrich Lanckhagen gefunden ihm Kruege da er getruncken, etzliche dubbelschilling, geEussert, da er zu Vorn keine gehabt, weilen solche dubbel schilling ihn ihres Amptes buesse gewesen, weilen sie ihm Vorigen Jahr wieder abgesetzet, undt sie nur dreij seckslíng gulten, undt sie dessentwegen hetten auffgehoben, er ist Vohn ihnen zu Rede gestellet, wo ehr darbeij gekommen wehre, hat er allerhandt ursachen Eingewendet, hat aber nichtes beweisen können, ist also Nach der Schreibereij gebracht, hat alda gesessen bies auff den 28 Julij, da ihm Ein uhrtel gesprochen Von Einen hochweisen Rahte, das ehr sollte etzliche Stunden am Rahthause ihm hals Eisen Stehen, undt sollte auff Ein Jahr der stadt Verwiesen werden dieser aber wie ehr durch den gewett diener sollte hingebracht werden, Nach dem hals eisen ist ehr den dienern entrunnen sie aber haben ihm wieder ertappet, undt auff das Marcket gebracht haben ihm auch schon das halseisen uhm gethan, ihn dehm hat der gewette diener Vom hochweisen Rahte odder[420] bekommen, ehr solte ihn wieder Nach der Schreibereij bringen, undt ist Von dar Nach der Fronereij gebracht undt ist den 29 Julij durch den fronmeister öffentlich ahm prangen aus gestrichen worden hat 20 striche bekommen, undt ist da zu Von den Fronmeister der stadt Ewich Verwiesen.

Den 29 Junij hat der H. Oberster Öertz Commodant alhier zu Rostock, uber die Königliche däensche Guarnisun wegen der erhaltenen victoria[421], so I. K. Maijesteten Von Denne Marcken[422] zuer Sehe erhaltenen glucklichen Slacht, so Von dem H. General Admiral Tromppen, undt Vom H. Vicae Admiral H. Niels Juell, gegen die Königliche Schwedische Flote befochten haben ist geschehen (den 1 Junii) die victoria geschossen, Es hat aber Vorgedachter H. Oberster, Vors Erste seine draguner auff das Marcket fuhren laessen, Von dannen sindt sie nach dem Walle gefuhret, haben gestanden Vom Alten werck ahn bies nahe an das Stein thor, Es hat aber Vorgedachter H. Oberster zu foer auff dem Neuwen hause Eine danck predichte gehalten. Nach gehaltener predigte ist das Te Deum laudamus gesungen worden dar auff sindt die stuecken auff dem Walle dreij mahl gelöset, zwischen Eine jeder salbe haben die draguner auch Eine salbe gegeben, wie das Vorbeij hat der H. Oberster E. E. hochweisen Raht, auch etzliche priester, auch welche Von den burgern auff dem Neuwen hause zu gaste gebehten, die danck predigte hat der priester Von Hanstorp[423] gethan H. Müller[424].

---

420 Richtig: Order.

421 Sieg in der Seeschlacht bei Öland am 1. Juni 1676.

422 Christian V.

423 Oertzens Gut Gorow lag im Kirchspiel Hanstorf.

424 Joachim Müller.

[S. 148]

Sonabend[425]

Anno 1676 den 22 Julij ist alhier des Obersten Öertz[426] sein diener[427] Harpisiret worden, auff dem Marcket, for des freij[428] slachters scharen beij der wasser kunst, wo selbsten des Vorigen tages sindt 2 fueder sandt hin gefahren, da ist den 22. des Morgens das sandt Von Ein ander geworffen, undt ist for dem Scharen oder Wasser kunst, der platz mit draggunern besetzet uhm her da ist der Miessethäter etwa uhm 9 Vhr, mit etzlichen Dragunnern Von der Schreibereij geholet worden, wor auff er gesessen, zu Vor aber saes er auff dem Marcket in die Contegarde, undt ist ihm zu geordenet der H. M. Simon Henninges Pastor zum Heijligen Geiste, welcher mit ihm ist ihn dem da zu Verordenten geschlossenen Krinck gegangen, ihm auch fleissich Vor gebehtet, her nacher hat der thäeter seinen Mantel abgenommen die ehr uhm hatte undt seinen Rock selbest aus gezogen, den selben seinen Cammeraten gegeben wor auff ihm seine augen sindt zu gebunden, hat er sich auff die Knie nider gesetzet, auff dem sande, sindt ihm 6 dragguner ehrwehlet, zu jeder zeit haben ihrer zweij schiessen muessen, haben ihm auch ehrlich erschossen 4 haben Muskweten gehabt, zweij aber Pistolen, ist auch desselben abendes auff S. Johannis Kirchhoefe begraben, dan er hatte Einen draguner Jämmerlich erstochen Von des Capitein Hausmans Companij.

Den 27 Julij sindt Von des H. Obersten Öertz seinem Regiment, dreij Compagnijen mit ihren fliegenden standarten wieder ausgezogen, alse des H. Obersten leutenampts, des Majors, undt des Capitein Meijers, die leib Companij, undt des Capitein Hausmans seine sindt hie geblieben sindt aber den 29 Martij alhier eingezogen.

Den 31 Julij sindt die Allijirten Völcker alse 2 Companijen, Eine Von den Zaelschen[429], die ander Von den Hannoferschen, undt Von Ihrer beiderseites F. D. Von Mecklenburg[430] auch zweij Companijen, undt dan Eine Companie so der stadt Rostock zu gehöeret Von 100 Mahn.

Dem 1 Augustij sindt diese 4 Companijen, auff das Marcket gefueret, haben sich Vor das Rahthaus gestellet, mit fliegenden Fahnen, wo selbsten ihnen der H. Oberster Barner[431] ist furgestellet, haben also den Hertzogen von Mecklenburg, auch den Raht geschworen.

---

425 Randglosse.

426 Detloff von Oertzen.

427 Der Grund für die Hinrichtung des Dieners (Mord oder Totschlag) wird erst ganz am Ende dieses Eintrags genannt.

428 Freimeister waren durch den Rat zusätzlich zugelassene Handwerker bzw. Gewerbetreibende.

429 Celle.

430 Die Herzöge Christian Ludwig I. und Gustav Adolf.

431 Joachim Friedrich von Barner.

Dem 2 Augustij sindt dem H. Obersten Barner, Vom H. Obersten Öertz[432] die Schluessel zu den stadt thoren geliefert, undt haben die Alliijrten[433] mit den Furstlichen, undt stadt Volck, die Königliche däensche, Von ihren posten abgelöset undt dieselbe wieder besetzet.

Sonnabend[434]

Den 12 Augustij ist der H. Oberster Öertz alhier aus gezogen, mit den beiden Companijen, die leib Companij hatte die weisse standarte, undt Capitein Hausmans, die hette eine gelbe standarte, wie diese dragunner aus massirten wurden zu erst des Obersten handt pferde gefueret, darnach folget der paucken Släger, undt sein scharmeijen bläeser, dar auff folgete der oberste nebenst Capitein Hausman, darnach folgeten die draguner, mit fliegenden standarten, aus dem Kraepelinschen thor, undt wurden ihm 3 Stucken Nach gelöeset, er hat alhier eingelegen 19 wochen 3 tage, also ist gott lob die Königliche Daensche Guarnisun alhier wieder ausgenommen. Den es haben I. K. M. zu Dennemarcken[435] Anno 1675 den 18 September seine Erste Völcker alhier Eingeleget. **[S. 149]** den Obersten Schack mit seinem Regiment. Den 20. October ist des Hertzogen Von Plaens[436] Regiment alhier eingezogen, der oberste leutenampt Brinck hat das Commando gehabt, undt hat des obersten Schacks Regiment hat wieder aus ziehen muessen. Den 29 December ist des obersten Degenfeldes, undt des obersten Harlogs regiment alhier ein massiret, undt hat der oberste Degenfeldt das Commando gefueret, hat also das Pläensche Regiment wieder aus massiren muessen Anno 1676 den 28 Martij ist der oberste Öertz mit seinen dragunern her ein massiret undt ist den 12 Augustij wieder ausMassiret. Haben also die Königliche däensche besatzungen ihn gehabt 47 wochen. Der Einzug war auff Einen Sonnabendt uhm 2 Vhr Nach Mittage, der ausszug war auch auff Einen Sonnabent auch uhm 2 Vhr.

Den 21 Augustij siegelde H. Steffen Schultzen sein Sohn Cristianus, aus Warnemunde, undt wollte nach Copenhagen, hatte aber beij die 28 passinierer Ein, da ehr Nuen auff die Sae kompt, da wirdt die Schuete laeck, undt ist gesuncken, undt sindt leider beij die 22 personen mit zu grunde gegangen, aber 6 personen haben sich gerettet, Es ist auch H. Mattias Priestaff sein Sohn Jonatan mit fertruncken. Ein studiosus theologiae, Ein feiner frommer Mensch.[437]

Den 29 Augustij ist I. F. D. Hertzoch Gustaff Adolff Von Gustrauw zu uns herein gekommen, des abendes uhm 5 uhr hat 2 Carossen nebenst 40 Einspehnner beij sich gehabt hat auff dem Rahthause losiret.[438]

432 Detloff von Oertzen.

433 Truppen aus Celle und Hannover.

434 Randglosse.

435 Christian V.

436 Bernhard, Herzog von Schleswig-Holstein-Sonderburg-Plön.

437 Pristaff, S. 69-72, gibt dem Schiffer Schuld am Untergang.

438 Pristaff, S. 72-73.

Den 30 Augustij sindt die 5 Companij Soldaten auff dem Marckete gestellet, so I. F. D. besehen, her Nacher sindt I. F. D. Nach dem Walle geritten denselben besehen[439]

Den 31 Augustij sindt I. F. D. des Nachmittages uhm 2 uhr wieder wech gereiset, aus dem Stein thor, nacher Schwahn, undt sindt ihm so woll beim auszuge, alse Einzuge alle Mahl 9 Stucken gelöeset, es haben auch 2 Fahnen burger auffziehen muessen mit fliegenden Fahnen, Es hat sich auch auff den Marcket diese 2 tage Eine Companij Soldaten Von den frembden Vor das Raht haus mit fliegenden fahnen presentiret.[440]

Den 18 October ist H. M. Franciscus Wulff zum Pastoren Ehrwehlet zu S. Marijen, in Sehligen H. D. Hinrici Muellers Stelle, dan dieser M. Wulff was Furstlicher Professor Logicess.[441]

Den 3 November ist alhier Ein weib aus gestrichen die wegen diebereij ist beschuldiget worden, sie ist im Monat October nach der Schreibereij gebracht, Von dannen nach der Fronereij, Es ist auch Eines Maur Meisters frauw, Meister Siverdt, auch dessen tochter nach der Schreibereij gebracht, die mit diesen weibe haben gestholen, die frembde ist am Pranger öffentlich ausgestrichen, hat 30 striche bekommen, ist hernach der stadt Verwiesen des Meister Siverdts tochter hat ihm halsEisen gestanden ahm Rahthause, die Mutter weilen sie zum offtern der slag gerueret, wieder in ihr haus gebracht.

Im Monat December haben sich die Königliche däensche, undt Schwäedesche in Schonen geschlagen, undt sindt auff der waelstadt uber 9000[442] geblieben die Schweden haben das feldt behalten.

Was beij H. M. Franciscus Wulff seiner wahl ist Vorgegangen

Wie nun M. Wulff dem Ehrwurdigen Ministerio, durch den Protonotarius Johannes Nieman, undt den Vorstehern Von S. Marijen in Ministerio ist Vorgestellet, ist auch Von den selben angenommen, hernacher aber hat sich allerhandt streitt begeben, wieder M. Wulffen, undt den Meisten Predigern, die ihm kein Testimonium mit theilen wollen, damit derselbe die Furstliche Confirmation nicht erlangen möchte, Es hat sich aber E. E. hochweiser Raht da hin bemuhet, **[S. 150]** die streitikeiten so unter ihnen sindt Vorgegangen auff zu heben, haben auch dessent wegen Eine Commission, an das Ehrwurdige Ministerium gelangen lassen, undt Commissarien zu ihnen gesandt in das Ministerium, alse H. B. D. Daniel Fieschern, D. Sibrandt[443] Sindicus, H. Johannes Wielbrandt Rahtes herr, wie sie alda sindt kommen haben sie nur die beiden Pastores, alse M. Rambertus Sandthagen, senior, pastor zu S. Niclaus, undt H. M. Hermannus Becker Pastor zu S. Jacob for sich gefunden die

439 Pristaff, S. 72-73.

440 Pristaff, S. 72-73.

441 Wettken, S. 210-213.

442 Die Schlacht bei Lund am 4. Dezember 1676 gilt als die bis dahin blutigste in der nordischen Geschichte.

443 Hermann Siebrandt.

Bürgermeister Dr. Daniel Fischer
(KHMR, Bildersammlung)

andern H. präediger hatten sich Versamlet in M. Schröeders[444] haus, da haben die H. Commissarien zu ihnen gesandt undt sie erbitten lassen zu ihnen in das Ministerium zu kommen, dur[ch] ihren diener, haben aber nicht kommen wollen, haben zuer antwort gegeben wan die beiden H. pastoren da nicht wehren so wolten sie kommen, was es aber Vor ursache hat kann man nicht wissen hat diese Commission nicht helffen wollen Es hat sich auch E. E. hochweiser Raht sich bemuehet das sie H. M. Wulffen möchten ein testimonium Vom gantzen Ehrwurdigen Ministerio mit theilen sie aber haben es nicht thun wollen, sondern die beiden Vorgedachten Pastores haben ihm ihre Testimonia mit getheilet, hat demnach E. E. hochweiser Raht dieselbe ahn ihre beiderseites F. D.[445] gesandt dabeij geschrieben was beij diesen handel ist Vorgegangen, selbige schreiben sindt mit E. E. hoch weisen Rahtes, auch der Vier gewercke insiegel Versiegeldt worden undt uhm die Confirmation gebehten. Es sindt auch zweh prediger alse H. L. Zacharias Grapius Pastor zu S. Peter, undt M. Simon Henninges Pastor zum Heiligen Geiste wegen dieser sache Nach Ihrer beider seiten F. D. gereiset, haben aber weinich aus gerichtet. Es haben aber Von beiderseites I. F. D. höefen die Confirmationes ubergesandt, undt den H. Predigern anbieten undt befehlen lassen, dem H. M. Wulffen, Ein ordiniren undt die sämptlichen H. praediger die ordination, undt introduction beij zu wonen, beij Verlust ihres dienstes, sie aber haben es nicht thun wollen.

Den 20 December ist diese ordination Vor sich gangen, Nach gehaltener predigte in S. Marijen kierche, dat hat der Archidiaconus M. Stepfanus Barchleide, nach geEndigter predigte form Altar abgesungen, undt den segen gesprochen, da er dasselbige hat Verrichtet ist ehr Vom Altar abgetreten, undt nach hause gegangen ist also bei dieser ordination niemandt anders beij gewesen alse M. Sandthagen undt M. Bäecker, da hat der senior M. Sandhagen beide F. Confirmationes Vorm Altar Vor der gantzen gemeine Vom worte zu worte fur gelesen, wor ihnnen ist enthalten gewesen, das sie mit der ordination sollten fortfahren, ob schon die andern H. Praediger nicht da beij wahren, ist auch darrinnen enthalten gewesen das sie alle sampt bei der ordination sein sollten bei Verlust ihres dienstes, undt es wollen auch I. F. D. beiderseites Eine Commission dessentwegen an ordenen da mit der sache möchte abgeholffen werden, undt ist auch also fort die Introduction Verrichtet, und haben die H. B. alse Doctor Daniel Fiescher, undt H. B. Petrus Eggers dem H. M. Franciscus Wolffen Nach seinen hause begleitet.

Präediger so beij dieser Commission undt Introduction nicht gewesen

Von S. Marijen M. Ludovicus Barchleide[446] Archidiaconus, H. Bernhardus Muller diaconus

Von S. Jacob M. Hinricus Carmon Archidiaconus, M. Michael Wagener diaconus

Von S. Nicolaus H. Johannes Nicolaus Qvistorpffius Diaconus.

[444] Joachim Schröder.

[445] Die Herzöge Christian Ludwig I. und Gustav Adolf.

[446] Er hatte selbst Ambitionen auf das Pastorat an St. Marien.

Von S. Peter H. L. Zacharias Grapius[447] Pastor, M. Davied Herberding diaconus.

Von S. Jurgen M.[448] Poltzius Pastor

Von Heiligen Geiste M. Simon Henninges Pastor

[S. 151]

Anno 1677 den 6 Februarii sindt die Furstlichen Commissarien herein kommen wegen M. Fransisci Wolffen, Vndt dem Ehrwurdigen Ministerio, undt hat die Commission ihren anfanck genohmmen den 7 Februarij auff dem Rahthause in der Blauwen Stuben, sindt Von I. F. D. Von Schwerrin[449] gewesen, D. Heinricus Rudolffus Raeticher, H. Jacobus Sommerfeldt Supperinten[den]des zu Parchem, Von I. F. D. zu Gustrauw[450], H. D. Michael Siricius, Supperintendendes uber des Rostockschen Kreises, undt Hinricus Schaeffer Furstlicher Mecklenburgischer hoff Raht, Nebenst zwehne Notarij was da Vorgangen ist protocolliren muessen.

Von Eines E. hochweisen Rahtes seiten sindt gewesen, H. B. Matteus Liebhehr, H. B. D. Daniel Fiescher, H. B. Petrus Eggers, Rahtsherren, H. Johannes Wilbrandt H. Davidt Brandes, H. Joachimus Jarmer, H. Valentin Beselin, H. Diederich Wulffraht, H. Everdt von Berg, Johannes Nieman Protonotarius.

Auch sindt die Vorsteher Von S. Marijen mit dabeij gewesen, Daniel Brandes, Nicolaus Schimmelman, Hinrich Kirchoff, undt Claus Schröeder.

präediger, M. Rambertus Sandhagen des Ehrwurdigen Ministerii senior, Pastor zu S. Nicolaus, M. Hermannus Becker, Pastor zu S. Jacob, M. Franciscus Wolff Pastor zu S. Marijen.

Darnach sassen die andern Praediger.

H. L. Zacharias Grapius, Pastor zu S. Peter, M. Michael Wagener, Diaconus zu S. Jacob, M. Ludovicus Barchleide archidiaconus zu S. Marijen, M. Poltzius[451] Pastor zu S. Jurgen, M. Heinricus Carmon Archidiaconus zu S. Jacob, M. Simonus Henninges, Pastor zum Heiligen Geiste, H. Bernhardus Muller Diaconus zu S. Marijen, H. Johannes Nicolaus Qvistorffius, Diaconus zu S. Niclaus

Diese Commission hat gewehret bis den 26 Februarij da hat sie ihre Endtschafft Ehrreichet, Es sindt des morgens frue die H. Praediger in das Ministerium zu sammen gewesen, uhm die Klock 8 uhr sindt sie nach dem Rahthause gangen Es ist aber selbigen tages, dan es war eben am Montag in S. Marijen gepraediget. Undt hat der H. D. Michael Siritius, Supperintendendes Von I. F. D. zu Gustrauw gepraediget, Text war aus dem buch Josua Vom 10. V. bies zum Ende[452].

---

447 Auch er hatte Ambitionen auf das Pastorat an St. Marien.

448 Im Orginal Textlücke für den Vornamen: Mauritius.

449 Herzog Christian Ludwig I.

450 Herzog Gustav Adolf.

451 Mauritius Poltzius.

452 Josua 23. Kapitel, Vers 10-16: Ermahnung an das Volk.

Das uhrteil so uber die H. Präediger ist Ergangen.

Demnach Die Durchleuchtigste, Fursten undt Herren, Herren, Cristian Ludwig, undt Hern Gustaff Adolff, geVettern, Hertzogen, zu Meklenburg, Fursten zu Wenden, Schwerrin, und Ratzeburg, auch Grafen zu Schwerrin, der lande Rostock undt Stargardt Herren, unsern allerseites gnädigen Fursten undt Herren.

Wegen denen zwischen Einigen Ministerialen, in dero Erbunterthenigsten stadt Rostock, undt H. Magistrum Franciscum Wolffen ehrwehlten, undt instituirten Pastoren, zu Sanct. Marijen, auch itz ehrwehneten Ministerialen, undt E. Rahts, ultro citro., entstandenen Irrungen, undt Zwiespalten, Eine furstliche Commission zu befoederung der Ehre Gottes, abstellung aller ErgerNiesse, undt beruhigung der Kierchen, auch gäntzlicher hinlegung, des Erregten streites gnädigst Verordenet, undt uns zu Endes benanten, mit genuechhaffter instruction, Vndt gnädigster Furstliche folmacht autorisiret haben, so haben wier in schuldigsten unterthanigen Respect, die gantze sache in der furcht gottes examiniret untersuchet undt erwogen, Als nun nach anzeige der den 7 Februarij abgestahteten proposition, diese HochFurstliche Commission Sache, sich in zwen Haupt puncten, Von selbsten dismenbriret, so erkennen wier Furstliche Mecklenburgische, Abgeordente, undt zu dieser sache Vollig instruirte Commissarij, **[S. 152]** Vndt sprechen krafft habender autoritet, undt Volmacht auff erhobene undt hinc inde communicirte klag puncten, dar auff Von allen intressiren, der parten erfolgte Andtwort, gefhürte beweis, undt Völlige Errörterunge der acten Vor Recht, das so Viel das Erste membrum, Nemlich die Religiones puncten betrifft, Vor Mentionirter H. Magister Franciscus Wolff, auff Vor gepflogener unterRedung undt dabeij geschehene remonstration, sich den 21 Februarij Jungst hin, beij öffentlicher session, solcher gestaldt erwiesen, undt erkläeret habe, das es zu I. I. H. H. F. F. D. D. gnädigster satisfaction undt gefallen gereiche, gestaldt sie auch weilen Von gedachten Ern M. Wolff dabeij den libris simb[o]licis, undt hiesiges revidirter kirchen ordeNung sich in allen zu confirmiren versprochen, dessen öffentliche Verläesene responsiones undt Declarationes, hiemit gnädigst approbiren, undt beij Furstlicher ungnade, befholen das furterst Niemandt in dero Furstenthumen undt landen, da Von zu Eines, oder des andern, Nachteil, undt Verkleinerung, soll lehren, predigen, Disputiren, undt reden, sondern Viel mehr Ein senior et rever. Ministerium, in Rostock gehalten sein, Ihn in ihren Consessum Ministerialem an zu Nehmen, undt zu Introjudiciren, Im die competirende pastorat Stelle an zuweisen, pro pastore zu erkennen, undt allen gebuerenden respect, undt collegialsche, Christ Bruderliche liebe zu ehrweisen, gestaltsahm auch die gemeine, Ihn als Ihren Vor gestehlten Hirten undt Seh[l]sorger wirdt Ehren undt lieben.

So Viel der ander haupt punct, der Commissions, handelung betrifft, wirdt zu foederst, der den 14 October. anno 1675 Ergangener, undt den 20 Januarij anno 1676., confirmirter Commissions abscheidt Negest öffentlicher Verlesung hiemit wörtlichen inhaltes wieder holet, undt renoviret, undt halten wier im ubrigen gleichfals fuer recht, das dehnen Contradicirten predigers, respective nicht gebueret hette, solcher gestaldt wie geschehen, die wahl des Ern Wolffen, zu Impugniren, Ihre im seniori Inner undt ausserhalb des Ministerij zu obloquiren, undt wiederstreben die ErbVerträege der stadt Rostock, de: 1572[453]. et: 1584. so weit ubersehen, auch Bürgermeistern Vndt Raht, ihre etwa gehabt Gravamina, schrifftlich zu Verweigern, die Vorgeslagene guetliche Vermittelung aus zu schlagen, Ihren pastoren a. sacris abzuhalten, Ern M. Wolffen Ehe frauwen, wegen unbefugter Kleidung doch Von uns unbefindlicher Kleider pracht die handt nicht auff zu legen, durch unzeitige predigen, auch hin undt wieder gefuhrte Rehden, die zu höerer, undt gemeine Ihrre zu machen, undt den Furstlichen Verordenungen sich zu wieder setzen, der gnädigst anbefolne ordination undt introduction, sich zu entziehen, auch so gar diese högst Nötige, undt gemein Nutzige Furstliche Commission zu hindern, undt zu perstringiren auch sich derroselben, so Viel ahn Ihnen zu opponiren, dahero dan Ern H. L. Zacharias Grapius prof. publ. et pastor zu S. Peter, wie auch Ern M. Ludovicus Barchleide Archidiaconus zu S. Marijen **[S. 153]** undt Ern M. Daviedt Herberding Diaconus zu S. Peter, bies zu Ihrer, Ihrer Hochfurst. Hochfurst. Durchl. Durchl. gnädigsten VerordeNung, ab officio et ministerio ecclesiastico zu suspendiren, Ern Bernhardo Mueller, Diaconus zu S. Marijen, auff 6 Monat a consessu Rever. Ministerij sich zu enthalten, die ubrigen mittelst einer unterthanigsten, undt demutigsten Supplication Von allen undt Jeden unterschrieben, die Verdiente Furstliche ungnade zu Verbitten, auch Ihren Seniorij gebuerende Respect zu Erweisen wie den derselbe gegen seine H. Ministeriales undt Collegen sich der gebuer nach gleichfals mit andtstendtlichen Vortheil zu Verhalten schuldig sein, undt dan in Ihren Consessu nach geschehener proposition, die vota durch den Jungsten prediger kurtzlich undt ordentlich protocolliren, so soll er die Conclusa abfassen, undt daruber zu halten, wie wier dan auch die Von Burgermeistern, undt Raht, wieder die Hospital predigern beij bedungener Straffe, hie mit auffheben, undt es beij Voer angezogenen Erb Verträegen schlaechter dinges bewenden lassen. dar Nach sich ein Jeder sich zu Richten hat. Alles Von Rechtes wegen Publicatum Rostock den 26 December[454] Anno 1677.

Hinrich Rudolff Redeker, J. C. und Prof. der Universitet zu Rostock, auch Furstlicher Meckl. Schwerrinscher Raht, undt assessor des Furstl. Consistorij.

Michael Siricius[455], S. Theol. Doctor, et prof. der Universitet zu Rostock, des Furstl. Consistorij Assessor, Supperint. des Rostockschen Kräeises, undt hoff praediger zu Gustrauw.

M. Jacobus Sommerfeld, Furstl. Meckl. Schwerrinischer Supperint. des Parchemschen, undt Schwerrinschen Kräijses

Heinricus Schäeffer[456], J. C. undt Furst. Mecklenb. Gustrauw hoff Raht, als zu dieser Furstl. Commission, gnädigst, abgeordent undt specialiter autorisirte Commissarij

453 Richtig: 1573.

454 Richtig: Februar.

455 Im Original steht dieser Name neben dem von Hinrich Rudolf Redeker.

456 Im Original steht dieser Name neben dem von Jacobus Sommerfeld.

1678[457]

Anno 1678 Den 8 Januarij haben die Königliche Swehdiesche, das landt Rugen wieder Einbekommen, dan es haben die Königliche Von Dennemarcken ihm Vorigen [Jahr] 1677 Von den Schweden Einbekommen. Dan es der General graff Königs Marck[458] Von den Däenschen beij 400 Maen geslagen, Ihren General Major Rumor[459] so sie hat commendiret, ist ihm Ersten treffen ehrschossen, undt haben diese Nach folgende officirer gefangen bekommen Vndt nach Stralsundt gebracht Einen obersten, Netzauw 5 oberste leuteNampts, 4 Majors, 11 Rietmeisters, 18 Capiteins, 6 Capitein leuteNampts, 5 Regiment Qvattier Meisters, 50 leutenants, 12 Cornetz, 41 fenderichs, 3 Regiment Adiutanten in gesambt 156 offecirer Vndt an gemeinen Knechten Eine zimliche Zahl, 16 metallene stucken 5 feuwr Möe[r]ser, an standarten undt Fahnen uber 40 stuck.

Den 31 Martij Am Heiligen Ostertage kam Ein feuwr aus in der Wokrent strassen in sehligen Jochim Griesen hause[460], Es brante der Schorstein, es wardt gleichwoll gott lob baldt wieder geleschet, dan es war for der haubt predigte zwischen 7 undt 8 Vhr, es lieffen die leute haustich aus der Kirchen

[S. 154]

Den 28 Maij haben die Warnemunder 2 grosse hiersche gefangen wie sie alda sindt gekommen haben sie sich in die Seh begeben, haben fast Eine halbe Meill hien Ein geschwommen, sie die Warnemunder sindt ihnen zu bohte Nach geEilet, haben sie beide lebendig gekricht undt sindt beij uns zu Rostock auffgebracht, siendt aber I. F. D.[461] Nacher Gustrauw lebendig gebracht worden

Den 19. Junij ist der General Major SigFried Von Bibauw, welcher Ihrer Königlichen Maijestet zu Dennemarcken[462] gedienet, welcher fuer Malmöe auff Schonen ihn den sturm ist ehrschossen, alhier der process zu seinen leich begrebnus geschehen, ist Vom Neuwen hause abgetragen bies aus dem Kräeplinschen thor, wo selbsten ehr auff Einen wagen ist gesetzet undt Nacher Wessenbrugge[463] gebracht, alda ist ehr begraben der process ist auff diese ahrt gewesen, zu Erst ist auff Einen sammiten Kuessen getragen, seine Sporen, Vors 2[.] seine Verguldete henschen, 3[.] seinen degen, 4[.] sein Verguldeter helm mit fehder bueschen ausgezieret, dieses ist alles auff Swartze sammeten Kuessen getragen 5[.] sein Stab welcher war mit Roten sammet bezogen. Es sindt ihm 3 fahnen Nach getragen Eine weisse wor ihnnen sein wapen wahr gemahlet, Eine Roht, undt Eine Schwartze sindt ihm auch 4 pfehrde Nach gefuhret, das Erste wor auff Einer sahs mit Einen Curis undt Einen blossen degen in der handt, das ander mit Einen Rohten sammeten sattel undt Schabrack, das

457 Randglosse.

458 Otto Wilhelm Graf von Königsmarck.

459 Detlev von Rumor.

460 Wokrenterstraße GR 778.

461 Herzog Gustav Adolf.

462 Christian V.

463 Westenbrügge, Stammsitz der von Bibow.

3[.] mit Einen Rohten wandt Sattel undt Schabraeck, das 4[.] das trauwr pferdt mit schwartzen wande bekleidet, dar Nach wardt die leiche getragen ihn Einen Schönen Sarck man saget das das Sarck uber 700 Reichs tahler gekostet.

Den 20 Junij ist der Sehlige H. Johan Danckwertz gestorben, undt ist den 25. begraben worden in S. Marijen ist Anno 1676[464] in den Raht ehrwehlet.

Den 25 Julij ist der Major Berchknecht, Von I. F. D. Von Zehl[465] mit seiner Companij wieder aus Rostock Massiret er ist aber Anno 1676 den 21 Julij alhier Eingekommen, hat also alhier gelegen 2 Jahr Minnen 56 tage, Es ist aber desselben tages Ein Major Nahmens De Pue[466] wieder Eingezogen auch Von den Zehleschen Von gebuert ein Fransose

Sontag[467]

Den 8 Augustij ist H. Johannes Wilbrandt Eltester Cäemer herr gestorben ist den 13 In S. Marijen begraben ist Anno 1651 d. 24 Febr. in den Raht ehrwehlet

Den 11 Augustij wardt der Erste danckeltag gehalten wegen der grossen feuwr brunst so ihm vergangenen [Jahr] 1677 den 11 Augustij ist Entstanden den es wahr eben am Sontage da dieser danckeltag wardt gehalten den 11 Sontag Nach Trinitatis, die fru predigten wurden gehalten Vor[468] 5 bies 6 Vhr wie gebreuchlich, uhm 7 Vhr gienck man wieder zuer Kierchen, da wurden in der Kirchen die bues psalmen gesungen, undt wardt nicht geörgelt, nach geEndichter prädigte, wardt das Te Deum Laudamus gesungen, undt wardt mit der orgel darein geslagen, undt wurden auch die Klocken, in den Vier Kierspel Kirchen gelautet, des nach Mittages gienck man wieder zuer Kierchen, undt wurden Vor der predigte, bues psalmen gesungen, Nach geEndigter predigte, wardt **[S. 155]** abermahl das Te Deum Laudamus gesungen, undt wardt mit der orgel dar ein geschlagen, undt es wurden auch die becken fuer den kirchen thueren aus gesetzet, eine Milde gabe Vor die abgebrandten Ein zu legen.

Sontag[469]

Den 18 Augustij ist alhier Ein danckeltag gehalten, das Ihrer Römschen Käijserlichen Maijestet[470] zu Wien, von dehro geMäelin[471] ein Junger printz[472] ist gebohren, den 26 Julij, ist auch Nach gehaltener predigte das Te Deum Laudamus gesungen, undt sind die Klocken in S. Marijen geläutet worden, undt sindt die stucken auff den Walle gelöeset worden, Es war Eben am 12 Sontage Nach Trinitatis.

---

[464] Richtig: 1667.

[465] Herzog Georg Wilhelm von Braunschweig-Lüneburg-Celle.

[466] Gedeon du Puits, später Kommandant von Rostock.

[467] Randglosse.

[468] Richtig: Von.

[469] Randglosse.

[470] Kaiser Leopold I.

[471] Eleonore Magdalene.

[472] Der spätere Kaiser Joseph I.

Im Monat September, haben die Königliche Denmarcksche, undt die Cur Brandenburgische, undt Luneburgische Völcker, das landt Rugen, den Königlichen Schwehdischen wieder abgeNommen, haben auch die Neuwe Fäer schantze, undt den Däenholm Eingekricht, dan die Königliche Schwedische, schlugen die Königliche Däenische den 8 Januarij dafor, haben es also ins 9 Mondt wieder eingehabt.

Den 19. September hat sich Peter Krossen sein Jungster Sohn, Nahmens Mattias zu tode gefallen ist den 22 7ber. in S. Jacob begraben.

Den 30. 7ber. auff die Nacht bies auff den 1. 8ber. hat Hans Kemp ein schieffes Zimmerman, Einen luebschen Stuerman, ihn dem Bodeker Schutting[473], ohne Jehnige uhr sache Jämmerlich ehrstochen, der thäeter aber ist da von gekommen.

Den 7 8ber. ist Sehliger H. Steffen Schultze gestorben, gewesener Cäemer her ist den 11. 8ber. in S. Jacob begraben ist anno 1658 d. 24 Febr. in d. Raht ehrwehlet.

Montag[474]

Den 14. 8ber. ist alhier Ein studiosus Nahmens Viet Helmer Bueschel[475] burtig aus Westpfhalen, befunden worden, das ehr faelsche Muntze beij sich gehabt, ist auch gefencklich eingezogen auff das Rahthaus, ist in der Weisen Stuebe gesetzet, ehr aber hat sich des folgenden tages den 15 (dingstag)[476] auff den Mittag wieder da Von gemacht, ehr hat in der Weisen Stube, einen Eisernen Stangen am fenster in der andern Reige, oder Vor dem andern fenster dem fodersten stangen in die höhe gebauget, hat seine scherffe so ehr uhm den leib gehabt, uhm den andern stangen gebunden, undt hat sich also Von der weisen Stuebe herunter gelassen, er ist aus der luecht so Nach dem Neuwen hause gehet, beij die 12 Ellen hoch gewesen da er sich hat herunter gelassen.

dingstag[477]

Den 15. 8ber. hat Ihrer Cuer Furstliche Durchleuchtikeiten Von Brandenburg[478] die stadt Stralsundt erobert, die guete stadt ist aber durch das feuwr so der Cur Furst darein geworffen gantz sehr leider Verdorben.

[S. 156]

Im Monat 9ber. hat I. Cur Furstliche Durchleuchtikeiten Von Brandenburg die stadt Greifswaldt dur[ch] Einen Accordt ein bekommen.

---

473 Böttcherschütting in der Langen Straße GR 804.

474 Randglosse.

475 Vitus Hilmarus Buscher, immatrikuliert 1678.

476 Randglosse (Klammernotiz).

477 Randglosse.

478 Friedrich Wilhelm III.

Mittewochen[479]

Den 20 9ber. sindt Ihrer CurFurstliche Durchleuchtikeiten von Brandenburg, alhier durch gezogen, mit seiner geMählin[480] nacher Dobbran, Es ist die gantze burgerschafft ins gewehr gestanden Vom Mulen thor an bies an das Marcket haben 6 Fahnen gestanden haben die strassen mit doppelten Reige burgern besetzet, die soldaten alse 4 Companijen die domahlen alhier in besatzunge lagen hatten das Marcket besetzet, die ubrigen Von der burgerschafft haben sich gestellet, Von der Bluet straesse ahn, bies an das Kräeplinsche thor, da Ihrer Cur Furstliche Durchleuchtikeiten sindt wieder aus gefharen, Es haben aber I. C. F. D. Eine Sehr grosse Schwiede beij sich gehabt, sindt auch etzliche Furstliche personen bei ihm gewesen, auch sein feldt Marschalck der H. Dorfflinck[481] Ein freij her, auch ist beij ihm gewesen der Admiral Graff Tromp[482], mit seiner geMäelin, sie haben beij 4 Cornet Reutter undt Draguner beij sich gehabt die mahn woll uber 400 Mahn rechnen können, hat auch Viel wagen, undt sonsten gesleppes beij sich gehabt.

Es sindt auch Ihrer Königliche Maijest[ät]en zu Dennemarcken[483] den 24. 9ber. zu Dobbran auch angelanget, wo selbsten sich diese beide hohe potentaten haben gesprochen, sindt auch den 26 9ber. wieder Von ein ander gereiset, I. K. M. sindt nacher Wismar gereiset, J. C. F. D.[484] sindt nacher Gustrauw gereiset

Sonabendt[485]

Den 28. 10ber. ist Peter Pruessen Kuster zu S. Marijen sein Jungster Sohn, auff der Schreibereij, durch die pracher Vögde aus gestrichen, hat 40 striche bekommen, ist her nacher Vorm Raht hause ins hals Eisen gestanden, undt ist auff 6 Jahr die stadt Vorwiesen, Es ist Ein Knabe gewesen Von 15 Jahren, die Vhrsache ist gewesen, die weil ehr hat H. Magister Steffanus Barchleiden, zu unter schiedenen mahlen, das beicht geldt aus seinen beichtstuel wech genommen, da der H. Magister selbst hat beij gesessen den ehr hat ein loch gehabt ihm beicht stuel gemacht das ehr es fein behende hat wech nhemen können

[S. 157]

Dieses ist das **1677** Jahr welches Vor das Jahr 1678 Vor her solte ein geschrieben worden sein, ist aber Versehen worden durch Verweckselung der Calender, undt ist also das Jahr 1678 zu Erst eingeschrieben

Den 10 Januarij ist an das Rahthaus angeschlagen worden, das alle die seckslinge so von Anno 1670 geslagen undt gemuntzet, gentzlich Verbotten, undt Jeden burger,

---

479 Randglosse.

480 Dorothea.

481 Reichsfreiherr Georg Derfflinger.

482 Cornelis Tromp aus den Niederlanden, die sich mit Brandenburg gegen Schweden in einer Allianz befanden.

483 Christian V.

484 Friedrich Wilhelm III. von Brandenburg.

485 Randglosse.

Rostock, Sechsling 1676, 1,5 cm, 0,59 g
(Universitätsbibliothek Leipzig, Inv.-Nr. 1987/1223, Foto: Nadja Guld)

undt Einwohner gäntzlich Verbohten, undt ehrmahnet sein, ins kunfftige nicht zu Nehmen Viel weiniger einige weckselunge, noch Kauffman schafft bies zu weiter Ver ordeNunge zu treiben.[486]

Den 31 Januarij ist alhier ein weib aus gestrichen, Nahmens Margreta Bäesen, die weile sie hat gestholen, dan es haben frembde leute ihn ihres sehligen Vaters hause ihre gueter bei ihnen zu verwahren nieder gesetzet, die selbe gueter hat sie ihnen entwandt undt Verkaufft, das geldt das sie dar wieder hat Vor bekommen hat sie wieder her durch gebracht, undt hat ein Zeitlanck ein guetes Muetlein gehabt mit ihren Consorten da Von, ist sie derwegen aus gestrichen, undt zu Ewigen zeiten die stadt verwiesen durch den fron Meister, ihr Vahter Sehliger war alhier ein dräeger undt wahr ein feiner Mahn Nahmens Jochim Baese

Den 6 Februarij sindt alhier zweij Knaben etwa Von 10 oder 12 Jahren welche aus den becken so Vor der Kirchthuren aus gesetzet werden das geldt aus gestolen, undt sindt dessentwegen ins hals Eisen, Vor dem Rahthause ein geschlossen, undt sindt hernacher Verwiesen worden.

Den 7 Februarij ist die Furstliche Commission wegen H. M. Francisco Wulffen angegangen wie man ersehen kann ehr slage nur 3 blätter zu rucke[487] da wirdt man den gantzen handel sehen was da beij ist Vorgegangen.

Den 2 Martij ist H. Petrus Roloffius, gewesener prediger zu Pantlitz in Pommern, alhier zu Rostock, zum prediger zu S. Cattrinen ehrwehlet, es war aber Vor ihm der H. Licenciat Zacharias Grapius prediger zu S. Cattrinen, dan dieser wardt ehrwehlet Anno 1625[488] den 2 Maij zu S. Peter zum pastorn dieser Roloffius ist den 22 Martij Introduciret, undt hat den 25 Martij seine Antritz predigte gehalten

486 Reinhold, S. 163-164.

487 Siehe S. 151.

488 Richtig: 1675.

[S. 158]

Freitag[489]

Den 25 Maij ist des H. Obersten H. Detloff Von Öertzen sein leich Process alhier in Rostock gehalten, er lag aber beij uns hier zu Rostock mit seinen Regiment Drahuner ein Zeit lanck undt war Commendant, dan er dienete I. K. M. zu Dennemarcken[490], er ist aber in Schonen Blassiret, undt Von den König. Schwedischen gefangen worden, ist aber Von I. K. M. zu Dennemarcken wiederruhm Rancioniret, undt wieder Nach Copenhagen kommen ist aber alda an den wunden gestorben, die ehr Vom feinde bekommen, ist hernacher alhier hehrgebracht, hat ein Zeit lanck gestanden in S. Marijen Kierche in der Cappel, der process ist also geschehen die leiche wardt Vom Neuwen hause abgetragen, Nach dem Kräplinschen thor hin aus, zwischen der Zingel undt der Zug brucke wo selbsten er ist nieder gesetzet, wo selbesten die wagen haben gehalten da des H. Obersten leiche ist Eingesetzet, es haben ihn auch zu Ehren Nach gefolget, Die H. Professores, auch Ein gantzer Ehdeler hochweiser Raht, auch die H. prediger, wie auch die Ehrliebende burgerschafft in Einer sehr grossen Menge, Es ist auch an selbigen ohrte Eine oration gehalten, es haben auch etzliche Draguner alda gehalten, den die leiche ist Nach des Sehligen Obersten guete Nacher Hanstorp[491] gebracht, wo selbsten ehr seine Erb begrebnus hat.[492]

Den 7 Junij ist M. Joachimus Schröeder, gewesener Pastor zu S. Georgij Sehliger begraben in S. Jacob.

Den 19 Junij sindt alhier Von den Allijirten Völckern durchgezogen sindt aber Kaijserliche gewesen, als 2 Companij Draguner, undt 3 Companij Musqvetirer, undt pikenirer, welche sindt Ihrer Königliche Maijestet[493], zu Dennemarcken zu hulffe gesandt.

Den 5 Julij hat sich Maneckschen ihr Sohn Eine Mullersche aus dem Kraeplinschen thor hinter dem berge Von der wint Muel zu todte gefallen Nahmens Jacob Maneke ist den 8 Julij begraben.

Den 16 Julij ist Ein Kupffer Schmidt Nahmens[494] auff Carls hoefe Vorm Peters thor, Von Einen studioso gestochen worden hat H. Doctor Gutzmers[495] Sohn gethan.

Sonabendt[496]

Den 11 Augustij war der Sonnabent, des 9 Sontages Nach Trinitatis, ist alhier Eine Sehr grosse feuwrs brunst Entstanden, in Meines Sohnes hause[497] in der Schmiede

---

489 Randglosse.
490 Christian V.
491 Hanstorf war das Kirchdorf für das Oertzensche Stammgut Gorow.
492 Pristaff, S. 79-83.
493 Christian V.
494 Textlücke für den Namen.
495 Dr. Simon Johann Gutzmer.
496 Randglosse.
497 Bäcker Michael Schultze in der Altschmiedestraße GR 1887.

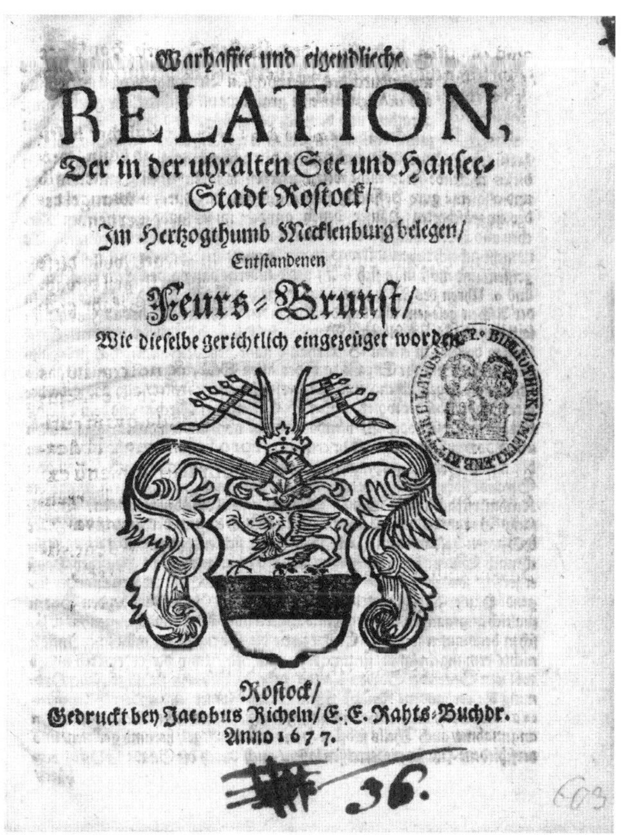
Warhaffte und eigendlieche
RELATION,
Der in der uhralten See und Hansee-
Stadt Rostock/
Im Hertzogthumb Mecklenburg belegen/
Entstandenen
Feurs-Brunst/
Wie dieselbe gerichtlich eingezeüget worden.

Rostock/
Gedruckt bey Jacobus Richeln/ E.E. Rahts-Buchdr.
Anno 1677.

Titelblatt „Warhaffte und eigendlieche Relation...“, Rostock 1677 (UBRS, LB X 47)

strassen beij S. Nicolaii kirche des Morgens uhm 8 undt 9 Vhr ist das backhaus sampt dem wonhause leider Erbarmlich Ein geEschert, Es ist aber leider gott Erbarme es nicht darbeij geblieben, dan es ist fast die halbe stadt Jämmerlich Ein geEschert **[S. 159]** Nebenst S. Cattrinen kierche, undt das Weisen haus[498], sindt in die 700 häuser abgebrandt, Dieser brandt hat in so geschwinder Eile einen so grossen schaden gethan, dan es ginck am Sonnabent Morgen ahn, undt wehrete den Sontag, die Nacht, bis am Montage, da dan der grosse gott noch Einen gnadigen Regen gab, undt dan auch I. F. D. Hertzoch Gustaff Adolff zu Gustrauw, unser gnädichster Furst undt Her am Montage Noch Von seinen soldaten herein sandte, mit allerhandt Instrumenta, da mit sie sollten Retten undt dempffen helffen Es ist aber leider so ein sehr kläeglicher, undt Erbarmelicher zu stand gewesen das auch die Einwoner alle ihre gueter, welche sie haben bergen konnen ausserhalb der stadt aus den thoren gebracht, wo selbsten sie die Nacht uber sindt geblieben mit ihren kindern, dan man hat in der stadt eine

[498] Teil des ehemaligen Katharinenklosters.

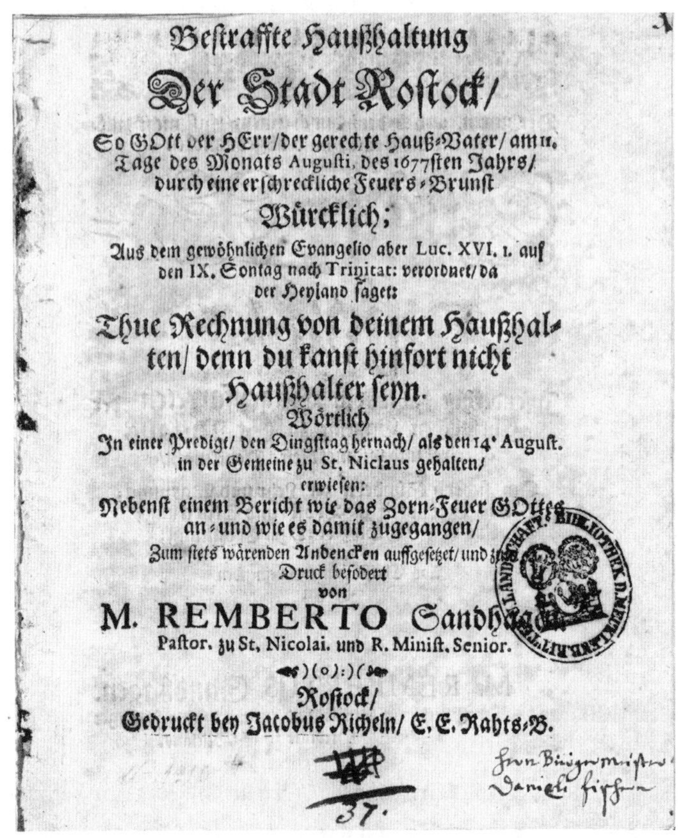

Bestraffte Haußhaltung

Der Stadt Rostock/

So GOtt der HErr/der gerechte Hauß-Vater/ am 11. Tage des Monats Augusti, des 1677sten Jahrs/ durch eine erschreckliche Feuers-Brunst

Würcklich;

Aus dem gewöhnlichen Evangelio aber Luc. XVI. 1. auf den IX. Sontag nach Trinitat: verordnet/ da der Heyland saget:

Thue Rechnung von deinem Haußhalten/ denn du kanst hinfort nicht Haußhalter seyn.

Wörtlich

In einer Predigt/ den Dingstag hernach/ als den 14. Augusti. in der Gemeine zu St. Niclaus gehalten/ erwiesen:

Nebenst einem Bericht wie das Zorn-Feuer GOtte an- und wie es damit zugegangen/

Zum stets wärenden Andencken auffgesetzet/ und z Druck befodert von

M. REMBERTO Sandh

Pastor. zu St. Nicolai. und R. Minist. Senior.

Rostock/

Gedruckt bey Jacobus Richeln/ E. E. Rahts-B.

Titelblatt Rembertus Sandhagen: „Bestraffte Haußhaltung...“, Rostock 1677 (UBRS, LB X 50)

solche angst aus gestanden, das man hat ander nicht gehöeret alse Rueffen undt klagen, uber Retten, undt uber wasser, die burger sindt auch zum theil die Nacht uber aus der stadt gewesen, undt haben sich am Morgen mit den Ihrigen wieder Ein gefunden, dan man kann ein so grosses Elende undt Jammer fast nicht genuechsam beschreiben Man kann aber ein solches weiter sehen undt lesen aus der relation so Ein Ehdeler hochweiser Raht wegen dieser grossen feuw[r]s brunst in den druck[499] hat gehen lassen, auch hat der H. M. Rambertus Sandhagen Pastor zu S. Nicolaus, undt des Ehrwurdigen Ministerii Senior, dessent wegen, auch uber das Evangelium am 9 Sontag nach Trinitatis Eine predigte in den drueck aus gehen lassen, undt da beij Einen anhanck[500] wegen der grossen feuwrs brunst mit angehenget, den an

499 Warhaffte und eigendlieche Relation Der in der uhralten See und Hansee-Stadt Rostock … Entstandenen Feurs-Brunst …, Rostock 1677.

500 Bericht von der schröcklichen Feuers-Brunst, in: Rembertus Sandhagen: Bestraffte Haußhaltung Der Stadt Rostock … In einer Predigt, Rostock (1677), S. 36-40.

diesen 9 Sontage, nach Trinitatis wardt leider in keiner Kierchen geprediget, wor aus man alles weitlauffig besser Nachlesen kann.[501]

Sonabendt[502]

Den 8. 7ber. sindt zweij bauwren Von Vagedeshagen, so ihm brande, der ihm Vorigen Monat Augusto geschehen, dieselben haben in den hausern da es innen gebrandt, die winden abgeschnitten das man kein wasser auff die boden hat winden können, der Eine ist offentlich am Pranger aus gestrichen, der ander hat etzliche tage am Raht hause ins hals Eisen gestanden, der da ist aus gestrichen ist auch durch den Fronmeister Verwiesen worden.

Den 12. 7ber. hat sich Claus Coel ein bosman beim Strande, ihn seines Vaters brudern schieffe Johan Coelen, zu toede gefallen, dan er ist durch die luecke in das Ruhm gefallen, auff den Kopff ist auch [so]for[t] todt geblieben.

Den 25 7ber. ist H. M. Daviedt Herberdinck Diaconus zu S. Peter gewesen gestorben.

[S. 160]

Den 26 7ber. ist H. M. Ludovicus Barchleide, wieder in sein predigAmpt Eingesetzet, Von I. F. D. Hern Comissarien, die Von I. F. D. beiderseites[503] sindt herein gesandt[504]

Der[505] H. Licenciat Zacharis Grapius, hat I. F. D. zu Schwerrin[506], zu Supperintendenten gemachet.

Im anfanck des Monats 8bris. ist Von Ihrer beiderseites Hoch Furstliche Durchleuchtikeiten so woll Von Schwerrin als von Gustrauw Ein algemeiner landtag angangen

Den 8. 8ber. ist H. Petrus Roloffius, zum Pastorn an S. Peter Ehrwehlet

Den 18 8ber. ist Herr Jochim Friederich Moelt[507], haubtman uber das Ampt Ribenitz, auff Teuten winckell Erbgesessen, alhier der process geschehen zu seiner leich begencknus, oder begrebnus, Vndt ist Erstlich Ein freuwden pfhert, Vor her geleittet, hatte plumasien auff den kopff, mit Zattel vndt Zeuge gezieret, undt hat Eine blauwe tafften decke uber gehabt mit schönen franseln, darnach ist Eine weisse fahne worihnnen sein Adeliches wapen ist gemalet gewesen, darnach ist das Adeliche wapen getragen, dar nach Eine Schwartze fahne, undt dar nach ist das trauwr

---

[501] Wettken, S. 214-217; Pristaff, S. 83; Reinhold, S. 229-232.

[502] Randglosse.

[503] Die Herzöge Christian Ludwig I. und Gustav Adolf.

[504] Barchleide war wegen seines Widerstandes gegen die Einsetzung von Franziskus Wolff durch die Herzöge zeitweilig suspendiert worden, siehe oben S. 152-153.

[505] Richtig: Den.

[506] Herzog Christian Ludwig I.

[507] Moltke.

pfherdt mit schwartzen wande bekleidet geleitet dar auff ist die leiche hernacher getragen worden.[508]

Den 2 9ber. ist Hans Turman Ein Knopmacher aus gestrichen worden dan ehr hat in dem grossen brande etwas gestholen, dar uhm hat er diese straffe erleiden Muessen, ist Ein Mahn gewesen zwischen 60 Vndt 70 Jahr[509]

Den 5. 9ber. ist H. Petrus Roloffius zum pastoren ordiniret zu S. Peter

Den 9. 9ber. ist alhier Ein Kunterfijer ausgestrichen Nahmens Dionisius Munckhoff, der selbe hat auch in dem grossen brande gestholen, es ist des Vorgedachten Knopmakers Hans Turmans sein Schwieger Sohn gewesen, undt ist auch Verwiesen worden.[510]

Den 19. 9ber. hat sich Claus Detloff Ein Muhrman zu tode gefallen, sie pflegen ihn zu Nennen Claus Kieck in de Kanne.

Freitag[511]

Den 21. 10ber. haben Ihre Cuhrfurstliche Durchleuchtikeiten Von Brandenburg[512], Alten Stettin, in hinter Pommern Einbekommen.[513]

[S. 161]

Anno 1679

Sontag[514]

Den 1 Junij ist alhier auff der WarNauw Ein WarneMunder Vertruncken Nahmens Hinrich Fries, ehr ist allein ihm bohte gewesen, wie er aber aus dem bohm kompt, undt will die segel auffsetzen, feldt ehr aus dem bohte ins wasser undt Vertrank. es war eben am sontag Exaudi der sontag Vor pfingsten.

Den 11 Augustij war ahm Montag haben wier alhier den danckeltag gehalten wegen der grossen feuwrs brunst so anno 1677 d. 11. Augustij Enstanden, ist geprediget des Morgens Von 8 bies 9 [Uhr] aus den Esaie am 1. Cap.[515] Vor der predigte sindt die bues psalmen gesungen, Nach der predigte ist das gebeht Von der Kantzel gelesen, undt ist die behtglocke gestossen worden dar Nach ist das Te Deum Laudamus

---

508 Pristaff, S. 84-85. Moltke war bereits am 1. September 1677 verstorben. Möglicherweise verzögerten die Folgen des Stadtbrandes die Beerdigung. Die Trauerfeier fand in St. Marien statt. Am Folgetag wurde Moltke dann in seinem Erbbegräbnis in Toitenwinkel bestattet.

509 Pristaff, S. 85-86, dort wird als Beruf Turmans „Kräpemacher“ angegeben.

510 Pristaff, S. 85-86, dort heißt Munckhoff „Münchhausen“. Nach Pristaff erhielten Turman und Münchhausen jeweils 20 Rutenstreiche.

511 Randglosse.

512 Friedrich Wilhelm III.

513 Pristaff, S. 87 (zum 17. Oktober 1677).

514 Randglosse.

515 Jesaja 1. Kapitel: Bußpredigt an die undankbaren Juden.

gesungen undt ist mit der orgel dar ein geslagen, undt sindt auch die glocken geleutet zu Mittage uhm 12 Vhr ist behtstunde gehalten, hat man gelesen das 26[.] Cap. des 3[.] buech Moses[516], dar Nach hat man die Litaneij gesungen dehn segen gesprochen also ist der danckeltag gottlob zu ander Mahl Vollen bracht.

Den 26 7ber. ist alhier ein soldat mit dem Schwerde gerichtet, Vor dem Muelen thor, undt ist der Kopff auff den pael geschlagen, er ist aber unter der Hannoversche Companie gewesen.

Den 10. 9ber. ist der Furstliche Hanoversche Capitein Johan Von Kuetzenberg, mit seiner Companie wieder aus Rostock Massiret den sie sindt alhier Eingekommen Anno 1676 d. 31 Julij hat den Nach alhier gelegen 3 Jahr 3 Monat 10 tage.

Den 13. 9ber. des Abendes uhm 5 Vhr, ist ein fiescher Nahmens Hans Schniedewindt fertruncken auff der WarNauw, Vorm Borchwal thor, den es entstundt des abendes ein starcker sturm windt vndt das ihm der sturm den Kahn uh[m]wehete ist ehr also Erbarmlich uhm sein leben gekommen.

Den 20. 9ber. des Morgens Vhm 6 Vhr begunnte H. Daviedt Brandes sein haus hinter dem Roesen garten an zu brennen

Den 26. 9ber. des Abendes uhm 6 Vhr brante zu Schmardel[517] ein bauwrhoff ab.

Den 1. 10ber. ist alhier Ein pferde dieb aus gestrichen, welcher Nach der Suelte[518] zu hause hat gehöeret, undt sein mit Cammerade so bei ihm gewesen ist mit ihm Verwiesen worden.

Donnerstag[519]

Den 11. 10ber. des Morgens hat man ein kleines Kindt, in der Rostocker Heide bei dem Dobranschen hoeffe gefunden, dan die gasse wirdt also genant, es hat aber Ein hochweiser Raht scharff dar Nach fragen lassen man hat es aber nicht ehrfahren können, Es ist auch Von allen Kantzeln abgelesen[520] worden, so Jehmandt NachRicht da fon hette, der soll es an Melden es wolle ihn Ein Ehd. hochweiser Raht Einen Recompans da for geben.

516 Moses, 3. Buch, 26. Kapitel: Gedrohter Fluch und verheißener Segen.
517 Schmarl.
518 Sülze.
519 Randglosse.
520 Beispiel für vom Rat veranlasste Kanzelabkündigung, die wegen ihres zumeist weltlichen Inhalts nicht selten von der Geistlichkeit nur widerwillig oder gar nicht durchgeführt wurde.

[S. 162]

1680.

Freitage.[521]

Den 2 Januarij da giengen die Mullers Vom Muelen tham das Neuwe Jahr zu sammeln, undt da Jacob Mormans seine Knechte wollten zu hause gehen, undt sindt zimlich beschencket gewesen, undt da sie kahmen beij der Heijligen Geist Kirchen fingen sie ahn zu Schreijen undt Jauchtzen es hatte aber d. Her BurgerMeister Doctor Daniel Fiescher, den H. Major de Pue[522] bei sich[523] zu gaste, wie sie dasselbe schreijen hören schicket der H. Major seinen diener hin aus, das ehr solte VehrNehmen was das Vor welche wehren, die so Schreiten, wie dessen diener hin aussen kompt, undt sie anredet, sie sollten ihr schreijen lassen, undt sollten fein Stille zu hause gehen, da hebet der Eine Muhlen Knecht seinen stemmer auff, undt Schlaget ihm auff den Kopff ist auch kurtz hernacher gestorben, ist ahm 5 Januarij wie Ein soldat auf S. Garderuten Kirch hoefe begraben, dieser todt Schleger war Jacob Mormans sein Matter, Von gebuert Ein Schwehde, er ist aber da fon kommen, wie woll geNuech nach ihm ist gesuchet.

Den 6 Januarij auff der Heilige Dreij Könige Nacht Vhm 12 Vhr sindt die glocken zu Warnemunde, Von sich selbest geleutet zu erste haben sie was dumpfig gangen, her Nacher sindt was lauter gangen undt inwendich in der Kirchen haben sich die Stuel thuren, auff undt zu gethan, dieses ist Von den leuten angehöeret, so des Nachtes die wacht hälten, undt alle stunden Rueffen, welche eben auff den Kirchhoeffe sindt gangen

Den 22 Januarij ist abermal Ein feuwr aus gekommen in der Lange strasse[524] beij Einen Schneider Nahmens Rachauw aber es ist gott lob balde wieder gedempffet.

Auch ist zu dieser Zeit das geldt wieder abgesetzet, Die Kronen zu welche zu 30, auch welche zu 28 schilling die halben zu 15. auch 14 schilling, die schillinge auff 3 Witte, die seckslinge zu Einem witten, Man hat auch die Gustrauwschen kupfferne witten abgesetzet.[525]

Den 13 Februarij ist Cattrina Margreta Meijers, H. Doctor Gerdes[526] hausfrauw cit[i]ret, offentlich ahm Schwartzen brehte weilen sie ihm Heijligen Weinachten ist Von ihm gangen, sie solte am 26 Martij alhier erscheinen.[527]

---

[521] Randglosse.

[522] Gedeon du Puits, später Kommandant von Rostock.

[523] Hopfenmarkt GR 326.

[524] Lange Straße GR 349.

[525] Pristaff, S. 97-98.

[526] Dr. Marquard Gerdes.

[527] Pristaff, S. 100-107: Katharina Gerdes, die offenbar aus einer von ihr nicht gewünschten Ehe floh, endete nach vielen weiteren Skandalen im Elend.

Mecklenburg-Schwerin, Zweidritteltaler (Gulden), Ratzeburg 1678, 3,81 cm, 17,542 g (Archiv MK, Foto: Michael Kunzel)

Den 15 Februarij ist Ein danckeltag gehalten wegen des getroffenen friedens[528], auff dem lande ist ehr ahm 12[.] gehalten worden[529]

[S. 163]

Montag[530]

Den 5 Aprilis ist der H. Major de Pue[531], Von I. F. D. Von Zehl[532], von gebuert ein Frantzose, mit seiner Compagnij wieder aus Rostock Massiret, er ist aber Anno 1678 d. 26 Julij alhier ein gekommen, hat also hier eingelegen 1 Jahr 7 Monat undt etzliche tage, es hat sich aber der H. Major bei uns also verhalten das man ihm billig zu Ruhmen hat. Er hat guet Commando unter seinen soldaten gehalten.

Montag[533]

Den 3 Maij sindt I. F. D. Hertzoch Gustaff Adolff zu Gustrauw seine Companij aus Rostock Massiret, sie sindt aber herein kommen anno 1676 d. 31 Julij haben darein gelegen 3 Jahr 9 Monat undt 3 tage. Es hat auch Ein Ehdeler hochweiser Raht an

528 Wohl anlässlich des ersten Jahrestages des Friedens von Nimwegen vom 5. Februar 1679 zwischen Frankreich, Schweden und dem Reich.

529 Pristaff, S. 111-112.

530 Randglosse.

531 Gedeon du Puits, später Kommandant von Rostock.

532 Herzog Georg Wilhelm von Celle.

533 Randglosse.

den selben tage, Von dem H. Commendanten H. obersten Jochim Friderich Barner, der stadt Soldaten ihr Fähnlein abfoedern lassen undt ist auff das Rahthaus gebracht auff den Krieges Kasten.

Dingestag[534]

Den 4 Maij sindt I. F. D. Hertzoch Cristian zu Schwerrin seine Companij aus Massiret sindt auch zu uns herein kommen wie die Gustrauwschen, Man hat auch an diese tage die 3 stucken, so auff dem Marcket stunden wieder nach dem Zeughause gefueret, auch ist die Cortegarde Von den Marcket wider abgebrochen.

In diesen Monat Majo sindt die kleinen Holdtsteinschen dutten abgesetzet, auff 2 ½ schilling, auch hat man die Neuwe Däenschen Schilling auff 3 wit. gesetzet.

I. F. D. Von Gustrauw alhie gewesen[535]

Den 7 Junij des Abendes uhm 8 Vhr, sindt I. F. D. Von Gustrauw Hertzoch Gustaff Adolff sampt den Jungen Printzen Hertzoch Carl, zu uns herein gekommen, undt haben 4 Fahnen Von der burgerschafft auff zihen mussen, als die 3. 4. 5. Vndt 6. Fahne, haben Von Mulenthor ahn bis auff das Marckt, die strassen besetzet, mit doppelten Reigen wo I. F. D. sampt den Jungen Printzen, undt seinen Comitat, sindt durch geritten, Es ist aber I. F. D. am 9 Junij wider weggereiset aus dem Stein thor, sindt abermal 4 Fahnen Von den burgerschafft alse die 10. 11. 12. Vndt 1[.] Fahne auff massiret haben sich Von Steinthor ahn bis auff das Marcket gestellet[536]

Sonabendt[537]

Den 12 Junij ist leider gottes abermal in Stralsundt, Eine grosse feuwrs brunst Entstanden, ist leider das Schöne Rahthaus, mit abgebrandt undt Viel wonhäuser mit

Freitag.[538]

Den 9 Julij hat Ein Ehdeler hochweiser Raht, die beiden neuwen feuwr Möerser so alhie gegossen sindt, beschiessen lassen, durch den feuwr wercker, zu Erste mit Steinen, mit granaten, auch mit feuwr Kugeln, ist angegangen des Abendes Nach 7 Vhr, da bin ich auch mit meiner frauwen, undt andern gueten freunden, zum Kräplinschen thor hin aus gegangen, dieses mit anzusehen, **[S. 164]** Dan die feuwr Möerser stunden auff den Neuwen wercke, so sindt wier zuer Erste aus der Zingel gegangen, auff den berge, Vndt zu sehen wie die feuwrkugeln ihm felde sich verhilten, weilen es aber begunte abendt zu werden, gingen wier ein weinich besser nach der stadt, das uns leide wahr, dan die thore möchten ferschlossen werden da kamen wier undt setzten uns forn ahn beim Vogen teich, da die thuer aus gehet wan man Nach der Pulffer Muhle will gehen, nach dem wasser zu, ich undt meine frauwe, undt andere guete freunde so beij uns wahren, da geschach es das eine

534 Randglosse.
535 Randglosse.
536 Pristaff, S. 115-118.
537 Randglosse.
538 Randglosse.

granate wardt aus dem feuwr Möerser geschossen, ob nun dieselbe ist gesprungen, oder wie es ist zu gangen weis ich nicht, da standt meine frauwe Von mier auff undt blieb noch Ein guter freundt Neben mier besitzen, dan meine frauwe die saes in der Mitten, ihn dehm das sie wahr auffgestanden kompt ein stucke Von der granate, undt schleget mich auff die brust, das mier der Roeck dan ich anhatte for der brust entzweij bis in der seiten undt das auch die Knöpffe sampt den Knöpff löechern, sindt mit ausgerissen, ich habe aber unter dem Rocke Einen brust tuech angehabt welcher mit baum wolle ist aus gefuttert gewesen, der selbe ist auch etwas zerrissen worden, habe aber gott seij danck keinen schaden bekommen, ohne das mich die brust ist woll ein weinich auff geschwollen, undt der lincker ahrm ist auch geschwollen undt den daumen an der lincken handt ist auch ein klein weinich beschediget undt sindt noch etzliche Korn Von den pulffer auff die daumen gesessen, undt ist das stucke Von der granat auch durch die Mantel so ich uhm hatte an der lincken seiten wieder ausgangen ist ein loch gewesen alse ein dreij angel woll 4 finger breit

Den 11 Augustij war auff Einen Mitwochen, ist abermal der danckeltag gehalten, wegen der grossen feuwrs brunst, so anno 1677 den 11 Augustij Entstanden, ist geprediget Von 8 bies 9 Vhr der tects[539] aus dem Esaie[540] am 1[.] hat man Vor der predigt bus psalmen gesungen aber man hat nicht georgeldt, Nach der predigte hat man das Te Deum laudamus gesungen, undt ist mit der orgel dar ein geslagen, undt sindt auch die Klocken gelautet worden, zu Mittage uhm 12 Vhr ist Eine beht stunde gehalten, hat man gelesen das 26[.] Capitel des 3[.] buches Moses[541] undt ist das gebeht gelesen, undt die behte Klocke gestossen, her Nacher ist die letaneij gesungen, undt der segen gesprochen, also ist gott lob dieser tag auch Vollenbracht worden.

Den 10. December ist der ordinarij beht, bues, undt fastag gehalten Von 8 bies 9 Vhr ist gepredigет aus den Luca[542] am 7[.] Cap. Vom 36[.] Versicul bies auff den 49[.] vers. in der betstunde das 28[.] Cap. des 5[.] buch Moses[543] in der Nach Mittages predigte Von 3 bies 4 Vhr aus der 1[.] Epistel S. Johannis[544] im 1[.] Cap. Vom 6[.] Versicul bies ans Ende.

[S. 165]

Sonabendt[545]

Den 18 December des Abendes Vhm 5 Vhr etwa, hat sich alhier Ein Neuwer Comet sehen lassen, hat gestanden in das west sudewest, undt hat Einen sehr langen sweiff gehabt.[546]

---

539 Richtig: Text.
540 Jesaja, 1. Kapitel: Bußpredigt an die Juden.
541 Moses, 3. Buch, 26. Kapitel: Gedrohter Fluch und verheißener Segen.
542 Lucas, 7. Kapitel, Vers 36-49: Von der großen Sünderin.
543 Moses, 5. Buch, 28. Kapitel: Verheißener Segen, gedrohter Fluch.
544 Johannes, 1. Epistel, 1. Kapitel, Vers 6-16: Von wahrer Buße.
545 Randglosse.
546 Pristaff, S. 119-125.

Anno 1681

Den 14 Januarij ist alhier Ein beht, bues undt Fastag gehalten so Von Ihrer beiderseites[547] F. D. wegen der pest so ihm Römschen reich ist angegangen, angeordenet, ist geprediget Von 8 bis 9 Vhr aus den profeten Heseciel[548] aus dem 14[.] Capittel Vom 12[.] Versicul bies zu dem 21[.] Versicul, In der behtstunde Von 12 Vhr ist gelesen das 28[.] Cap. des 5[.] buech Moses[549], in der Nachmittages predigte Von 3 bies 4 Vhr das 3[.] Cap. des profeten Jonae[550].

Den 11 Februarij des Abendes zwischen 6 undt 7 Vhr hat es gewittert, es hat nuer aber Einen slag geslagen, ist aber Eine leuchtinge Vor her gegangen.

Auff diesen Ostern[551] haben die Königlichen Schwedischen, den Zoll zu Warnemunde wieder Eingenommen.[552]

In diesen Vohr Jahr hat der Neuwe friesche herrinck, so wolfeil undt guten Kauff gewesen, das wahl herrinck hat gegolten 2 schl. 1 ½ schillinck, ia es ist auff 3 witte gekommen, ist auch dar uhm Verkaufft, welches man bei menschen dencken nicht geschehen ist. auch nicht ehrhöret ist, auch ist das ander fieschwerck auch zimlichen gueten Kauff verkaufft, es ist aber so schlechte undt Nahrlose zeit gewesen, das man es gleichwoll nicht ein Mahl kauffen können wegen Mangel des geldes, Man hat auch das wahl hornfiesch uhm 2 schilling ia uhm 1 schillinck kauffen können[553]

Den 7 Maij ist Jacob Schlueters, Ein Kannen giesser alhier sein Sönechen etwa Von 1 ½ Jahr, in Einer ballie wasser, die ihn seinen hofe gestanden Elendiglich Vertruncken

Den 11 Junij ist Ein burger Nahmens Ties Harfest Ein haecke sleunig gestorben des abendes uhm 5 uhr.

Vhm diese Zeit hat man Einen saltzen Hollandeschen herrinck gekaufft uhm Einen witten.

Den 11 Augustij war ahm Donnerstag, ist abermahl, der danckel tag gehalten, wegen der grossen feuwrs brunst so Anno 1677 d. 11 Augustij Entstanden ist auch also gefeijret wie auff forieger seiten[554] stehet, also ist gott lob dieser tag auch Vollenbracht.

[S. 166]

Den 25 Augusti ist H. Ernestus Sulteman in gott Sehlig eingeslaffen er ist Anno 1671 d. 24 Februarij in den Raht ehrwehlet

---

547 Die Herzöge Christian Ludwig I. und Gustav Adolf.

548 Hesekiel, 14. Kapitel, Vers 12-21: Verwerfung der Verächter göttlichen Worts.

549 Moses, 5. Buch, 28. Kapitel: Verheißener Segen, gedrohter Fluch.

550 Jonas, 3. Kapitel: Bußpredigt.

551 Laut Pristaff, S. 128, am 5. April 1681.

552 Pristaff, S. 128-130. Die Schweden hatten zwar zuvor etliche Niederlagen erlebt, wurden jedoch durch Frankreich massiv unterstützt.

553 Pristaff, S. 130.

554 Siehe S. 164.

Den 12 September hat sich abermal alhie eine feuwrs brunst sehen lassen, zwischen der Fiescher, undt Grapen gehter strasse auff der Lastaij[555], ist aber gott lob wieder geleschet.

Den 28 September hat sich aber mal, Ein Mauwrman zu tote gefallen, in dem Ortsunde Vom daeke Nahmens Asmus, er sol aber ein guter arbeiter gewesen sein.

Den 7. October, ist alhier Ein bues undt beht tag, Von I. F. D. zu Gustrauw Hertzoch Gustaff Adolff, wegen der pest gehalten worden.

Sontag[556]

Den 9. October am Morgen ist dehr Sehlige H. Magister Hermannus Becker pastor zu S. Jacob in gott sehlig eingeschlaffen ist d. 13 October zu S. Marijen begraben. Ist anno 1669 den 20 Aprilis zum prediger ehrwehlet. Anno 1671 d. 15 Martij ist ehr zum pastorn Ehrwehlet.

Sontag[557]

Den 9. October des abendes ist der H. BurgerMeister H. Petrus Eggers, sehlig in gott eingeschlaffen, er ist d. 14 October in S. Jacob begraben, er ist anno 1667 d. 24 Februarij in den Raht ehrwehlet, undt anno 1675 den 5 Julij zum burgerMeister Ehrwehlet.

das der grosse gott, diese beiden Menner, der Eine aus den geistlichen den andern aus dem weldtlichen stande, durch den zeitlichen todt hat abgefoedert, Einen am morgen, den andern abent auff einen tag, was darauff folgen wirdt mus man Von den grossen gott ehrwahrten.

Den 27 October ist Mattias Grifancken seine frauwe, ihm halseisen gestanden Vorm Rahthause, undt ist her nacher verwiesen worden dan sie ist mit Einen andern Manne weglauffen.

den 29 October ist noch Ein frembdes weib, auch ihm hals Eisen gestanden, Vorm Rahthause, ist auch her nacher Verwiesen, dan sie hat einen Kerl bei sich gehabt, undt haben gebetelt, haben auch falsche siegel undt briefe bei sich gehabt, auch ein buech, welches alles auff den Kaeck ist Verbrandt worden.

den 2 November ist alhier Ein algemeiner landttag Von I. F. D. beider seites[558] angesetzet sindt auch die Furstlichen Herren Rähte undt landt Rähte zu uns herein gekommen.[559]

den 18 November ist abermal Von I. F. D. beiderseites, Ein beht, bues, undt fastag gehalten worden, wegen der peste

---

555 Lastadie.

556 Randglosse.

557 Randglosse.

558 Die Herzöge Christian Ludwig I. und Gustav Adolf.

559 Pristaff, S. 143-144.

Den 28 November des Morgens uhm 6 uhr hat es gewittert undt hat 3 släge gethan

den 29. November ist alhier ein kleines Kindt des Morgens, des Sehligen Doctors Schultetus nach gelassenen frauw witwe fur die thuer[560] geleget worden, es ist aber dem Richter H. Evert von Berg angemeldet, der hat es tauffen lassen

[S. 167]

Anno 1681 den 4 December ist der Sehlige H. Daviedt Brandes Eltester Kämmer herr gestorben ist den 9 Xber. begraben. Er ist Anno 1656 den 25 Februarij in den Raht ehrwehlet.

Den 16 December ist aber mal der algemeine behte bues undt fastag gehalten.

Den 30 December des Abendes zwischen 5 Vnd 6 uhr hat es geleuchtet undt gewittert ist aber nuer Ein Slag gehöeret worden.[561]

Anno 1682.

Den 10 Januarij ist alhier Mahn undt weib ins hals Eisen gestanden der Mahn standt auff den Kaeck, das weib standt ahm Rahthause ins hals eisen.

Den 10 Februarij ist Von Ihrer Furstliche Durchleuchtikeiten beider Zeites[562] ein algemeiner bues tag Von wegen der pest ausgeschrieben, undt gehalten worden.

Den 19 Februarij ist alhier Ein burger Vertruncken, ihm Piependieck Nahmens Claus Fieck ein litzen bruder, Er ist aber Von den pracher Vöegeden her aus gezogen, undt Von den selben auff S. Garderuten Kirchoefe begraben worden war am Sontage Sexuagesimae.

Rahtes Herren Ehrwehlet.[563]

Den 24 Februarij am S. Mattias tage sindt Rahts herren Ehrwehlet worden, als H. D. Johannes Bueck, H. Claus Schröeder, H. Daniel Geismer, H. Hans Schwengel, H. Jacobus Diesteler[564]

Am 5 Martij war am Sontage Invocavit, hat man alhier zu Sanct Jacob keine Communion gehalten, weilen unsehre priester alle beide kranck wahren, dan M. Hinricus Carmon war Archidiaconus, undt M. Michael Wagener war Diaconus, der pastor Sehliger M. Hermannus Becker starb des Vohrigen Jahres im Monat October den 9.

---

560 Hopfenmarkt GR 322.

561 Pristaff, S. 146-147.

562 Beiderseits, d.h. die Herzöge Christian Ludwig I. und Gustav Adolf.

563 Randglosse.

564 Pristaff, S. 147-150.

Den 10 Martij ist der Erste[565] behte bues undt Fastag gehalten worden, hat geprehdiget Von 8 bies 9 D. Colberg,[566] in der behtstunde M. Poltius[567] von S. Johannis, Von dreij bies Vieren M. Hilbrandt[568].

Den 16 Martij ist der Sehlige Claus Maes gestorben, gewesener Voget zu Warnemunde.[569]

Den 30 Martij haben sich zweij leute ihm Kruege beim Strande aus Kurtzweil gefochten, haben die scheiden auff den degens gehabt der Eine wahr ein schipffer aus Holstein hat alhier Musseln gebracht Nahmens Asmus, der ander war ein Mauwrer da sties der Musseln schieffer den Mauwrer in das Rechte auge unfersehens, er hat sich aber mit ihm Vertragen, hat auch den balbierer geldt geben Vor das artzlon, undt ihm auch Vor seine wehtage gegeben, Man will sagen das sie sindt dutzbrueder gewesen was geschach das auge wardt ihm Schlimmer undt sties so Viel zu das er den 2 Aprilis dar ahn gestorben ist auch den 7 Aprilis begraben, ist also der Musseln Schieffer in hafft genommen worden ist aber wieder freij geworden.[570]

[S. 168]

Den 30 Martij ist Frans Stolten Ein Schneider wonendt in der Stein Strasse[571], sein töchterlein, unter einen Kuefen zu todte gefallen ist den 5 Aprilis begraben

Den 16 Aprilis war eben am Ostertage da kahmen zweij frembde weiber alhier man saget das es tartersche weiber sein gewesen, undt sindt in des H. D. Franciscus Wolffen sein haus gekommen, den er war pastor zu S. Marijen, Nachmittage, undt kahmen in seine Stube, undt stöelen seiner liebsten, die guldene ahrmbender, auch sindt sie in H. M. Rambertus Sandthagens pastor zu S. Nicolaus hause gewesen, dem selben haben sie einen silbern becher gestolen, sie sindt aber daruber ergrieffen, undt auff der Schreibereij gesetzet, Von dannen sindt sie nach der Fronereij gebracht, sindt auch gepeiniget sindt aber den 28 Aprilis auff den Kaeck gebracht, undt haben die Ruhten in den henden gehabt undt sindt her nacher durch den Fron meister verwiesen, das gestolene guet haben sie alles wieder bekommen Von denen sie es gestolen haben[572]

Den 26 Aprilis war Ein starcker windt, der slug den giebel Vom Auditorio, oben die Spitze her unter, undt slug auff die beiden Keller, so dar unter wahren, undt kam das dack auff den einen zu nichte, undt auff den andern das Schuer, aber die leute so darrinnen gewonet, sindt gottlob nicht beschediget, den es solte das Auditorium

565 Diese Bet-, Buß- und Fastentage fanden jeweils im letzten Monat des jeweiligen Quartals statt, siehe auch unten unter Juni, September und Dezember des Jahres.

566 Ehregott Daniel Colberg.

567 Mauritius Poltzius.

568 Christian Hildebrandt.

569 Pristaff, S. 150.

570 Pristaff, S. 150-153.

571 Steinstraße GR 1432.

572 Pristaff, S. 153-154.

gebauwet werden, dan die spaere waren alle abgenommen, dan die giebel wahren auch gestutzet, dan so weit alse ehr gestutzet war, das Viel her ab, dar nach wardt der ander giebel auch her unter geworffen.

Den 15 Maij ist Ein burger, des Morgens ihn seinen bette, todt gefunden worden, dan er ist des Vorigen abendes frisch undt gesundt zu bette gegangen, es war seines handtwerckes ein Schneider, Nahmens Daviedt Wendeker, wohnete auff den Begihnen berg[573], ist den 18 begraben

Den 9 Junij ist der ander beht, bues, undt fasttag gehalten

Auch hat man abermahl in diesen Monat Junio, Ein kleines Kindt gefunden, in der Harde strassen, welches auff Mattias Tarnauwen seiner wuste stehte[574] hat gelegen, dieses wirdt das 3[.] oder 4[.] sein, die ihn kurtzer Zeit gefunden sindt

Den 4 Julij ist abermahl Ein feuwr Entstanden in Sehligen H. Ernestus Sultemans hause[575] ihn Einen Schorstein beij S. Nicolaus kirchen, es ist aber gott lob balde wieder geleschet worden

Den 7 Julij ist Zacharias Schultzen ein loegerber, sein Söhenechen Vertruncken, in der groefe so Vor seiner thuer auff den Gerber brock[576], fur uber fleust es ist aber dieses Kindt aldt gewesen 4 ½ Jahr

[S. 169]

Den 11 Augustij wahr ahm freitage ist abermahl der danckeltag wegen der grossen feuw[r]s brunst gehalten so anno 1677. den 11 Augustij Entstanden

Burgermeister ehrwehlet[577]

Den 14 Augustij ist H. Diederich Wulffraht zum Burger meister Ehrwehlet, undt ist den 20 Augustij zur Kirchen geleitet mit den jungsten Rahts herrn H. Jacobus Diesteler[578]

Den 17 September auff den Abendt uhm 10 Vhr, ist mein geVatter undt gueter freundt, auch mein collega, Jochim Höppener, ihn gott Sehlig eingeslaffen, ist ahm selbigen tage, weilen es eben ahm Sontage war, hat ehr alle dreij predigten, in S. Nicolaij Kirchen bei gewohnet, alse die frue, Mittel, undt Nachmittages ist aber des abendes mit einer Schleunigen Kranckheit uber fallen undt in gott Sehlig eingeschlaffen ist den 20. begraben in S. Marijen.

Den 22 September ist abermahl der gemeine behte, bueß undt Fastage gehalten.

---

573 Beginenberg GR 1446.

574 Hartestraße GR 2200.

575 Am Wendländer Schilde GR 1681/1682.

576 Gerberbruch GR 1814/15.

577 Randglosse.

578 Pristaff, S. 156-167.

I. F. D. Von Gustrauw alhie gewesen.[579]

Den 5 October des Abendes zwischen 5 undt 6 Vhr sindt I. F. D. Hertzoch Gustaff Adolff Von Gustrauw, Nebenst seiner gemählin[580], undt Jungen fräuwlein[581], bei uns in Rostock herein gekommen, undt haben losiret auff den Marcket, in D. Gerdes hause[582], es sindt aber 3 Companigen burger auff gezogen alse die 2. 3. Vndt 4[.] Fahne, die 2[.] Fahne hat ihren post for dem Steinthor, die 3. das Muhlen thor, wo selbsten I. F. D. sindt herein gekommen, undt haben die Von der 2[.] Fahne, ihnen 2 Carperalschafften[583] burger zu hulffe gesandt, den 6 October ist das Eine frauwlein[584], sampt den andern frauwlein, Von hier nacher Warnemunde zu bohte gefahren, undt hat sich des andern Morgens alda frue zu Schieffe begeben, auff Her Claus Schröeders seiner Galliot, dan dessen Sohn Claus Schröeder war Schiepffer dar auff, undt ist nach Nikopen gesiegelt wo selbsten, die alte Königin, I. K. M. zu Dennemarcken frauw Mutter[585] hoff helt. Beij welcher diese Frauwlein gewesen wieder hin gesiegelt, da sie zu bohte ist weg gefahren, sindt ihr zu ehren Vom Fiescher Rundehl 6 Stucke gelöeset.[586]

Den 6 October sindt abermahl 3 Companien auff gezogen, die 5[.] Fahne ist auff den Marcket geblieben, die 6[.] das Steinthor die 7[.] das Muhlenthor, Es sindt aber I. F. D. sampt dehro gemählin, undt fräuwlein wieder weg gereiset des Mittages uhm 12 uhr aus dem Muhlenthor, undt sindt ihm 12 Stucke nach gelöeset, undt wie sie herein kamen wurden auch 12 Stucken gelöeset Es ist auch I. F. D. Von den studenten am 5 October des abendes eine herliche Musick presentiret.[587]

[S. 170]

Den 20. October ist alhie abermahl, Ein beht, bues, undt Fastag gehalten wegen der peste, sindt diese texte geprediget, Von 8 bies 9 Vhr aus dem 91[.] psalm. V. 1. 2. 3.[588] Zu Mittage ist Eine behtstunde gehalten Von 3 bies 4. Vhr das 6[.] Cap. Esechielis. V. 12[589].

---

579 Randglosse.

580 Magdalene Sybille.

581 Marie, Magdalena, Sophie, Christine, Hedwig, Luise, Elisabeth und Auguste, Prinzessinnen von Mecklenburg-Güstrow.

582 Dr. Marquard Gerdes am Neuen Markt GR 1513/14

583 Die Fahne untergliederte sich in vier Korporalschaften.

584 Prinzessin Luise von Mecklenburg-Güstrow heiratete 1695 den späteren König von Dänemark Friedrich IV.

585 Sophie Amalie, Prinzessin von Braunschweig-Calenberg, Königin von Dänemark.

586 Pristaff, S. 174-176.

587 Pristaff, S. 174-176.

588 Psalm 91, Vers 1-3: Trost in Sterbensgefahr.

589 Hesekiel, 6. Kapitel, Vers 12: Von Verwüstung des jüdischen Landes.

Den 9 November ist H. M. Hinricus Carmon zu S. Jacob zum Pastoren Ehrwehlet, ihn Sehlig H. M. Hermanus Beckers seiner Stelle[590]

Den 10 November ist H. M. Michael Wagners, Sehlige haus frauwe begraben in S. Jacobs Kirche.

In diesen Monat November, haben die Schmiede abermahl etzliche Amboltzen, Schmieden lassen, Vorm Fiescher thor, an der lincken seiten wan man aus dem thore kompt, wan man nach dem Fiescher Rundel zu gehet, haben angefangen im anfanck dieses Monats, haben auch den Monat December, ab undt zu durch gesmiedet sindt aber im Januario folgendes 1683sten Jahres weg gereiset.

Den 15 November ist der Mahn wieder weg gereiset, der den läuwen, auch andere frembde thiere gehabt, an Ka Kedaven Floridan, mit einer Krone auff den haupt, weis undt gelbe Von farben Indianische Nachtigalen undt Raben, auch unter schiedtliche ahrt Von Affen, die tanzten einer trug zweij Spanne mit der tracht, auff den Schultern, wie das frauwen Volck wasser träeget konte auch eine schaube Karren ziehen, ehr kahm aber alhier im anfanck dieses Monats, ist auff dem Neuwen hause gewesen

Den 24 November ist alhie Von Ihrer F. D. beijder Zeites[591] ein algemeiner bette tag, den gantzen gefeijret aus geschrieben, undt gehalten wegen der pest.

Den 27 November, des Morgens uhm 9 Vhr, ist Gerdt Kohn welcher Ein Nähtler ist gewesen, ist auch in der stadt dienste gewesen, weilen ehr aber ein solches Versehen hat, ist er da Von abgesetzet, undt ist ihm her nacher was schlecht Ergangen, hat wollen auff das landt gehen seine Nahrunge zu suchen, ist aber in Hans Degenehrs seinen hause gangen, welcher in der Kräeplinschen strahten oben der Kueh Strassen ohrte wohnet[592], Ein weinich brandtwein zu trincken, hat auch noch mit der frauwen ihm hause geredet ihn dehm ehr aber Von dem brandtwein trincken wiell, undt das glas Nuer Vor den Mundt gesetzet, aber weinig da Von genossen fället ehr ihn der Stueben uhm, undt hat auch beide daumen in der handt gehabt, wie sie ihm aber aus der Stueben bringen, bleibet ehr gahr todt

[S. 171]

Den 19 December war Eben ahm diengestage, da solte geprehdiget werden in S. Jacobs Kirche alhie, undt wardt nicht geprediget, welches noch Niemahlen geschehen ist, den es wardt auch nicht geleutet, dan alse die leute nach alter gewonheit zur Kirchen gehen wolten wahren die thueren alle sampt zu undt musten also wieder zu hause gehen, dieses kahm da her, weilen H. M. Hinricus Carmon zum pastorn wahr Ehrwehlet, den 9 November ihm Vorigen Monat, undt es wahr auch schon die Furstliche Confirmation, Von Schwerinschen seiten alhie, aber Von der Furstlichen Gustrauwscher seiten, die war noch nicht alhier, wie woll Ein Ehdeler hochweiser

590 Pristaff, S. 176-181. Laut Pristaff, S. 177, wurde „gemeinen Leuten" unter den Kirchspielbewohnern, d.h. Bewohnern (inquilini) von Buden und Kellern, die innerhalb eines Jahres umgezogen waren, das Wahlrecht verwehrt.

591 Beiderseits: Die Herzöge Christian Ludwig I. und Gustav Adolf.

592 Kröpeliner Straße GR 213.

Raht daruhm hat angehalten, auch schon Einen absonderlichen botten dahin gesandt die Confirmation ab zu fodern, aber derselbe hat es nicht erhalten können, Es hat aber Ein Ehdeler hochweiser Raht am 18 Decembris frue Einen zu pfehrde nach Gustrauw gesandt, die selbe zu holen, aber er ist den selben tag nicht wieder kommen, Es war aber schon anstalt gemachet das den 19 die ordination, wie auch die Introduction, solte verrichtet werden, Es hatte sich auch schon H. M. Carmon da zu geschicket, undt wahren auch die leute da zu gebehten, undt die speisen waren auch schon zu feuwr gebracht, weilen aber die Confirmation nicht kahm, haben sie die speisen Vom feuwr ab nehmen muessen, aber die Confirmation kahm dien[593] 19. Xber. Nach Mittage etwa uhm 4 Vhr, da wardt ahm 20. dieses des Morgens geleutet, wahr ahm Mittewochen, undt wardt geprediget, die predigte that M. Simon Henninges pastor zum Heijligen Geiste, undt nach gehaltener predigte, wardt die ordination, durch H. D. Franciscum Wolffen pastor zu S. Marijen VerRichtet, wie die selbe Verrichtet wahr wardt ehr ihn sein, alse des pastoren haus Eingefueret, undt Eingewiesen durch die H. Burgermeister, als H. B. Matteus Liebher, undt H. Burgermeister Diederich Wolffraht. Also ist gottlob diese ordination auch die Introduction Vollen zogen worden.

Es ist aber sein lebetag beij unsern dencken nicht geschehen, das ahm dingestage nicht in S. Jacob ist gepprediget, alse ahm werkeltage, auch ist es nicht geschehen, das ahm Mittewochen, alse ahm werckeltage in S. Jacob ist geprediget

Den 22. Xber. ist abermahl, der gewönigliche, behte, bues, undt fast tag gehalten worden als der letzste Qwatember

Den 25 Xber. hat H. M. Hinricus Carmon seine antritz predigte gethan, wahr ahm Heijligen Weijnachts tage.

Es ist in diesen 1682sten Jahr gott lob Eine wolfeijle Zeitt gewesen aber die liebe Nahrunge ist sehr schlecht gewesen, das unter der gemeine ist Viel Klagens erhöret worden, der scheffel Rocke hat gegolten 12, 14. bies auff 16 s. der gärste der scheffel 10 bies 12 s. weitze scheffel war 22 auch 24 s.

[S. 172]

Anno 1683.

Den 8 Januarij ist alhie hinter dem Stalmeisters hoefe[594], Eine alte dierne, dieselbe ginck undt baht die Almosen ist todt gefunden man saget das sie sei zu todte gefroeren, dieselbe ist Von den pracher Vögden auff Einen schlitten her Eingebracht undt Von den selben begraben.

Den 14 Januarij wahr ahm andern Sontage nach der Heijligen Dreij Könige, wurden zu S. Jacob, ihrer zweij auff gestellet die die proff predigten tahten, des Morgens

---

593 Richtig: den.

594 Hof des ehemaligen Bürgermeisters Dr. Heinrich Stallmeister.

von 8. bies 9 Vhr predigte, H. M. Gotlob Friederich Seligman, des Nach Mittages von 2 bies 3. Vhr H. M. Weis.[595]

Den 16 Januarij hat Ein Ehdeler hochweiser Raht, Nebenst der burgerschafft zu S. Jacob, die wahl verrichtet, auff dem Rahthause undt ist H. M. Gotlob Friderich Seligman zum prediger Ehrwehlet, alse zum Archidiaconus, in H. M. Hinrici Carmons stelle er hat gehabt 81 Vota, M. Weis[596] 41. Vota.[597]

Den 7 Martij ist H. M. Gotlob Friederich Seligman, zu S. Marijen zum prediger in ordiniret, undt den 8 Martij ist ehr zu S. Jacob Introioduciret worden, undt durch die beiden, H. Burgemeister alse H. B. Doctor Daniel Fiescher, undt H. B. Diederich Wulffrahten undt hat den 11 Martij des Nach Mittages seine antritz predigt gethan[598]

Den 30 Aprilis ist das Neuwe Auditorium, Von den H. professores, wie auch Von Einen Ehdelen hochweisen Rahte, sampt der semptlichen Universitet, auff das neuwe Introiudiciret, ist aber Eine oration darein gehalten, Von H. M. Gotlob Friederich Seligman, professor undt Archidiaconus zu S. Jacob nebenst einer hehrlichen Musick.[599]

Den 1 Maij ist H. D. Johannes Backmeister, In dem neuwen Auditorio zum Mangnifico[600] Erwehlet.

Den 1 Maij ist H. M. Michael Wagener gestorben, Diaconus zu S. Jacob, auch prediger zum Heijligen Kreutze, dan er ist Anno 1654 den 5 Aprilis zu Cattrinen zum prediger In ordiniret, den 8 Augustij (anno 1671)[601] ist ehr zu S. Jacob zum prehdiger ehrwehlet, ist also 18 Jahr zu S. Cattrinen p[r]ediger, undt zu S. Jacob ins 12 Jahr prehdiger gewesen

Es war am Sonnabendt[602]

Den 16 Junij ist Ein Knabe ihm Vöegen teiche, Vorm Kräeplinschen thor, Ver truncken des Mittages uhm 10 undt 11.[Uhr] zu Mittage, dan ehr hat sich baeden wollen, er ist aber uhm 9 Vhr in der stadt her uhmgangen, mit den Milch spannen, die Milch zu Verkauffen, den seine Eltern wohneten ihm andern garten, zwischen dem Stein thor, undt den Kräeplinschen thor, das haus worrinnen seine Eltern wohneten gehörete H. Jacobus Schlorffen zu dichte beij Sibrandes hoefe

---

595 Gottfried Weiß. Pristaff, S. 182.

596 Gottfried Weiß.

597 Pristaff, S. 182-184.

598 Pristaff, S. 185-186.

599 Pristaff, S. 187-188.

600 Rektor der Universität.

601 Randglosse (Klammernotiz).

602 Randglosse.

[S. 173]

Den 17 Junij ist Ein frembder Mahn, in der Stein Strasse toedt geblieben, Vor des wachtmeisters seiner thuer, des Abendes uhm 7 Vhr

Den 12 Augustji ist aber mahl der danck tag, gehalten wegen der grossen feuwrs brunst, so anno 1677 ahm 11 Augustij Entstanden, dan der 11 Augustus fiel dieses Jahres auff den Sonnabendt Ein, also hat Ein Ehrwurdiges Ministerium auff den Sontag verleget.[603]

Im Monat Julio ist die Kaijserliche Residentz, die stadt Wien Von dem Erbfeinde den Turcken belagert, undt hat sie auch sehr geangstiget, mit Vielen gewaltigen harten sturmen, auch mit feuwer, alse mit grossen Bommen, die guete stadt hefftig hardt zu gesetzet, aber dennoch hat sie der liebe gott wunderbahrlich erhalten, durch Manches frommen Cristen gebeht, sie haben auch Einen guten Commendanten, den H. graefen Sternbach[604] beij sich gehabt, der sich als Ein Cavalier Ehrlich darein gehalten, undt sich auch dessent wegen Einen grossen Ruhm gemachet, gott aber hat auch seine grosse gnade Erwiesen, das der König Von Polen[605], Ihrer Kaijserlichen Maijestet[606], wie auch der Cuhr Furst Von Sacksen[607], auch der Cuhrfurst Von Heidelberg[608], haben Assistentz geleistet undt haben den grausahmen feindt der Crijstenheidt den Turcken angegriffen, undt durch gottes g[n]ade, undt hu[l]ffe die Victoria ehrhalten, dieses ist geschehen Im Monat September.[609]

Dieses habe ich auch darbeij Erinnern wollen, wie das der Turcke, auch Anno 1529, die guete stadt Wien belagert mit 200000 Mahn, hat sie auch aber ihm Monat September, wieder Verlassen mussen, welches man woll ma[g] ihn acht nehmen.[610]

Es ist auch alhier zu Rostock ahm 7. October, war der 18. Sontag nach Trinitatis, wegen des so herlichen Sieges, Ein danckfest gehalten.

Den 2 October, ist H. M. Rambertus Sandthagen, in gott sehlig Ein geschlaffen, gewesener pastor zu S. Nicolaus, undt des Ehrwurdigen Ministerij Senior, Er ist aber 36 Jahr Diaconus gewesen, undt 19 Jahr pastor, ist in gesambt 47 Jahr prehdiger gewesen, Er ist aber zum prediger Ehrwehledt Anno 1635.

Den 26 November ist H. M.[611] Niehenck Ehrwehledt zum prehdiger zu S. Peter, zum Diacono, Er war aber rector an der Schulen alhier.[612]

---

603 Pristaff, S. 191.
604 Ernst Rüdiger Graf von Starhemberg.
605 Johann III. Sobieski.
606 Leopold I.
607 Johann Georg III.
608 Karl II., Kurfürst von der Pfalz.
609 Pristaff, S. 196.
610 Pristaff, S. 196.
611 Textlücke für den Vornamen: Georg.
612 Pristaff, S. 199-201.

Den 10 December ist der hahn Von S. Nicolaus thurm abgenommen worden. Durch den tohren decker Cristoffer Hagemeister der hahn [hat] gewogen 2½ lispfundt.

[S. 174]

Anno 1684

Den 4 Januarij wahr am freijtage ist Magister Georgius Niehenck zu Marien Ein ordiniret zum priester Vom H. Doctor Francisco Wolffen pastor zu S. Marijen, Vndt ist den 7 Januarij zu S. Peter Eingewiesen Vndt den 13 Januarij hat ehr seine Antritz prähdicht gethan Er ist ihm Vorigen 1683 Jahr zum präediger Ehrwehlet.[613]

Im Monat Februario sindt dreij studiosi auff Ein mahl begraben Vndt sindt aus dem Weissen Collegio getragen, sie höereten alle dreij in der Wismar zu hause[614]

Den 16 Martij ist der Sehlige H. Doctor Augustus Vaerrenius gestorben, Vndt ist den 10 Aprilis begraben in S. Jacob Kirchen, S. Theologie Doctor Er [ist] in die 42 Jahr alhie professor gewesen, auch dero hoch Furstlichen Maecklenburgischen, hoch Ver ordenter, Consistorial, Vndt Kierchen Raht, der theologeschen Facultet, Decanus, Vndt der gantzen Academie senioris.[615]

Rahts herr gestorben[616]

Den 4 Maij ist der H. Valentin Beselin gestorben Vndt den 14 Maij begraben in S. Marijen ist Anno 1667 den 25 Februarij ihn den Raht Erwehlet.

Auff S. Johani Abend, war der 23 Junij, ist leijder gottes ihn Hamburg Eine sehr grosse feuwrs brunst Entstanden Vndt sehr Viel wonungen abgebrandt

Auch ist ihn diesen Monat Junio Eine sehr grosse feuwers brunst Entstanden In der Stadt Riga, auch In der Stadt Räevel, auch in der Stad[t] Abo in Fienlandt

Den 24 Junij Ist In der S. Cattarinen Kierche zum Ersten Mahl wieder geprediget worden, welche Kirche leider gottes abbrante Anno 1677 den 11. Augustij in der grossen feuwrs brunst, Vnd hat H. Petrus Roloffius die Erste predigte darein gethan pastor zu S. Peter, beij Einer grossen, herlichen, Vndt sehr VolckReichen Versamlunge, dan es wardt auch Eine schöene Musick darbeij gehalten, den da die Kirche leider abbrante, war Vor gedachter H. Petrus Roloffius pastor der selbigen Kirchen, ehr hat die leste[617] predigt dar Ein gethan, Vndt nun hat ehr gott lob die Erste predigte auch darein gethan, dan Vor diesen war zu S. Cattarinen Ein Eigen prediger, hatte auch zu gleich das Lazareht[618] Vorm Herings thor, weilen aber leider das S. Peters Kierspel den meisten theil war abgebrandt, so wardt dem H. pastor H. Petrus Roloffius, S. Kattarinen zu geEigenet, das ehr des Sontages zu Mittag Von

613 Pristaff, S. 213-214.
614 Pristaff, S. 219-221.
615 Pristaff, S. 222-226.
616 Randglosse.
617 Richtig: letzte.
618 Armenhaus an der Grube GR 2247.

12 Vhr bis Ein Vhr predichte, Vndt dem H. Diacono H. M. Georgius Niehenck wardt den Lazahrett zu geEignet, das ehr des freijtage Morgens, beij Sommertagen Von 7 bis 8 Vhr darein prehdichte, Vndt des winters Von 8 bies 9 Vhr.[619]

Den 2 Julij, wahr ahm Marijen Heijmsuchungs tage, ahm Abendt zwischen 5 Vndt 6 Vhren hatten wier Eine starcke Sonnen finsternusse, das auch die Sonne gantz Ver finsterdt wardt den sie was gantz Roet, Vndt es kahm auch Ein solcher starcker Näebel auff, Der hatte Einen solchen geruch von lauter Rauch, was Es aber bedeuten wirdt, das wirdt Mahn **[S. 175]** Ins ku[n]fftige Ehrfahren, der grosse gott wolle doch alles Vngluck fehrne Von uns wenden uhm Jesu Christij willen Amen[620]

Dem 24 Julij auff S. Jacobi abendt, wardt der neuwe hahn, auff S. Nicolaii thurm wieder gesetzet, des Abendes zwischen 5 Vnd 6 Vhr Von dem turmdecker Cristoffer Hagemeister, der hahn hat gewogen 3. Lispfundt Ein pfundt, ist lanck gewesen 2 ½ Ellen, in die hoehe hat er 1 ½ Ellen Vndt ist starck Verguldet gewesen, Er ist aber der hahn im forigen 83[621] Jahr den 7 December Von den Vorgedachten thurm decker abgenommen, der thurm Vom Mauwr werck bis an den Knopff soll 135 Ehlen lanck oder hoch sein Von den Knopff ahn bies an den hahnen ist der stange, 5 Ehlen lanck oder hoch.[622]

Den 3 Augustij war der 10 Sontag nach Trinitatis, da wurden zu S. Jacob die proff predigt getahn, Vndt sindt auff gestellet worden, Von 8 bis 9 Vhr des Morgens p[r]edigte H. M. Gottfridus Weis, des Nachmittages Von 2 Vhr bis 3 hat geprehdiget Johan Kruecken sein Sohn[623]

Den 5 Julij[624] ist die wahl Eines prehdigers zu S. Jacob auff dem Raht hause Vor gegangen, Vndt ist Johan Krueken Sohn[625] Ehrwehled, zum Diacono, an Sehligen M. Michel Wageners stelle[626]

Den 11 Augustij wahr ahm Montage ist aber Mahl der danckeltag gehalten worden wegen der grossen feuw[r]s brunst, so Anno 1677 den 11. Augustij Entstandt.

Den 14 September hat Eine bosmans frauw in der Grapen gehter strassen[627] dreij Kinder gebohren auff Ein Mahl, alse zweij Mähtechens Vnd Einen Sohn, ihr Mahn hies Claus Schlorff.

Den 3 October ist Johan Kruecken sein Sohn, zu S. Marijen ordininiret zum praeäediger, Von H. D. Francisco Wolffen, Vnd ist ahm 8. October zu S. Jacob Ein

619 Pristaff, S. 226-227.
620 Pristaff, S. 227-228.
621 1683.
622 Pristaff, S. 228-230.
623 Pristaff, S. 231-233.
624 Richtig: August.
625 Johann Krücke.
626 Pristaff, S. 231-233.
627 Grapengießerstraße GR 519.

gewiesen worden, Vnd hat den 12. October seine antrietz präedigt gehalten in der freij[628] predigte des Morgens von 5 bis 6 Vhr

Den 14 October ist H. Licentziat Johannes Nicolaus Qvistorpffius zum pastoren Ehrwehlet, in Sehligen H. M. Rambertus Sandthagens stelle zu S. Nicolaus, Eben ahm den tage den 14 October[629] soll sein Sehliger groß Vatter gebohren sein, H. D. Johannes Qvistorphius, Pastor, zu S. Marijen, auch Supperintende[n]s zu S. Marijen, professor teologiae, Sein Sehliger Vahter H. Doctor Johannes Qvistorphius pastor gewesen zu S. Jacob auch professor[630] Theologiae, Vndt war Eben Mangnificus rector wie Ehr starb.[631]

Den 25. November ist H. Licentziat Johannes Nicolaus Qvistorpfius zum pastor ordiniret, Vom H. D. Francisco Wolffen, pastor zu S. Marijen Vndt hat den 30 November seine Erste praedicht gethan ihn seinen pastorat ahm Ersten Sontage des Adventes, mit dem Neuwen Kirchen Jahr

[S. 176]

Den 21 December hat H. M. Gottfridus Weis die proff praedigte gethan zu S. Nicolaus Er ist nuer allein ihm Vorschlage gewesen.[632]

Den 23 December sindt die S. Nicolauschen[633] auff das Rahthaus gefodert zuer präediger wahl, Vndt haben H. M. Gottfridus Weis zum präediger Ehrwehlet, alse zum Diacono ihn H. L. Johannes Nicolaus Qvistorphius Stelle.[634]

Anno 1685.

Den 30. Januarij ist M. Gottfridus Weis, zu S. Marijen Ein ordiniret zum praediger, Vom H. D. Francisco Wolffen, Vndt hat den 1. Februarij, welches war am 4. Sontag nach den Heijligen Dreij König tage, seine Antritz praedigte gehalten in S. Nicolaii Kirchen Von 2 bis 3 Vhr.

Sontage[635]

Den 15 Februarij ist Ein bosman Vertruncken beij Marneij[636] dan Er wolte nach Warnemunde paecken mit dem peack Schleden, Vndt das Eis brach unter ihm Ein, dan ehr solte alda Einen brieff hin bringen, Es wahr eben ahm Sontage Septuagesimae, sein Nahme war Mattias Öemke.

---

628 Richtig: Früh.

629 Richtig: 18. August 1584.

630 Beispiel für Rostock als „Familienuniversität" im 17. Jahrhundert.

631 Pristaff, S. 234-235. Johannes Quistorp Junior starb am 24. Dezember 1669.

632 Pristaff, S. 239-241. In der Regel gab es drei Vorschläge zur Auswahl.

633 Die Kirchgemeinde von St. Nikolai.

634 Diese Wahl blieb nicht unwidersprochen: Pristaff, S. 239-241, zitiert in voller Länge eine Schmähschrift, die Weiß des Atheismus bezichtigte.

635 Randglosse.

636 Richtig: Marienehe.

Den 26 Februarij, ist der Sehlige Claus Brummer gestorben, den er ist auff seines ohms Cristian Brummers seiner tochter hochzeit gewesen, Er aber hat Muessen Vnter der Mahlzeit weg gehen Muessen, Vndt haben ihm zu hause bringen lassen, Vndt wie Ehr zu hause ist kommen, haben ihm seine Kinder das bäete wahrm gemacht, Vndt ihn dar Eingeleget, aber Ehe sie es sindt gewahr worden Vndt haben nach ihm sehen wollen, ist Er todt gewesen, dan ehr hat Eine geRaume Zeitt, das Vier tägliche fieber gehabt, welches ihm auff der hochzeit hat angeträeten, Er wahr da zu Mahl eben wäeger, Vndt wohnete auff die Waege[637].

Den 3. Martij hatten wier Fastnacht, da hat sich Eine frauwe nebenst dreijen Kindern Erträncken wollen, weilen sie keine lebens mittell gehabt mit ihren Kindern, sie ist aber gott lob noch mit den Kindern wieder Errettet, weilen es der liebe gott gegeben das noch Jehmandt dar zu gekommen ist.[638]

Auch hat sich Ein burger auff hencken wollen, auch noch Ein ander hat sich vertruncken wollen, weilen sie keine lebens mittel gehabt, Vndt wegen grosser ahrmuht halben, dan es fiel Eine geschwinde teuwerunge Ein ahn den lieben Korn. Den es galdt der scheffel Rocken 38 schillinge, der gerste galdt auch 37 auch 38 schilling, der weitze galdt 40 schilling, die Erbsen 2 f.[639]

Den 7 Martij haben sich alhier 4 beutelschneider Eingefunden, aber sie sindt alle Vier nach der Schreibereij gebracht, sie sindt aber den 11 Martij des Morgens frue aus dem Peters thor gebracht Vndt Verwiesen worden.

Den 10 Martij ist das Eis Von der Warnauw gekommen, den es wahr Ein zimlicher winter

war ahm dingestage auff den Mittewochen[640]

Den 1 Aprilis, hat man Einen burger auff der wuesten Stäette zwischen der Munche Vndt Koffelder strasse[641] todt liegen gefunden Er hat aber des Voerigen abendes dar uber gehen wollen Vndt ist ihn **[S. 177]** Eine kleine gruebe gefallen, das ehr mit dem Kopffe nidiriger gelegen alse mit den fuessen, hat aber seine Mantel noch uhm gehabt, aber seine Mutze so ehr auff dem Kopffe gehabt, Vndt seine Mueffe lagen beij ihm, es haben ihm aber die herren des gewettes besichtiget, alse H. Evert von Bergen, war da mahlen praeses, Vndt H. D. Johannes Bueck, Secretarius war Georgius Ambsel, Vndt ist her nacher nach hause gebracht, dieses wahr Ein Schuster nahmens Peter Segebade, Vndt wohnete auff dem Heijligen Geist hoeffe, dan ehr hatte sich in den Heijligen Geist hofe Eingekaufft[642], Er wahr Cappellen

637 Stadtwaage am Nordausgang der Großen Mönchenstraße GR 1143.

638 Pristaff, S. 247-248.

639 Pristaff, S. 247.

640 Randglosse.

641 Richtig: Koßfelderstraße.

642 Beispiel für das Einkaufen älterer, nicht unbetuchter Bürger als Prövener in das Heilig-Geist-Hospital.

herr im Schuster Ampt, ist den 6 Aprilis begraben in S. Marijen ihn der Schuester ihr Cappelle.

wahr ahm Montage.[643]

Den 27 Aprilis ist Ein fiescher Vertruncken, hinter Hinrich Sommers seiner Maltz Muelen, auff den Muelen tham, dan ehr hies Hans Haeler, man saget das ehr sich des Voerigen aben[d]s Einen gueten Rusch hat getruncken in der Officialeij[644].

Den 19 Maij ist die princessin[645] von Ruen alhier Eingekommen des abendes uhm 5 Vhr, sie ist den 20 Maij in S. Marijen Kirche gewesen, da Eben der H. Doctor Franciscus Wolffius pastor zu Marijen hat geprehdiget, seine praedigte an zu höeren, sie ist aber nach Mittage wieder weg geReiset.[646]

Den 25 Maij ist der Sehlige H. D. Andreas Ambsel ihn gott Sehlig Ein geslaffen, den ehr wahr ihrer hoch furstlichen, duerchleuchtikeiten zu Schwerin Hertzoch Cristian Lovis, Raht, auch professor hiesiger Academie.

wahr ahm Sonnabendt[647]

Den 4 Julij war Eben am Sonnabent, haben die brauwer alhier in Rostock, des Morgens Vhm 9. Vhr, Hinrich Fuelen, welcher auch Ein brauwer wahr, sindt ihm die brauwer ins haus[648] gefallen, Vndt haben ihm das brauw zeug ihn zweij gehauwen, Nemlich die bande Von Kueffen, das das bier so darinnen ist gewesen, Verödet Vndt nach der gassen gelauffen, dan es sindt an der Zahl Von den brauwern gewesen beij 15[649] personen, Vndt haben die beile Vnter den Manteln gehabt, da sie die bande Von den Kueffen Vndt thonnen haben abgehauwen, dan dieser Hinrich Fuel brauwete Klein bier[650], for die Ahrmuet, Etwa die Kanne Voer Einen lüb. schillinck, auch woll noch weiniger, dan die burger Vndt die Ahrmuet die selbsten nicht brauwen könten, Vohn ihm noch Etwas for geldt zu kauffe könten kriegen den es wahr das liebe Korn ihn demselben Jahr, Vor aus der gerste nicht woll gedegen, Vndt fiel also Eine teuwerunge Ein, Es haben des folgendes tages, die herren praediger als den 10 Julij zimlich Von allen Kantzeln zimlich dar auff gescholten, dan es hatten die brauwer zu der Zeitt das brauwen gesetzet, Vndt haben die gemeine **[S. 178]** burger, ia auch die Krueger den brauwern das bier mit bahren gelde bezahlen muessen, ehe sie es haben aus ihren Kellern[651] kriegen können sie haben auch dazu Ein absonderliches

643 Randglosse.

644 Ehemals bischöfliche Offizialei am Amberg GR 1962, seit der Reformation in herzoglicher Hand. Dort wurde zum Ärger der Rostocker Brauherren u.a. fremdes Bier ausgeschenkt.

645 Sophie Agnes.

646 Pristaff, S. 250-251.

647 Randglosse.

648 Brauhaus am Hopfenmarkt GR 23.

649 Pristaff, S. 253, nennt zwölf Namen.

650 Das sogenannte Koventbier.

651 Pristaff, S. 251-254. Das gebraute Bier wurde in Fässern in den Kellern unter den Brauhäusern bis zum Verkauf gelagert und von dort von den Trägern abtransportiert.

haus da zu ferordenet auff den Borchwall, neben gemeiner Accise bueden[652] uber, wo selbsten die burger, Vndt die Krueger das bahre geldt haben hin bringen mussen Vndt haben da zu zweij aus ihren Mitteln Erwehlet die das geldt Empfhangen. Ja es haben auch die Vier gewercke, Vndt alle ihm Nahmen alle andere Empter Eine Suplic zu Rahte ubergeben das Etwa wan die brauwer, Ein solches an den burgern, oder ahn den handtwerckern Ein solches Ver uben wollten, das Ein solches möege Verhutet werden, wor auff auch Ein Decretum Von Einen Ehdelen, hochweisen Rahte ist her aus gegeben.[653]

Den 6 Julij, wie Vnsehre burger, nach Butzauw, haben ins Marck fahren wollen, Vndt wie sie auff der Reise gewesen, bis nach Grentz ist ein Kirchdorff, alda ist Eines burgers frauw fom wagen gefallen Vnfersehens, Vndt ist ihr das wagen Rahdt uber die brust gefahren, hat aber weinich Stunden hernach gelebet, Vndt ist gestorben ihr Mahn hies Hans Westpfhal, war Ein haacke wonehte auff den Alten Marckte.[654]

Diengestag[655]

Den 11. Augustij ist der Danckeltag gehalten worden, wegen der grossen feuwrs brunst, so alhie Entstanden Anno 1677 den 11. Augustij ihn diesen 1685 Jahre wahr am Dingestage, da dieser tag Einfiel, hat das ampt der becker nicht backen muessen, Es haben auch die Eltesten herumb gesandt die beiden Jungesten, Vndt es den Ambts bruedern verbieten lassen, das sie den folgenden tag, welcher der Mitwochen wahr erst solten backen.[656]

Den 21 Augustij, ist alhie Ein weib aus gestrichen, wo Von man gesaget das sie ihr Kindt hatte uhm gebracht, sie aber hat Vorgegeben, das Kind wehre todt zuer weldt gebohren, dan sie saes in der Fronereij, sie aber hoerete zu Nyendorpff zu hause aus den Steinthor belegen, dan es gehöeret, zu dem Hospital, zu Sanct Jurgen.

Im Monat September ist es ausgekommen, das der S. Nicolaus thurm ist bestohlen worden, Vndt haben die kupfferne thuren, da die Vier kantigen löcker ihm thurm mit zu gemachet wurden, auch ander Neuw Kupffer mit wech gestholen Von den thurm, Es ist auch ahm 13 September welcher wahr der 13. Sontag nach Trinitatis, ihn allen Kirchen Von allen Kantzeln fleissich da foer gebehten, das es der liebe gott möchte an den tag bringen, wehr den thurm hatte bestholen, was geschahe den 15 September kahm es aus, das es der Kuhe hirtte gethan hatte, der selbe hies Jacob Malchauw, Vndt wardt auch also balde **[S. 179]** Ihn hafft genommen Vndt Erstlich nach der Schreibereij gebracht Vndt Von dahnnen nach der Fronereij, Er hat auch in der Fronereij bekandt auff seinen Vahter, Vndt seinen bruder, der Vahter hies Hans Malchauw wohnete in der Heijde, so Ihrer Furstlichen Durchleuchtikeiten

---

652 Die Akzisebude auf dem Burgwall GR 960/961.

653 Der Vorfall mit Heinrich Faul und das Streben der Brauherren nach Vorkasse sind Ausdruck der damaligen (Absatz)krise für das Rostocker Brauwesen.

654 Alter Markt GR 1931/32.

655 Randglosse.

656 Vermutlich sollte damit daran erinnert werden, dass der Brand von einem Backhaus ausgegangen war.

zu Gustrauw[657] zu kompt, wirdt geheissen auff den Gäelen Sande[658], Es hat aber Ein Ehdeler hochweiser Raht, Einen diener gesandt nach Ribbenitz das sie ihn nach Riebbenitz hoelen lassen, mit seinen Sohn, welches auch geschehen, dan sie haben ihn des Nachtes vom bette hoelen lassen, Vndt ist mit seinen Sohn ihn hafft genommen, hernach ist ehr mit seinen Sohn alhier in Rostock gebracht, das sie sich mit dem Kuhirtten, der ihn der Fronereij saes bespräechen, Sie sindt aber her nacher wieder nach Riebbenitz gebracht.

Am Sontage[659]

Den 15. November, war der 22 Sontag nach Trinitatis, des Abendes Etwa uhm 8 Vndt 9 Vhr ist der dieb, der Kuehirtte, der den S. Nicolaus thurm bestholen, aus der Fronereij weglauffen, es hat ihm der Frohn Meister, des Nachtes suchen lassen mit Facklen Vndt mit leuchten. Ja Es hat ihn auch Ein Ehdeler hochweiser Raht durch den wachtmeister, Vndt die Nachtwache, auch durch die gewette diener suchen lassen, auff allen wusten[660] Stäehten, ia ist auch des folgenden tages als den 16 November, sindt die thore zu gehalten, Vndt haben ihn den gantzen tag durch die Nacht wache, Vndt gewette diener, auff allen wusten Stäedten suchen lassen, aber sie haben ihn nicht gefunden, mahn weis auch nicht wo Ehr hingelauffen, Er ist ahm 15 September, ihn hafft gekommen, hat also 8. Wochen gefencklig in der Fronereij gesessen.

Am Mittewochen[661]

Den 25 November, war ahm Mittewochen, haben wier Einen Starcken Sthurm gehaebt, Von das west norde west, Vndt hat Johan Cristian Geismers seinen giebel Vom hause[662] nach der Strassen zu halb abgewehet Vndt her uhnter geworffen, ihn der Schnickmans strassen woenend, Vndt des Sehligen Claus Michelsen witwe in der Wokrent Strassen wonendt, ihren haus[663] giebel nach dem hoefe zu auch her uhnter gewoerffen, dieser Sthurm hat in Hamburg Einen sehr grossen schaden gethan, ahn häusern, Vndt hat sehr Viel giebel, Vndt Schor Stein her unter geworffen, auch sehr grossen Schaden ahn Krahm, Vndt Kauffmans wahren, ia auch dehnen läuten, so an den flues der Elbe wohnen, auch in Staede, Glueckstadt, auch Sonsten sehr Viel öhrter, sindt durch das wasser, Elendiglich Ruiniret, ia es sindt auch die deiche Vndt dähmme durch gebrochen, die läender ins wasser gesetzet, Menschen Vndt Vie Ersoffen, ahn teils ohrten, es sollen ihn diesen grossen Stuhrm, Vndt Vngewitter, Ein solcher groesser Schaede geschehen sein, der fast nicht kahn beschrieben werden, gott wolle uns fehrner doch bewahren, Vndt uns ihn seinen gnäedigen,

---

657 Herzog Gustav Adolf.

658 Gelbensande.

659 Randglosse.

660 Durch den Stadtbrand von 1677 waren viele wüste, unbewohnte Stätten entstanden. Sie boten offenbar gute Versteckmöglichkeiten.

661 Randglosse.

662 Schnickmannstraße GR 663.

663 Wokrenterstraße GR 735.

Vndt göttlichen Schutz nehmen, Vndt for fernern grossen Vngluck gnäediglich bewahren uhm Jesu Cristij willen Amen

[S. 180]

Am Donnerstage[664]

Den 26 November wahr am Donnerstage des Abendes uhm 5 Vhren ist der Frohn Meister, Erhardt[665], mit seinen weg gelauffen diebe den Kuhhirtten, so ihm ahm 23.[666] November des abendes Entlauffen wahr wieder her Ein gekommen, den ehr hatte Kundtschafft, das ehr beij seiner Mutter wehre, auff dem Gäelben Sande[667], dan so wirdt der ordt genant da sie wohnete, ist also in den 11. Tag weg gewesen, das mag woll sein wie mahn saget, der häengen soll, der Ersäufft nicht.

Am Freijtage[668]

Den 4. December, wahr ahm Freijtage, haben sich zweij studiosi, sich gebalget, oder geRauffet, Vndt ist da fon der Eine Jähmmerlig Erstochen, geschehen Vorm Steinthor, beij Sibrandes hoeffe. Der es gethan ist daVon gekommen.

Am Montage.[669]

Den 14 December, war am Montage, ist der Missethäeter, Nahmens Jacob Malchauw, der Kue hijrte, der S. Nicolaus thurm bestholen hatte, ist ahn ihm die execution verRichtet, Vndt ist zum galgen verdammet, Vndt gehenget worden, Er ist am 15. September in hafft genommen, Vndt nach der Fronereij gebracht, Er ist am 15. November, aus der Fronereij, Entlauffen, Es hat ihn der Frohn meister ahm 26. November, wieder her Ein gebracht, Vndt ahm 14 December gehangen

Den 15 December, ist dieses Missethäeters Vahter, Hans Malchauw welcher zu Ribbenis, mit seinen andern Sohn, so alda ihm gefencknis gesessen, haben sich auch loes gebrochen, Vndt sindt auch aus der hafft Entlauffen.

Anno 1686.

Den 25 Februarij ist Peter Flehminck, Ein bosman Vertruncken, auff der Warnauw.

war am Donnerstage.[670]

Den 1 Julij das Morgens Vhm 10 Vhr sindt Von I. F. D. Hertzoch Gustaff Adolff seinen leuten ihrer 12 herein gekommen zu pfherde, mit auffgestrichenen hahnen, Vndt die Vor an Ritten mit blossen degen, sindt ubers Marcket geRitten, Vor des, H. B. Mattei Liebeherren thur, Vndt seindt zu Erst ihrer zwehne hin Eingeritten in

664 Randglosse.
665 Fronmeister Erhard Schmidt.
666 Richtig: 15. November.
667 Gelbensande.
668 Randglosse.
669 Randglosse.
670 Randglosse.

Oberst Joachim Balthasar von Dewitz
(UBRS, MK-13890, Bd. 1, S. 309)

sein haus[671], die andern sindt Ein wenig for der thuer Stille gehalten, sindt aber auch alsobaldt ins haus geritten.[672]

war am Mittewochen.[673]

Den 7 Julij sindt I. F. D. Hertzoch Gustaff Adolff, sampt dero printzen[674], des Morgens vhm 8 Vhr zu Vns herein gekommen, hat auch beij sich gehabt, den H. Obersten Devitz[675], Von den Brandenburgischen, I. F. D. losierte auff dem Rahthause **[S. 181]** Der printz losierte beij den H. B. Diederich WulffRaht[676], der oberste Devitz losierte in der Trompet.[677]

Es hat aber Ein hochweiser Raht, die Burgerschafft ansagen lassen das sie Vor Ihrer, Capitaens[678] thuren, sich haben stellen mussen, Vndt haben in bereitschafft gestanden, bis nachmittage, hernacher sindt sie wieder nach ihren häusern gegangen, die 2. Vndt 3. Fahne hatte die wache, die 4. hatte das Revelin ihm Stein thor besetzet, desselben abends hat sie das Stein thor besetzet, die 5. Fahne ist auf den Marcket bestanden geblieben form Rahthause die 6. Fahne hat des abendes, das Räfelin ihm Steinthor, auch das Räfelin im Muhlen thor besetzet, auch das Räfelin im Kräplinschen thor. die 7. Fahne, hat das Kräplinsche thor, das Neuwe werck, die Klieffen schantze, Vndt das Fiescher Ruhndehl besetzet.

Den 8 Julij ist Ein giebel in der Snickmans Strasse[679] zwischen Jurgen Maes[680], Vndt Martinus Ziellern[681] herunter gefallen, Es ist aber leijder gottes Ein Kindt darunter zu todte gefallen, Vndt das ander am Kopffe blassiret, das dritte aber ist nicht beschäediget, diese 3. Kinder gehöreten Einer frauwen zu, weil aber das haus wuste wahr, haben sie Vor der thuer gespieledt, Vndt dar zu wahr die frauw Eine witwe, ihr Sehliger Mann, war Ein Schieffer, hies Steffen Äefers, welcher ihr ausser halb landes, als zu Dantzig war abgestorben.

Den 8. Julij seindt abermahl 4 Fahnen auffgezogen, als die 8[.] Fahn hat das Marcket gehabt, die 9. Fahne das Steinthor, die 10. Fahne das Kräplinsche thor, Vndt die Erste Fahne besatzte die 3 Räfelin[682].

---

671 Neuer Markt GR 1518.

672 Pristaff, S. 278-284. Der Sinn dieser Aktion bestand in einer Drohung im Interesse herzoglicher Steuerforderungen gegenüber Rostock.

673 Randglosse.

674 Erbprinz Carl von Mecklenburg-Güstrow

675 Joachim Balthasar von Dewitz.

676 Er wohnte am Neuen Markt GR 1602.

677 „Trompete" hieß wohl das Haus eines Herbergierers vermutlich am Neuen Markt. Pristaff, S. 284-286.

678 Die Kapitäne der Bürgerfahnen.

679 Schnickmannstraße GR 696.

680 Schnickmannstraße GR 697.

681 Schnickmannstraße GR 695.

682 Die drei Ravelins vor dem Kröpeliner, Stein- und Mühlentor.

war am Freijtage.[683]

Den 9 Julij Nachmittage sindt I. F. D. Hertzoch Gustaff Adolff, sampt den Jungen printzen[684] Von hier wieder weg gereiset.[685]

Den 13 Julij Nachmittage, sindt I. F. D. Hertzog Gustaff Adolff Von Gustrauw Ein spenner wieder aus geRitten, Vndt der Furstliche geheimbter Raht Schultz[686], ist ihnen gefolget in der Carosse, wo for 6 pfherde wahren, sie sindt aus dem Stein thor geRitten.

Den 11. Augusti Ist abermal der danck Vndt behte tach gefeijeret worden, wegen der grossen feuwers brunst, so Anno 1677. Den 11 Augusti Entstanden sindt nun mehro 9. Jahr.

Den 5. September, war der 9. Sontag nach Trinitatis hat H. L. Gottloff Friderich Seligman, seine Valet predigte zu S. Jacob gethan dan er war Archidiaconus, Er ist Erwehlet zum prediger 1683. den 16 Januarij den 7 Martij ist er ordiniret, den 8 Martij ist er Introjudiciret, Vndt den 11 Martij seine antrits predigte gehalten ist also alhier 4 Jahr prediger gewesen.

[S. 182]

Den 6. September Ist H. L. Gottloff Friderich Seligman des Morgens zwischen 8 Vndt 9 Vhr, Von hir weggereiset, weilen er nach Leipzig ist beruffen zum prediger. Es haben ihm die studiosi das geleidte aus dem thore zu pfherde mit gegeben, Vndt sindt Vor seine Schese, in welcher er mit seiner liebsten saes, In gelinder weise Vor ihm häehr geritten, Es haben ihm auch Etliche professores, Vndt Doctores, so in Einer Carosse sassen, ihm aus dem thor begleitet, auch andere Caleschen, so auch mit ihm aus dem thor begleitet bies Käessin, ia es seindt auch Viel burger mit hin aus gegangen.[687]

Auch ist Im Monat September nach den Neuwen Stiel[688] die stadt Offen[689], in Vngern, am Römischer Käijserlicher Maijestet[690] seiten mit sturm ubergangen, Man saget das der turckische Keijser Solijmannus[691], hat sie den Cristen abgenommen Anno 1526, den 20. Augustij, schreibt M. Johannes Rauw in seiner Cosmagraphia[692], Fol. 735. wan dem so ist, Vndt nun in diesem 1686 Jahr gott lob an der Christen Seiten wieder bekommen, so hatten sie die Turcken Ein gehabt 160 Jahr 12 tage.

683 Randglosse.
684 Erbprinz Carl.
685 Pristaff, S. 287.
686 Pristaff, S. 260 und 286 nennt Kammerrat Schütze.
687 Pristaff, S. 298. Einen ähnlichen Auszug hatte der ebenfalls bei den Rostockern sehr beliebte Prediger Joachim Lütkemann im Jahre 1649, siehe oben S. 96.
688 Gregorianischer Kalender.
689 Richtig: Ofen.
690 Kaiser Leopold I.
691 Soliman II.
692 Johannes Rauw: Cosmographia, 1. Aufl., Frankfurt /Main 1597.

Theologe L. Gottlob Friedrich Seligmann
(UBRS, Porträtsammlung)

Den 5. October, seindt die S. Jacobschen[693] auffs Rahthaus gefodert zu der wahl Eines priesters, In H. L. Seligmans Stelle, Vndt ist Von ihnen Erwehlet, H. Simon Henninges, den er war pastor zum Heijligen Geiste[694]

Den 2 November ist H. Simon Henninges in S. Jacob zum Archidiaconus Eingewiesen, hat den 7. November seine antritz praedigt gehalten[695]

Den 18 December ist der bues Vndt fast tag gehalten, ist an den tage nåch geEndigten predigten, Eine alte frauwe fertruncken, auff dem Muhlen tham, dan sie hat wollen wasser holen

Anno 1687.

Den 21 Februarij, war ein zimlicher harter Sthurm, ist ein fischers Sohne, Vom Fischer brock vertruncken, es ist Sehligen Hinrich Häeffeschen[696] nach gelassener Sohne gewesen, ein Eintziger Sohne.

[S. 183]

Den 8. Aprilis ist H. M. Ludovicus Barchleien gestorben Vnd ist den 15 Aprilis begraben, Er war Archidiaconus in Sanct. Marijen, er ist Anno 1667 den 4. 7ber. zum prediger Erwehlet, ist also in die 20. Jahr prediger gewesen.

war Am dingsttage[697]

Den 19. Aprilis ist alhie abermahl ein studiosus Erstochen Vorm Stein thor, beij Sibrandes, fast an dem selben ohrete wo auch am vergangenen 1685 den 4 Xber. auch ein Studiosus erstochen wardt, aber der thaeter ist auch da Von gekommen.

Den 10 Julij, ist der Sehlige Hinrich Kirchoff gestorben, Ein weinhandeler, dan er war auch der Elteste Vorsteher zu S. Marijen, ist den 15. begraben in S. Marijen.

Den 8. Augusti, ist des Jungen Printzen, Ihrer hochfurstlichen durchleuchtikeiten, Hertzoch Carl, sein beijlager geworden, mit Ihrer hoch Furstlichen Durchleuchtikeiten tochter[698] zu Brandenburg.

Den 11 Augusti ist der danckeltag gefeijert worden, wegen der grossen feuwers brunst, so Anno 1677 Entstanden,[699]

Am Sonnabend[700]

---

693 Die Mitglieder der Gemeinde von Sankt Jakobi.

694 Pristaff, S. 301-302.

695 Pristaff, S. 302.

696 Er wohnte auf dem Fischerbruch GR 1783.

697 Randglosse.

698 Marie Amelie, Tochter des brandenburgischen Kurfürsten.

699 Einschub von weiter oben, im Original vor dem 8. August 1687 eingetragen.

700 Randglosse.

Den 14 Augusti, ist alhier Ein dreger, nahmens Hans Punt, des abendes Vhm 7 Vnd 8 Vhr geswinde todes verblieben, dan er hat noch kurtz Vor her mit den seinigen gespeiset, Er ist aber gleichwoll kranck aus der Erndte kommen.

den 3. September, sindt Ihrer Furstliche Durchleuchtikeiten Von Gustrauw, Gustaff Adolff, mit seinem Schwieger Sohn Einen graffen[701] hie durch gezogen, den sie wahren in der Jacht[702] gewehsen zum Graal, haben aber des Mittages gespeiset zu Bartelstorpff, Vnd haben sich Von dar nach den Muhlen thor begeben, Vnd sind da Eingezogen, Vndt zum Kräeplinschen thor wieder hin aus. Vnd sind die Stucken gelöeset.[703]

Am 4 September war den 15. Sontag nach Trinitatis, wardt auch gedancket, Vor die herliche victoria[704], die ihm Augusto Ihre Römische Käijserliche Maijestet[705], wieder den Erbfeindt den Turcken in Vngern Erhalten, haben auch eine herliche beute Erlanget, Vnd alle stucken, feuwr Möerser, wie auch alle Kraut Vnd loht, auch sampt aller pacasie, Vnd Viel fiehe auch da zu bekommen, Vnd sind die glocken geleutet Vnd die stucken gelöset worden[706]

Auch ist Am 4. September, gedancket Vor I. F. D. Hertzoch Carls Von Gustrauw, wegen seiner heijraht, so ehr mit Ihrer Hoch Durchleuchtikeiten des Chur Fürsten[707] Von Brandenburgs frauwlein[708] gehalten am 8. Augustij[709]

[S. 184]

Den 6 December ist des Jungen printzen Ihrer Furstlichen Durchleuchtikeiten, Hertzoch Carls, Einzug geschehen, mit seiner gemählin[710], den Churfursten[711] tochter Von Brandenburg, zu Gustrauw.[712]

Anno 1688.

Den 8 Januarij des Abendes, etwa Vhm 5 Vhr, war am Sontage abent, ist ein feuwr auskommen, ausserhalb dem Steinthor, im dritten garten, wan man beij der Reper ban hin Vnter gehet, gegen Sibrandes hoffe Vber, Vndt brante das haus, mit der scheunen ab, der Man der da einwohnete hies Schnaekel, aber es blieb gottlob noch beij dem hause Vnd Scheune allein, das es nicht weiter kahm, ob man zwahr woll

---

701 Ludwig Christian von Stolberg-Gedern.

702 Richtig: Jagd.

703 Pristaff, S. 319-321.

704 Der Sieg in der Schlacht bei Mohács am 12. August 1687 brachte das Ende der Türkenherrschaft in Ungarn.

705 Kaiser Leopold I.

706 Pristaff, S. 321-322.

707 Friedrich Wilhelm III.

708 Marie Amalie.

709 Pristaff, S. 321-322.

710 Marie Amalie.

711 Friedrich Wilhelm III.

712 Pristaff, S. 322-323.

in der stadt, Von dem gebrandten Stroh, so in der lufft geflogen an Vielen ohrten ist gefunden worden, aber es hat gott lob keinen schaden in der stadt gethan, der grosse gott wolle Vns doch ferner Vur feuwr schaden gnadiglich bewahren Vhm seines lieben Sohnes Jesu Cristi willen Amen.

Den 13 Januarij war am freijtage, des Morgens hat sich leijder, abermahl Vber der Fäer[713], Ein feuwr sehen lassen, aber das ist gottlob noch bald wieder gedempfet worden.

Den 26 Januarij hat sich eine frauwe zu nichte gefallen, dan sie ist Vom boden gefallen, das sie auch sehr ist am haupt beschediget, das ihr die haut nebenst dem hahr Von dem Kopff fast neben den ohren gehangen, Vnd das auch hirnschal am haupt soll geborsten seijn, Vndt sich also Vnter die handt des Artstes geben mussen sie wohnete in der Pläeter strassen.

Den 27 Januarij Ist ein bosman auff der Warnauw Vertruncken beij Oldendorpff, den er hat auch noch andere mehr beij sich gehabt, weilen sie haben wollen holtz aus der Heijde holen, den sie seindt eingebrochen in dem Eijse, welche aber noch zum theil sind geRettet, dieser aber hat das leben lassen mussen

Den 28 Januarij ist Ein Mähtichen Etwa Von 12 Jahren weilen es eben ist schlitten bahne gewesen, auff einen bauwer schlitten getrehten, Vnd der Schlitte ist uhm **[S. 185]** geschlagen, ist das Mehtichen, Vnter dem schlitten gefallen Vnd sehr beschediget worden

Den 20 Februarij des Nachmittages hat ein Ehdl. Hochweiser Raht auff dem Marckete, die läedern wasserRönne Vndt die Neuwe wasser spritze probieren lassen, welche mit zu der feuwr ordenung gehöeren.[714]

Den 10 Martij ist Hans Pölchauw Ein Knopffmacher todt zu hause gebracht worden, dan der selbe war nach Malchin ins Marcket geReiset, Vnd Von dannen war er nach Neuwen Branden burg auch ins Marcket geReiset, da er aber zu Neuwen Brandenburg kompt, ist er kranck worden, Vnd hat auch alda nicht aus gestanden, wegen seiner Sch[w]acheit, Er ist aber da das Marcket Vber zum Ende geblieben, hat auch mit dem Marcket leuten wieder zu hause fahren wollen, Vndt ist also kranck, bis zur Lage[715] gekommen, es hat aber die Kranckheit Je mehr zu genommen, Vnd ist Von dar wieder weg gefahren, Vnd so weit kommen, bis zu Tremes[716] auff einen Dorpff etwa zwo Meil weges Von Rostock, wo selbest er gestorben Vnd ist also todt her ein gebracht, Er wohnete auff den Borchwal[717]

713 Die Fähre bei Gehlsdorf.

714 Pristaff, S. 326.

715 Stadt Laage.

716 Vermutlich Potrems südlich von Rostock.

717 Burgwall GR 964.

Den 15 Martij war am donnerstage des Abendes ist der Junge printz, Ihre Furstliche Durchleuchtikeiten Hertzoch Carl, in gott sehlig Eingeslaffen[718]

den 19 Martij war am Montage, sindt glocken alhie zu Rostock we[ge]n des verstorbenen Sehligen Hertzog Carls des Morgens die Klocken 9, des Nachmittages Vm 3 Vhr[719]

Den 1 Aprilis war am Sontage Judica, da wurden die orgeln in den Kirchen alhier nicht geRuhret, weilen Hertzoch Carl gestorben[720]

den 7 Aprilis hat man mit den Klocken auffgehalten zu leuten,[721]

gegen diesen Ostern hat Ein Ehrbahr Rath abgeschaffet das in den Kirchen, die so mit den Klinckbeuteln Vmgehen, das sie nicht mehr dar aus weckzeln sollen

Den 20 Martij[722] hat man wieder angefangen zu leuten wegen des verstorbenen Sehligen printzen Hertzogs Carls.

Auch hat Ein Ehrbar Raht angeordenet, das die kleinen Kinder, wan sie gebohren, nach der kirchen sollen getragen Vnd nur 4 frauwen sollen mit gehen, wan sie getauffet sind auch die Kindel bier abgeschaffet.[723]

[S. 186]

Den 26 Aprilis ist der Junge Printz, I. F. D. Hertzog Carl begraben zu Gustrauw, welcher am 15 Martij gestorben, ist geRade 4[724] wochen, dan er ist am donnerstage gestorben, Vnd ist auch am donnerstage begraben worden.[725]

Den 26 Aprilis nahm der thurm decker Cristoffer Hagemeister den hahnen Von S. Marijen Klock thurm, Vnd hat i[h]n nach weinig tagen wieder auffgesetzet, hat den hahnen Neuw an gestrichen, Vnd auch den grossen Knopff, mit gäelber farbe, wie auch die andern Knöpffe, so Vmb den thurm sindt.

---

718 Pristaff, S. 326. Durch den Tod des Erbprinzen 1688 zeichnete sich das Ende der Linie Mecklenburg-Güstrow ab.

719 Pristaff, S. 327. Die Glocken sollten vier Wochen bis Ostern 1688 läuten.

720 Pristaff, S. 328: Der Güstrower Hof hatte sich beim Rostocker Rat beschwert, weil das Orgelspiel angesichts des Todes des Erbprinzen nicht eingestellt worden war. Burgermeister Dietrich Wulffrath begründete dies damit, dass ein solches Verbot nur für den Tod eines regierenden Herzogs üblich sei. Ausnahmsweise kam man dann aber doch dem herzoglichen Wunsche nach.

721 Pristaff, S. 328.

722 Richtig: April.

723 Pristaff, S. 335. Hintergrund ist das Bemühen der städtischen Obrigkeit, übermäßige Ausgaben bei den Kindtauffeiern einzudämmen.

724 Richtig: 6.

725 Pristaff, S. 329.

Herzog Friedrich von Mecklenburg-Schwerin
(UBRS, Porträtsammlung)

Den 30 Aprilis sind Vber die Föhr[726], auff Molten[727] landt zu Chelstorpff[728] dreij Zimmer abgebrant.

Den 6 Maij ist Vor I. F. D. Hertzoch Friederich[729], der zu Grabauw ist gewesen gedancket worden, das er gestorben Vnd sindt die glocken den 7. Maij alhie geleutet worden.[730]

Auch ist umb diese Zeitt I. Cur, Fürstliche Durchleuchtikeiten, Friderich Wilhelm[731] Von Brandenburg gestorben ihm 69. Jahr seines Alters.[732]

Auch ist in diesen Monat Majo, Ein Fehmersch Mann auff der Warnauw Vertruncken, da er nacher Warnemunde wollen fahren, Es ist auch der buttel Von Fehmern beij ihm gewesen im bohte, der ist aber gerettet worden Es ist aber der selbe so Vertruncken, dan er ist wieder gefunden, auff S. Garderuhten Kirchoff begraben

Den 28 Maij seind zu S. Marijen diese nach folgende personen, auff die proff predigte gestellet, Von 8 bis 9 M. Borchman, Conrector Scholae, Vndt M. Joachimus Lindeman des Nachmittages Von 3 bis 4.[733]

Den 30 Maij ist die wahl auff dem Raht hause Vorgangen, Vnd sind den burgern Von E. E. Hochw. Raht Vorgeschlagen, diese dreij, als M. Helwig[734] pastor zum Nijenkahlen[735], der Conrector, M. Borchman, Vnd M. Joachimus Lindeman, Vnd ist von der burgerschaftt Erwehlet M. Joachimus Lindeman hat gehabt 122 vota, zum Archidiacono, in Schligen M. Stephano Barchleijden stelle[736]

Es ist aber H. Bernhardus Muller zu S. Marijen Diaconus gewesen, der selbe ist beij die 15. Jahr ihm dienste gewesen, den selben hat man nicht mit Vor geschlagen, Vndt man hat ihn Vor beij gegangen, welches ihm sehr Verdrossen, Vnd ist nicht woll darauff zu sprechen gewesen.[737]

[S. 187]

Den 5 Julij sindt Ihren hoch Furstliche Durchleuchtikeiten Von Gustrauw, Hertzog Gustaff Adolff, nebenst seiner gemählin[738], wie auch mit des Sehligen Verstorbenen

---

726 Die Fähre bei Gehlsdorf.

727 Richtig: Moltke, Gutsherr in Toitenwinkel.

728 Gehlsdorf.

729 Er starb am 28. April 1688. Seine Söhne Friedrich Wilhelm, Carl Leopold und Christian Ludwig II. gelangten später nach dem söhnelosen Tode ihres Onkels, Herzog Christian Ludwig I., alle nacheinander zur Regierung.

730 Pristaff, S. 331-332.

731 Er starb am 8. Mai 1688.

732 Pristaff, S. 332.

733 Pristaff, S. 335-336.

734 Joachim Ernst Helwig.

735 Neukalen.

736 Pristaff, S. 337.

737 Pristaff, S. 336-340.

738 Magdalene Sybille von Schleswig-Holstein-Gottorp.

printzen, Hertzog Carls nach gelassen frauw witwe[739], wie auch nebenst den andern Jungen fräuwlein[740], Vom hause Gustrauw, des Nach Mittages Vhm 4 Vhr Vor beij gefharen, Vor dem S. Peters thor, Bartelstorpff Vor beij, Vndt sindt Von der S. Peters patreij, 3 Stucken gelöeset, dan Ihren hoch Fürstliche Durchleuchtikeiten, fuhren nach dem Teuten winckel, wo selbsten sie die Nacht; vndt den folgenden tag Verblieben, gegen den Nach mittag fuhren I. F. D., Von dannen wieder weg Nach dem Fisch lande zu, Es hatten sich aber die Warnemunder, mit ihren böeten, gegen die Fäer praesentiret mit ihren flaggen, dan es ginck die Rehde als das I. F. D. zu boete nach dem Daes[741] fahren wollte, weilen es aber ein weinig Regnete, blieb es nach, Vndt fuhren zu wagen da hin.[742]

Den 15 Julij war am Sontage, da ist Jacob Jöerns, sein Einiges Söhnlein Vertruncken, hinter seiner Eigen Muhlen, den er wohnete in der Ersten Walckmuhlen auff den Muhlen dahm, Vnd ist den 19. begraben in S. Nicolaus

Den 30. Julij ist ein kleines Kindt, In Einer ballie Vol wassers Vber Kopff gefallen, Vnd ist darein Vertruncken, man saget das die ballie nur halb voll seij gewesen, Es wohnete der Vater in der Pläeter strasse, Vnd war Ein haus slachter.

Den 31 Julij des Nachtes Vhm 12 Vhr, sindt alhie in S. Marijen dreij Adeliche leiche beijgesetzet, in Zinnern Sarcken, in der Capell wen man Von der Schreijbereij, In die grosse thuer[743] gehet, zur Rechten hand, dan es sindt Von den Läesten[744] gewesen, der Einer ein Ritmeister[745], mit der frauwen[746], Vndt sein bruder[747].

Den 1 Augustij ist Magister Joachimus Lindeman, zu S. Marijen zum prediger ordiniret Von Doctor Franciscus Wulffius, Vnd ist die Introduction auch [so]fort geschehen, Es haben ihn die beijden H. Burgermeistere, H. B. Doctor Daniel Fiescher, Vnd H. B. Diedrich Wulff Raht zu hause begleitet Vndt hat den 5. Augusti seine antritz predigte gehalten in S. Marijen, Vnd ist alda eine grosse gemeine Verhanden gewesen.[748]

[S. 188]

Den 11. Augusti, ist der danckel tag Eingefallen, wegen des grossen brandes, welches nun mehro 11. Jahr sindt, so ist der selbe auff den 12. Augusti geleget, welches der sontag war, ist Vor der predigte nicht georgelt, nach der predigte ist die orgel geruhret, Vnd das Te Deum laudamus gesungen, den es hat sich eben in diesen

---

739 Marie Amalie von Brandenburg.

740 Magdalene, Sophie, Luise, Elisabeth und Auguste, Prinzessinnen von Mecklenburg-Güstrow.

741 Halbinsel Darß.

742 Pristaff, S. 340-342.

743 Der heutige Haupteingang an der Südseite des Querschiffes.

744 Lehsten.

745 Helmuth Joachim von Lehsten war im Duell durch einen von Bassewitz getötet worden.

746 Elisabeth, geborene von Bülow.

747 Gustav Adolf von Lehsten.

748 Pristaff, S. 338.

Jahr zu getragen, das der 11. Augusti Ein fiel am Sonnabent, des 8. Sontages nach Trinitatis, Eben ahm selbigen tage kam der grosse brandt aus, welches nun 11 Jahr seijn, den es hat sich noch niemalen also Eingetroffen, Der grosse gott, wolle Vns doch ferner Vor der gleichen, Vnd andern zu fellen, gnädigst bewahren, Vm Jesu willen Amen.

Den 30 September, hat Mattias Flindt, welcher alhier ein fhurman gewesen, hat nacher Stralsundt fahren wollen es war aber eben am Sontage, des Mittages, fuhr er aus dem S. Peters thor, Vnd Verzurnete sich mit Einen glaeser gesellen, Vnd sindt so weit gekommen, bis for Petes[749] Stolten seinem hoeffe, da hat dieser fuhrman das beijll gekricht Vnd hat nach dem glaeser gesellen schlagen wollen, er hat aber den schlag mit seinen degen aus pariret, da hat der fuhrman einen stein Ergriffen, Vnd wirfft nach dem glaeser, Vnd hat ihm auch getroffen, der glaeser er greifft den selben stein, Vnd wirfft nach dem fuhrman, Vnd trifft ihn an den Kopff, Vnd ist also baldt zur Erden gefallen, er ist aber nach der stadt gebracht auff einen wagen, hat aber nur gelebet, bis an den 2 Octobris, zu Mittage da ist er gestorben, der thäter ist aber da Von kommen, er ist aber den 2. October begraben

Den 12 October des Abendes zwischen 8. Vnd 9. Vhr, kam das wetter mit Einen hagel an, Vnd ihm dehm kam eine schnelle leuchtunge, Vnd also balde folgete ein starcker donner schlag dar auff, welcher sehr knallete, man hat auch an S. Nicolai thurm oben am Knopffe feuwer gesehen Vnd ist auch die sthurm Klocke also balde gezogen, Vndt sindt auch die burger in der Eijle häuffig zu sammen gekommen, Vnd sindt auff dem thurm gestiegen mit leuchten haben gott lob kein feuwr gefunden, Vndt es war auch zweijmal in die trompete[750] gestossen, dem grossen gott **[S. 189]** Seij lob Vnd danck da for gesaget, der Vns so gnädig behuetet hat, er wolle Vns ferner Vor Vngluck Vnd schaden gnädigst bewahren Vhm Jesu Christi willen Amen.

Den 26 December, war am S. Stephani tage, im Weinachten ist auff den Kopper deiche, Vorm Kräplinschen thor, ihm Mittage, Einer Vertruncken, den der deich war gefhroren, es war ein Knabe, der die schaffe hat gehutet, den er dienete bei einem Knochen hauwer, der hies Hans Schwabe, den selben hat er die schaffe gehutet, Vnd wie er auff das Eijs hat gehen wollen, ist es Vnter ihm gebrochen, aber man hat ihn nicht bärgen können, sein Vater hies Reinhardt Köppe, war ein bosman.

Anno 1689.

Es ist aber in diesen 1689 Jahr, die Warnauw wieder zu gefrohren, Vnd ist ein zimlicher harter winter dar auff gefolget, hat das Eis auff der Warnauw noch Etwas gelegen.

Den 22. Januarij, war am dingestage, da fuhren die hiesigen schue Knecht ihrer Etzliche, des Nachmittages mit Reinschen schlitten, auff den gassen herumb, Vnd

[749] Richtig: Peter.

[750] Auf dem Nikolaiturm saß traditionell ein Turmbläser.

wie sie auff das Hopffen Marcket kahmen, gegen D. Zinzerlinges[751] hause[752], auff der Swanschen strassen ohrte, jetzo aber wohnete D. Klein[753] dar ein, da haben sich Etzliche studiosi dar ein Versamlet, Vnd haben die Schuknecht, in den schlitten Vberfallen, vnd die schu Knechte sehr beschediget.[754]

Rahts herr gestorben[755]

Den 25 Januarij, ist Sehliger H. Jacobus Slorff gestorben, Vnd ist den 5 Februarij begraben, Er ist in den Raht gewehlet Anno 1667 den 24 Februarij auff Mattias tage, ist also ihm Rahte gewesen 22 Jahr minnen 30 tage.

Rahts herr gestorben[756]

Den 3 Februarij ist Sehliger H. Hans Swengel gestorben, Er ist Anno 1682 den 24 Februarii auff Mattias tage ihm rahte erwehlet, ist ihm Rahte gewesen 6 Jahr minnet 21 tage.

Im Anfange dieses Monats Martij, ist Ein Mann todt gefunden beim Pipen diecke, ausser dem Kräplinschen tor, welcher ist zu todte gefrohren.[757]

Den 3 Maij, sind Ihrer Fürstlichen Durchleuchtikeiten, Hertzoch Gustaff Adolff Von Gustrauw zu Vns herein gekommen mit seiner gemählin[758], Vnd Jungen fräuwlein[759], auch ist mit Eingekommen die princessin[760], die Ihrer Durchleuchtikeiten, den Jungen printzen Hertzoch Carl vermählet gewesen, des Chur Fürsten[761] tochter Von Brandenburg, auch ist beij ihm gewesen, der Furst Von Mesburg[762], mit seiner gemäehlin[763] den 6 Maij sind sie zu bohte nacher Warnemunde gefharen, den 7 Maij sind sie nacher Dobran, Vnd den Heiligen tham **[S. 190]** gefharen, Vnd sindt den 8 Maij Nach Mittage, wieder Von hier gereiset nacher Gustrauw, Vnd sind aus dem Muhlen thor gezogen, den da I. F. D. zu Vns herein kahmen, kahmen sie in das Kräplinsche thor, Vnd wurden ihm zu Ehren 12 Stucke gelöset, Vnd da er wieder auszog, wurden auch 12 Stuck gelöeset, Es hat auch Ein Ehd. Hochw. Raht anordenung gemacht, das 3 Companien burger auff die wache sind gezogen, wo Von Eine Compagnie, auff das Marcket geblieben, die andern beij den fahnen, haben die thore, Vnd den Strand besetzet, Vnd ist geblieben beij der 9. Vnd 10. Fahne, wan

---

751 Dr. Justus Zinzerling.
752 Hopfenmarkt GR 92.
753 Dr. Johannes Klein.
754 Pristaff, S. 344-346.
755 Randglosse.
756 Randglosse.
757 Pristaff, S. 346.
758 Magdalena Sybille.
759 Magdalena, Sophie, Luise, Elisabeth und Auguste, Prinzessinnen von Mecklenburg-Güstrow.
760 Marie Amalie.
761 Friedrich Wilhelm III.
762 August, Herzog von Sachsen-Merseburg- Zörbig.
763 Hedwig Eleonore.

Jurist Dr. Johann Klein
(UBRS, Porträtsammlung)

nun wieder ins kunfttige was Vorgehet, so mus Von der Ersten Fahne angefangen werden, sind also I. F. D. Von der hiesigen studierenden Jugendt, oder studiosi, den 5. Maij, des Abendes Eine Music gebracht des Abendes Vhm 10 Vhr.[764]

Den 23 Maij, ist der Sehlige Peter Stolte, Ein Kauffman Vnd brauwer gestorben, ist den 4 Junij begraben, dan er war der Elteste Vorsteher zu S. Marijen, ein guter burger freund, der seinen mit burger, gehrne halff in der Noht.

Den 25 Maij ist Ein burger nahmens Clas Rohr beim Strande todt geblieben, den es war eben ihm Pfhingst marcket, des Vorigen tages hatten wir den bette tag, Vnd ist ihm Käese Köper Krahm gewesen, einen Käese zu kauffen, wie er nun Vhm den Kauff nicht hat können Eins werden, gehet er an das Bolwerck, Vnd sihet ins wasser, in dehm sincket er beij dem Bolwerck nieder, Vnd bleibet auch also todt, ihm wird aber ein gut ge Zeugnus geben, seines lebens halber, es war am Sonnabent, da es geschach, den er hat beij den Raschmacher Mattias Cordes gearbeitet.

Den 3. Julij nach Mittage hatten wir ein starckes donner wetter, Vnd slug in S. Marijen thurm, an der oster seiten Vnd slug das dach sehr zu nichte, Vnd slug auch in Carsten Ziennecken seinen gibel, Ein brauwer, wonende in der Schnickmans strasse[765], Sonsten that es gottlob keinen schaden, der grosse gott bewahre Vns doch fehrner, Vnd nehme Vns doch in seinen göttlichen gnaden Schutz, Vnd bewahre Vns ferner Vor allem Vngluck, uhm Jesu Christi willen Amen.

Den 19 Julij Nach mittage etwa Vhm 2. ohder 3. Vhr, brandte das dorpff Harmes storpff das nur eine Scheune bestehen blieb hinter Bartel storpff, ausser dem Peters thor.

[S. 191]

Den 25 Julij, sindt alhier zwei weiber ihm hals Eisen gestanden Vnd haben sie hernacher zum thor hin aus gebracht

Den 11. Augusti ist der danckeltag gehalten, wegen der grossen feuwer brunst, so Anno 1677 am 11. Augusti alhie Entstanden welches nun mehro 12 Jahr sindt, der selbe tag kam nun auff den 11. Trinitatis, auff Sontage.[766]

Den 2 November, war an Aller Sehlen tage, da krichten wir Einen Neuwen Mondt, Vnd den 3. November war am Sontage da fingck es an zu Schneijen, Vnd froer zimlich starck da beij, dan Einen tag fast noch starcker, als den andern, das auch die Warnauw zu froer, das man auch auff Schlitten 2 thonne guet konnte nach Warnemunde päecken, Vnd auch wieder nach der stadt, dieses geschahe noch 8 tage Voer S. Martini, Vnd der Schne blieb auch so lange beliegen, ist also die Warnauw gleichwoll mehr den 14 tage zu gefrohren gewesen.

---

764 Pristaff, S. 348-352.

765 Schnickmannstraße GR 694.

766 Pristaff, S. 354.

Den 10 November war am 24 Sontag nach Trinitatis, des Nachmittages zwischen 1. Vnd 2. Vhr, ist Ein Kannengiesser gesell, auff der Warnauw, gegen der Väer[767] uber Vertruncken, nahmens David Felman, sein sehliger Vater war alhier Ein brauwer Vnd hies Samuel Felman, Vnd hatte das Kannen gisser handtwerck, beij Ulrich Schluetern gelernet, hat sich schon etzliche Jahr, auff sein handtwerck, in andern Sthetten Versuchet[768], Vnd ist beij seinen lehrmeister, wieder in diensten kommen, Vnd hat auch sein handwerck zimlich Verstanden, Vnd kompt nun beij diesem grossen Vngluck, dan er ist des Morgens noch, in H. Doctor Wulffius[769] predigte gewesen, Vnd wie ehr auch uber tisch mit seinem Meister gesessen, haben sie noch Von des H. D. Wulffes predigt ihren Discurs gehabt, da hat der sehlige Mensche noch gesprochen uber tisch, er wollte sich eine kleine Bibel kauffen, da wurde ihn gott zu helffen, so könnte er wan in der predigt, was höerete Nach Schlagen, aber er hat es nicht können Vollenfuhren, dieses ist geschehen Vnter der Mahlzeit, die Klock 1 aber ist er aus dem hause gegangen, mit noch einen gesellen, die Klock 2 kompt Zeitung, das David Felman seij Vertruncken, gott seij seiner ahrmen sehlen gnädig. Amen.

[S. 192]

Anno 1690.

Den 16 Februarij war am Sontag Septuagesima, ist alhier ein danckfest gehalten, wegen der Krönung des Römischen Königes Josephi, des Römischen Käijsers[770], Eltester herr Sohn[771], Vnd sindt nach der predigte, die glocken geleutet, das Tedeum laudamus in den Kirchen gesungen, die stucken auff den Wellen gelöeset worden, Vom Rahthause haben die Kunst pfeiffer auch gespielet.[772]

Den 21 Februarij, ist alhier an dreijen ohrten feuwr gewesen, aber es ist gott lob noch baldt wieder geleschet worden, gott bewahre Vns doch ferner, Vor solchem Vngluck.

Im Monat Aprilis dieses 1690 Jahres, ist alhier in Rostock Ein oelephandt her Ein gebracht, welcher auff den Neuen hause ist gewesen, Vnd Von der burgerschafft besehen worden, hat die person geben mussen 2 lub. schilling, ist aber den 20 Aprilis Von hier mit ihm nach Gustrauw geReiset, dan Etwa Vor 45 Jahren, war auch Einer hier.

Am 1 Maij fielen sich alhie zwene Mauwr leute zu tode dan sie wolten Einen giebel aus streichen, Vndt hatten die stellung nicht starck genug gemachet, Vndt fielen mit der stellung herrunter, das haus war am Hopffen Marcket auff dem ohrte wan

---

767 Die Fähre bei Gehlsdorf.

768 Die traditionelle Wanderschaft der Handwerksgesellen.

769 Franziskus Wolff.

770 Kaiser Leopold I.

771 Der spätere Kaiser Joseph I.

772 Pristaff, S. 381.

man nach der Schwanschen strasse gehen wolte, Vndt gehöerte Ihrer Furst[l]iche Durchleuchtikeiten Hertzog Cristian Ludewig zu Swerrin zu[773]

Den 5 Junij In der Pfhingstwoche, hat man die Heijlige Geist Kirche aus stauben Vnd Rein Machen wollen, ist Ein Mauwr Man im Korbe gesessen, dan der ist oben am gewelbe mit Seijlen feste gemacht, da mit man ihm hat auff gewunde Vnd ist mit dem Korbe herrunter gefallen, das er auch bald darauff gestorben, Er ist am 7 Junij war am Pfingst abent in derselben Kirche begraben.

Den 10 Augustij, wardt der danckeltag, wegen der grossen feuwr brunst gehalten, so Vor 13 Jahren den 11 Augustij 1677. weilen der selbe tag auff den Montag Ein fiel, ward er auff den Sontag geleget, der Vor her ginck.

[S. 193]

Den 12 Augusti, haben die gantze Ehrliebende Burgerschafft Cristian Vogels, welcher alhie ein Notarius wahr, sein haus[774] das er in der stadt hatte Inwendig Ruiniret, ihm die fenster, Vnd sein haus geraht, Vnd alles was darrinnen war, zernichtet, Vndt zerschlagen, Vndt ausser halb dem Stein thor hatte er Einen gahrten, wor auff er auch ein haus hatte, wor auff er selbsten eben wahr, Von welchen er ihnen Entkahm, da er sahe das die burger kahmen, dasselbe haus wardt gantz herrunter gerissen in den grundt, Vndt alles was darauff war, wardt zu Nichtet, hetten sie ihn gekricht es möchte ihm ubel gangen sein.

Dan dieses kahm Von dem Accise wesen her, da ihm solches wardt beij gemessen, als wan er daran schuldig wehre.[775]

Burgermeister gestorben[776]

Den 13 Augustij ist der H. Burgermeister, H. D. Daniel Fischer in gott sehlig Ein geschlaffen, Er ist anno 1674 den 6. Julij, alhie zum Rahtes herren Ehrwehlet, Vndt den 3. Augustij selben Jahres zum Burgermeister Erwehlet, ist also 16 Jahr Vnd 10 tage Burgermeister gewesen, ist den 21 Augusti in S. Marijen begraben, es gingen beij der leiche 6 Rahts herren, als D. Detloff Marpman[777], H. Mattias Priestaff, H. Evert v. Bergen, H. D. Johannes Buck, H. Daniel Geismer, H. Jacobus Diesteler.

Rahts herr gestorben.[778]

Den 9 September ist H. Johan Nettelblat in gott sehlig Eingeslaffen er ist anno 1671. Den 24 Februarij auff Mattias tag in den Raht Erwehlet, ist 19 Jahr 6 Monat Vnd etwa 20 tage in den Raht gewesen, ist den 20 7ber. in S. Marijen begraben.

---

773 Dort entstand in der Folgezeit das herzogliche Palais.

774 Am Wendländer Schilde GR 1678.

775 Pristaff, S. 384-391. Vogel hatte eine effektivere Besteuerung vorgeschlagen.

776 Randglosse.

777 Richtig: Marckmann.

778 Randglosse.

Den 17 October ist Baltzer Dobbin, der in der Officialij[779] wohnet gestorben, mit seiner Eltesten tochter, Vndt mit seinem Sohn, der Negesten Eltesten wahr, Vnd sindt alle dreij in Sanct Jacobi kirchen begraben.

Es ist in diesen Monat November Ein Junger burger[780] nahmens Peter Eggebrecht, Ein brauwer Vndt kauffman alhier, nach Copenhagen gesiegelt, mit schiffer Hans Poppen, der for dem Cöesfelder thor wohnet, welcher ein grosses boett hatt, wie sie nun wieder auff der zu Rucke Reise sindt gewesen nach Rostock, ist er ahm 29. 9ber, wie sie ohn gefhäer sindt bey Gäester[781] gewesen, ist er uber boert gefallen in die Säe Vnd also leider Vhmkommen, Vnd haben ihn auch nicht wider kricht.

[S. 194]

Den 15 Xber. ist Sehligen Hinrich Kirchoffes, seine nach gelassene frauw witwe Anna Blueten, Sehlig Ein geschlaffen Vnd ist den 22. Xber. begraben in S. Marijen, das becker ampt hat sie hin getragen.[782]

Den 21 Xber. war am 4. Sontage des Adventes, am Abend kam ein feuwr aus in der Langen strassen, in Eines Knochen hauwers haus nahmens N. Hielbrantt[783], dan finck der Schorstein an zu brennen, das er schon leichter lohe brante, es wardt aber gott lob noch wieder geleschet, der Nahme des herren seij da for gelobet, Vndt bewahre Vns fehrner, Vor feuwrs gefhar, uhm Jesu Christij willen Amen.

Anno 1691.

Den 27 Februarij ist Jochim Stehlman sehliger, des Nachmittages uhm 4 uhr Von der Wage[784] gegangen, den er wahr wäeger auff der Waege, undt wollte nach seinen hause gehen, undt wollte zu sehen, wo es dar Ein zu stunde, dan Er hatte das haus Verheuret, dan es war oben der Badt stäefer strassen belegen[785], und wie er da hinein kompt, mus er Ja mit seinen Nachbahren die da beij wohnen etwa in Einen streit geRahten, wor uber er sich ia mues geEiffert haben, undt wie er wieder zu hause kompt, leget er sich zu bette, undt wirdt kranck, seine frauwe hat nach dem Doctor geschicket, der ihm auch medicamenten Verordenet, die sie ihm gebrauchet, aber sie haben nicht helffen wollen, Er ist aber zwischen 7 und halb 8 uhr desselben Abendes gestorben, undt ist den 4 Martij nach S. Jacob begraben.

Den 4 Martij ist zu Kassebohm, Eine frauwe gerichtet mit dem Schwerde, welche nach Bröederdorff höerete, sie hies Möllersche, dan sie hatte Einen Muller Vergeben mit Rotten Kraut, ihn Einen wahrm bier, dan zu Kasbohm da wohnete da mahlen

---

779 Amberg GR 1962.

780 Er war erst 1689 Bürger geworden.

781 Richtig: Gedser.

782 Beispiel für die Zuständigkeit des Amtes bei der Beerdigung von Amtsmitgliedern bzw. deren Angehörige.

783 Vermutlich Hans Hildebrandt, Lange Straße GR 353.

784 Die Stadtwaage befand sich am Südausgang der Großen Mönchenstraße GR 1143.

785 Ecke Pädagogienstraße/Lange Straße GR 373.

Doctor Ferber[786], dem kam das guet zu, undt sie war sein untherthan, der lies sie Richten[787], dan sie ward auff den Cramons berge[788] gerichtet.

Den 5 Martij ist Martinus Siller gestorben gewesener Vorsteher zu S. Marijen, ist den 12 Martij begraben zu S. Marijen.

[S. 195]

Den 24 Martij, war auff Marijen Verkundigung Abendt des morgens Etwa uhm 7 undt 8 uhr, Vertrunck sich ein Knochen hauwer, nahmens Jurgen Keyer, den Er hat schon unter schiedene Jahr traurige gedancken gehabt, dan ehr ist Vorm Muhlen thor, Von der Fäel brucken ins wasser gesprungen, da er aber wieder gefunden, ist er an das Fischer bruech gebracht, wo selbsten er mit den fuessen ins wasser gelegen, und der leib hat auff dem lande gelegen.[789]

Den 31 Martij ist des sehligen Doctor Johannis Quistorpffen seine witwe[790] begraben, den Er war pastor zu S. Jacob, und sie war des Sehligen, H. B. Doctor Nicolaus Scharffenbergs tochter.

Burgermeister undt Rahtsherren Erwehlet[791]

Dan[792] 20 Aprilis, sindt Rahtes Herren Erwehlet, als H. Doctor Jacobus Lempcke, der ist [so]Vort[793] Burgermeister geworden, H. Valentin Stein, und H. Johannes Lambrecht zu Rahts herren.[794]

Es ist der H. B. D. Jacobus Lempcke den 26 Aprilis zuer Kirchen gangen, und H. Jacobus Disteler ist mit ihm gegangen.[795]

Den 28 Aprilis ist H. Jacobus Distelern, Rahts Verwanter seine liebste ihm abgestorben, undt ist den 4 Martij[796] begraben zu S. Marijen.

Den 1 Maij ist Harmen Babst Ein gewurtz handeler gestorben, undt ist ahm 6. Maij begraben zu S. Marijen.

Den 15 Maij, ist Ein Rasckmacher nahmens Jochim Flaskamp welcher beij Meister Hinrich Dollen, hat gearbeitet, der oben der Gerber bruche wohnet[797], da sie auff

786 Dr. Johann Levin Ferber.

787 Beispiel für die gutsherrliche Gerichtsbarkeit auch in den Dörfern um Rostock.

788 Heute in Brinckmansdorf. Auch in Rostock befanden sich die Richtstätten oft auf Anhöhen am Stadtrande.

789 Pristaff, S. 384-385.

790 Barbara Quistorp.

791 Randglosse.

792 Richtig: Den.

793 Die sofortige Wahl zum Bürgermeister bildete eine große Ausnahme.

794 Pristaff, S. 395-405.

795 Pristaff, S. 395-405.

796 Richtig: Mai.

797 Lohgerberstraße GR 1824.

Bürgermeister Dr. Jacob Lembke
(KHMR, Bildersammlung)

den bodem gearbeitet, ist er durch den bodem gefallen an die Erde undt ist folgende Nacht gestorben, undt ist den 19 Maij begraben zu S. Niclaus.

Den 21 Maij war ahm Himmelfahrtes tage, kam unter der predigte, zwischen 8 undt 9 uhr, Ein feuwr aus, in dem grossen Wein Keller[798], da hub der Schorstein an zu brennen, aber es wardt gleich woll, gott lob bald wieder geleschet.

I. F. D. zu uns herein gekommen[799]

Den 11 Junij sindt, I. F. D. hertzoch Gustaff Adolff, sampt seiner gemäelin[800], undt Fräuwlein[801], des Abendes uhm 4 uhr zu uns herein gekommen, undt haben die burger auff die wacht ziehen mussen, als die 6. undt 7. Fahne,[802]

Den 14 Junij, sindt I. F. D. Von den studenten, Eine Musick gebracht[803]

[S. 196]

Den 15 Junij sindt I. F. D. sampt dero gemäelin, Vnd Jungen Fräuwlein, nacher Warnemunde gefharen, und sind ahm Abend wieder zu uns herein gekommen.[804]

Den 16 Junij, sindt I. F. D., sampt dero geMäelin undt fräulin, wieder Von hier gereiset, undt hat die 6[.] undt 7. Fahne die wacht gehabt.[805]

1[.] die Vier gewercke nach der Scheibe geschossen[806]

Den 26 Junij, haben die Vier gewercke, undt Andere Empter, nach der Scheibe geschossen, zum Ersten, und hat Ein tuchmacher, den Ersten leffel[807] gekricht.[808]

2[.] die Vier gewerck nach der S[ch]eibe geschossen[809]

Den 8 Julij haben die Vier gewercke Vundt[810] Andere Empter nach der scheibe geschossen, zum Andermal, hat Hans Friederich Muller den leffel gekricht.

3[.] mahl.[811]

Den 20 Julij haben die 4 gewercke, und Andere Empter nach der scheibe geschossen, zum dritten mahl, und hat der tuchmacher abermal den leffel gekricht

---

798 Am Neuen Markt unter dem Rathaus GR 1511.

799 Randglosse.

800 Magdalene Sybille.

801 Marie, Sophie, Luise, Elisabeth und Auguste.

802 Pristaff, S. 406.

803 Pristaff, S. 407.

804 Pristaff, S. 407.

805 Pristaff, S. 408.

806 Randglosse.

807 Für den Sieger im Scheibenschießen stiftete der Stadtrat einen Silberlöffel als Preis, siehe Pristaff, S. 13.

808 Pristaff, S. 408-409.

809 Randglosse.

810 Richtig: und.

811 Randglosse. Gemein ist das dritte Scheibenschießen.

Den 28 Julij die Nacht auff den 29. Etwa uhm 12 uhr hatten wie alhie, Ein starckes donner wetter, mit sehr grossen blitzen, es ginck gott lob noch sonder schaden ab aber es schlug in das Grapengeter thor.

4[.] Mahl[812]

Den 29 Julij haben die Vier gewercke, und Andere Empter nach der Scheibe geschossen zum 4[.] Mahl, und hat Johan Krauwel Ein Discher den leffel gekricht.

Den 30 Julij die nacht über auff den 31, hatten wir abermal Ein starckes donner wetter, aber der liebe [Gott] gab es, das es ohne Schaden abginck, gott nehme uns doch ferner in seinen Schutz, und bewahre uns ferner for ungluck.

Den 4 Augusti ist H. Mattias Priestaff gestorben, Er ist in den Raht Erwehlet Anno 1674, den 6 Julij, ist also 17 Jahr und 10 Monat, in den Raht gewesen, ist begraben den 12 Augusti, in S. Niclaus beij Einer Volck Reichen Versamlung.

Den 7. Augusti ist des H. D. Everhardus von Bergen, sein haus frauwe abgestorben, ihm wochen[bett], und ist den 11 Augusti begraben in S. Marijen, beij Einer Volck Reichen Versamlung.

Den 11. Augusti, ward der danckel tag gehalten wegen der grossen feurs brunst, so Vor 14 Jahren, alhier zu Rostock Entstanden, war am diengestage, der selbe ward mit Einer predigte, gehalten Von 8 bis 9 uhr, und am mittage zwischen 12 und 1 uhr mit Einer beht stunde.

[S. 197]

Den 16 Augusti, liessen d[i]e Vorsteher Von S. Marijen, Von allen Kantzeln abbieten, das die Mariensche Kirche bestolen wehre, die handt dwele aus der tauffe, war ahm 10 Sontage nach Trinitatis, was geschach da es Abend wardt, da ward der Dieb gefunden, dan es hatte sie Eine frauwe dar aus gestolen, die hies Gerdesche, dan dieselbe ginck herumb in der stadt, auch Arzte die leute, und war dabeij eine Von dehnen die gerne brandtwein sauffen, und die fast nimmer nuchtern wahr, und auch schon alle das ihrige Versoffen, also ist sie zu dieser handelung gerahten, da sie wardt nach der Schreibereij gebracht, wo selbest sie sahs bies den 18 Augusti, zu Mittag uhm 10 uhr, da wardt sie Von der Schreibereij ab gebracht, Von den gewette dienern, undt wardt in das hals Eisen geschlossen, das auff S. Marijen Kirchhoff stehet, wo selbest sie bis 11 uhr in stehen mueste, darnach wardt sie Von den gewette dienern aus den Steinthor gebracht, und der stadt Verwiesen, sie hat gehabt Einen dreger, der hies Gerdes, ist ein feiner mahn gewesen und haet auch sonsten noch freunde gehabt, die Vor ihr gebehten, das sie noch mit solcher straffe ist begnadet worden.

5. Mahl zum Könige geschossen.[813]

[812] Randglosse. Gemeint ist das vierte Scheibenschießen.

[813] Randglosse.

Den 21 Augusti, haben die Vier gewercke und Andere Empter, nach der Scheibe geschossen, zum fumfften Mahl, zum Könige, undt ist Johan Schordeler Ein goldt Schmidt König geworden, und hat den leffel auch be kommen.[814]

Den 7 September ist Hinrich Mustert Ein huet staffierer gestorben, den er ist den 6 September, das war am Sontage da ist er noch in der Kirchen gewesen, undt ist den 14 September in S. Marijen begraben.

Den 11 September ist Jacob Carmon war Ein brauwer und Kauffman, gestorben Seines Alters 82, und ist in S. Marijen begraben, dan H. M. Hinricus Carmon pastor zu S. Jacob war sein Sohn.

Das 6. Mahl nach der Scheiben geschossen.[815]

Den 11. September haben die Vier gewercke, und Andere Empter zum Secksten Mahl[816], undt dieses war detzte[817] mahl in diesen Jahr, hat Hinrich Rutinck Ein fastbecker den leffel bekommen.

Den 17 September, ist Albrecht Wurtzel der Rohtgiesser zu Warnemunde Vertruncken, und ist auch alda begraben.

Ein Rahts Herr gestorben.[818]

Den 27. September, ist H. Daniel Geismer gestorben, Er ist aber des Vorigen Abendes noch frisch und gesund gewesen, Er ist den 2. October begraben in S. Marijen, Er ist Anno 1682. den 24 Februarij in den Raht Er wehlet ist also bis in das 9 Jahr Rahts Herre gewesen.

[S. 198]

Den 29 September, war am Michaelis tage, ist Alhie Von allen Kantzeln gedancket undt sindt auch die stucken Auff den Wäellen gelöeset, Vor den häerlichen Sieg, den Ihre Kaijserliche Majestet[819], undt Alliirten Erhalten haben gegen dem Erbfeinde dem Turcken[820].

Vom 8. bis auff Den 9. October, war Vom Donnerstage Auff den freijtage die nacht, kam ein harter windt stuhrm Auff undt hat zimlichen schaden gethan, Vor Warnemunde sindt dreij Schuten in den Strandt kommen, undt Schipffer Mattefes Behnen seine galliot, wardt auch loes, am Strande undt krichte auch schaden, dan sie kahm an die Möencke brugge, undt sties sich daran zu nichte.

Den 11. November, ist Marija Lindenberges Ihre hochzeit geworden, mit Jochim Dahmen.

---

814 Einschub von weiter oben, im Original vor dem 16. August 1691 eingetragen.

815 Randglosse.

816 Gemeint ist: nach der Scheibe geschossen.

817 Gemeint ist: das letzte.

818 Randglosse.

819 Kaiser Leopold I.

820 Niederlage und Tod des Großwesirs bei Szalankamen/Ungarn.

Den 17. November, ist Zacharias Julitz Ein schipffer begraben zu S. Jacob, den er ist zu Lubeck gestorben und hie häer gebracht.

NB[821]

Den 25 November, hat Jochim Landtrieder, Ein becker auch Alterman der becker Ein schwein[822] geschlachtet welches auff der Waege gewogen 272 lb. haecken rein

Den 27 November, ist des sehligen Zacharias Julitzen seine nach gelassene witwe auch begraben

Den 30. November, war an S. Andreas Abent, da wardt Ein bauwer Knecht, ins hals Eisen geschlossen Vorm Raht hause, er hoerete ihm Vogedes hagen zu hause, Er hatte Einen handtwercks buersen auff seinen wagen gehabt, den er mit aus der stadt genommen welcher hat nach dem Stralsunde wollen, welcher er ihm willens gewesen todt zu schlagen, aber dieser ist ihm Entkommen, Er hat aber Von halb 10 uhr bis 11 uhr ins hals gestanden, undt ist hernacher Von den gewette dienern, aus dem Peters thor gebracht, dan er hatte Einen höckerigen Rucken, dan man pfleget ihm Sprich wortt zu sagen, wachte dich Vor dehn den gott gezeichnet hat.

Den 1 December, wurde Arend Luete Ein brauwer und Kauffman begraben zu S. Marijen, Er hatte auch das guet Bartelstorff ihn pension[823].

Den 8. December, ist Marten Luetens, Ein grob schmidt Auch Eltester ihm Ampt begraben zu S. Niclaus Etwa Vor 14 tagen starb ihm seine frauw

[S. 199]

Den 16 December, ist Daniel Schoenbeck, ein Klein smidt begraben in S. Jacob dieser ist auch schleunig gestorben.

Dieser herbest von Michaelis ahn bis Weinachten ist ein sehr truckner herbest gewesen, es hat weinich geregnet, und auch weinich geschneijet.

zu diesen mahl haben wir Einen gruenen Weinachten gehabt, den es war alle dreij heijlige tage guet wetter, und fror weinig darbeij, und es blieb auch guet wetter, als wan es ihm foer Jahr wehre.

Anno 1692.

Ein prediger gestorben[824]

Den 8. Januarij, ist der seelige H. M. Hinricus Carmon begraben, zu S. Marijen beij Einer großen Volck Reichen Versamlung, den er starb den 26 December Anno

---

821 Randglosse. Bezug unklar.

822 Das Schweineschlachten fiel zumeist in die kalte Jahreszeit am Jahresende. Wegen ihrer guten Futtermöglichkeiten hielten insbesondere Brauherren, Bäcker und Branntweinbrenner viele Schweine.

823 Beispiel für die Verbindung der städtischen Oberschicht mit ländlichem Grundbesitz in der Umgebung Rostocks.

824 Randglosse.

1691, am andern Weijnachts tage, den Er wardt Anno 1671, den 26. September zu S. Niclaus zum prediger erwehlet, Anno 1675. den 7 December, ist er zu [Sankt] Jacob zum prediger Erwehlet, in seeligen D. Enochius Schwanten stelle zum Archidiacono, Anno 1681 den 8 November, ist er zum pastoren Erwehlet, an S. Jacob in seeligen H. M. Hermannus Beckers stelle, ist also 20 Jahr prediger gewesen.

den 5 Februarij ist der seelige Christoffer Studeman Ein schipffer begraben zu S. Cattarinen.

den 8 Februarij ist der seelige freij[825] schuster Jacob Franck begraben.

den 17 Februarij ist der seelige Hinrich Sommer Ein Müller begraben zu S. Niclaus.

den 22 Februarij ist der seelige Hinrich Meijer Ein gartener begraben zu S. Peter.

den 24 Febr. ist der seelige Cristian Sivers ein Kramer gesel begraben zu S. Peter.

den 25 Febr. ist der seelige Johan Balman gewesener postmeister begraben zu S. Jacob.

den 1 Martij ist der seelige Johan Neusel gestorben ein gewurtzhandeler gewesen.

den 3 Martij ist seeligen Claus Lindenberger nach gelassene witwe gestorben, ist den 10. Martij begraben zu S. Marijen.

Im Monat Aprilis ist die maur auff S. Peters Kirchhoffe da die stucken stehen, auch die patterei wieder gebauwet.

den 9 Aprilis ist mir Jochim Schultze meine seelige frauwe in gott seelig ein geschlaffen, ist den 14 Aprilis begraben zu S. Cattarinen[826].

den 9. Aprilis ist die seelige Sopfia Säelers gestorben, seeligen Cristoffer Schröders witwe, den 13 April begraben zu S. Marijen.

den 15. April. ist der seelige gewesener Apotecker, N. Weijdenkopff[827] begraben, zu S. Marijen.

[S. 200]

Den 30 Aprilis wardt alhie gegen Abent etwa uhm 5 uhr ward alhier ein Mann und weib herein gebracht zu wagen, der Mann hatte wol 4 Kirchen auff dem lande bestolen, und wurden auch also balde nach der Fronerij gebracht.

Im Majo ist des seeligen Arend Lutens witwe begraben mit ihrer tochter zu S. Marijen.

---

825 Freimeister, über die zumeist begrenzte Zahl vom Meisterstellen hinaus, wurden ausnahmsweise durch die städtische Obrigkeit zugelassen, in der Regel sehr zum Unwillen des jeweiligen Handwerksamtes.

826 Die dortige Beerdigung hängt vermutlich damit zusammen, dass Joachim Schultze und seine Ehefrau damals wahrscheinlich das Backhaus an der Grube GR 2239 bewohnten.

827 Georg Heinrich Weydenkopf hatte die Ratsapotheke am Neuen Markt GR 1601 von 1651 bis 1677 in Pacht.

Den 6 Maij ist des H. D. Simon Henninges, seine frauwe ihm abgestorben, dan sie war der Arend Lutensen ihr tochter, ihr seliger Vater hies Jochim Bruen, der H. D. war Archidiaconus an S. Jacobs Kirche, und ward zu S. Marijen begraben.

Ein dieb auffgehenket[828]

Den 12 Maij ist der dieb auffgehencket, welcher am 30. April alhier wardt herein gebracht mit seinen weibe, das weib aber ward verwiesen, er aber muste hencken, dan er hatte Vier Kirchen bestholen, als zum Röeffershagen, Volckes hagen, Bendtwisck, und Kessin, H. M. Niehenck[829] prediger zu S. Peter, ist mit ihm hin aus gewesen.

Den 18 Maij haben die 4 gewercke, und Andere Äempter nach der Scheibe geschossen, und hat Casper Albrecht Ein Kupffer Schmidt den leffel gekricht.

Im Monat Majo, ist die Schreibereij gebauwet wieder, und ist das stender werck und die sper gerichtet, Es ist domalen H. Joachimus Jahrmer Kämerherr gewesen undt ist beij der Verwaltung gewesen.

Den 20 Junij ist der seelige Jochim Wulff begraben, Ein Alterman der tuchmacher, zu S. Niclaus.

den 20 Junij ist H. Claus Schröders sein Sohne begraben hies auch Claus Schröder, er hatte nur den Einen Sohne, zu S. Marijen

Den 20 Junij des morgens frue, ist alhir Vor der Officialij[830] Hertzoch Christian Lovis Von Schwerrin sein furstliches wapen abgenommen worden.[831] Und ein kleines furstlich wapen wieder angeschlagen.

Auch ist der burgerschafft angesaget, das sie wieder Auff die wacht haben ziehen mussen, alle tage 1 fahne.

Dem 24 Junij war am S. Johannes tage, da ward Vor I. F. D. Hertzoch Cristian Lovis, Von Schwerrin, in allen Kirchen gedancket das er Vorlengest, in den Haeg, in Holland wehre gestorben[832], und hat man mit den orgeln in den Kirchen Ein halte mussen, und man hat auch mit den glocken angefangen zu leuten.

Den 16 Julij ist der seelige Hinrich Rachauw gestorben, den er war beij seinen Schwiger Sohne Claus Karstens im hause[833] war ein becker, ist den 19. Julij begraben in S. Niclaus.

---

828 Randglosse.

829 Georg Niehenck.

830 Die ehemals bischöfliche Offizialei, seit der Reformation in herzoglicher Hand, am Amberg GR 1962.

831 Offenbar nach dem Bekanntwerden des Todes von Herzog Christian Ludwig I. am 11. Juni 1692.

832 Der Herzog war am 11. Juni 1692 in Den Haag gestorben.

833 Mühlenstraße GR 1665.

Bürgermeister Matthäus Liebeherr
(KHMR, Bildersammlung)

[S. 201]

Den 19 Julij ist des Seeligen Hans Landtrieders, nachgelassene witwe gestorben, und ist begraben, in S. Jacob.

Ein Burgermeister gestorben.[834]

Den 20 Julij ist der H. Burgermeister, H. Matteus Liebherr gestorben, er ist Anno 1662 den 24 Februariij in den Raht erwehlet, er ist auch desselben Jahres Burgermeister geworden[835], ist also in das 31 Jahr Burgermeister gewesen.

Er ist den 25 Julij in S. Marijen begraben, und seijn beij der leijche hergangen, 6 Herren des Rahtes, Zur Rechten, H. Joachimus Jarmer, H. Everd v. Berg, H. Valentin Stein. Zur lincken, H. D. Detloff Marckman, H. Jacobus Disteler, H. Johannes Lambrecht.

Auch ist mir mein Jungster Sohne Jacob Schultze, Zu Copenhagen gestorben den 16. Julij, und ist alda den 19. Julij begraben, da er Segelte, Vor bosman

Den 11. Augusti, ward der Danckel tag gehalten, Von wegen der grossen Feuwr brunst, welche Vor 15 Jahren Anno 1677 entstandt

Den 19 Augusti, hat man Auff gehöret mit den glocken Zu leuten, wegen, I. F. D. Hertzoch Cristian Lovis

Den 21. Augusti, Sind die orgeln wieder geruhret in den Kirchen, war am 13 Sontag Nach Trinitatis.

Den 23 Augusti, ist I. F. D. Hertzoch Cristian Lovis sein Begrebnus geschehen, In der Fürstlichen Residentz Zu Schwerrin.

Den 25 Augusti, Ist I. F. D. Hertzoch Cristian Lovis Zu Dobbran beij gesetzet, mit Seinem Seeligen H. Vatter, I. F. D. Hertzoch Adolff Friederich.[836]

Den 29 Augusti, ist die Burger wacht wieder Abgeschaffet, und hat die 6. Fahne, die letzte wach gehabt.

den 2. September, haben die 4 gewercke, und Andere Empter nach der Scheiben geschossen, hat Jurgen Muller Ein goldt Schmid den leffel bekommen

den 8. September, haben die 4 gewercke, und Andere Empter, nach der Scheiben geschossen, hat Jasper Mohn Ein loegerber, den leffel bekommen.

---

834 Randglosse.

835 Ein solcher rascher Aufstieg bildete die Ausnahme.

836 Adolf Friedrich I. war zwar schon 1658 gestorben, wegen der starken Abneigung seines Sohnes und Nachfolgers Christian Ludwig I. gegen den Vater sorgte erst der Enkel, Herzog Friedrich Wilhelm, für die Überführung des Großvaters in die für das mecklenburgische Fürstenhaus traditionsreiche Doberaner Klosterkirche.

den 16. September, haben die 4 gewercke, und Andere Empter nach der Scheibe geschossen, Zum Könige, ist Jochim Hoffmester König worden, und hat den leffel auch gekricht, Er war ein Alterman der leinen weber.

Den 19. September, haben die Kauffleute, und brauwer Nach der Scheibe geschossen, zum Könige, undt ist Frans Schroder König geworden, ein brauwer.

[S. 202]

Auch ist in diesen 1692 Jahr, die S. Niclaus Kirche Renoviret das Crucefix Erneuret, das cohr Vorn auffs neu Vermalet auch ist die Kirche in wendig Verhöhet, undt die gräeber auch höher gemachet, Zu der Zeit siend prediger gewesen der Kirchen,

Doctor Johannes Nicolaus Qvistorpff, pastor und professor

Magister Gotfridus Weis, Diaconus,

Vorsteher der Kirchen sindt gewesen.

Carsten Gäete Ein loe gerber

Johan Cristoffer Kilian Ein brauwer

Zacharias Schaner Ein loegerber

Aber Johan Cristoffer Kilian ist beij der verwaltung gewesen.

Ein pastor Erwelet[837]

Den 10 December, ist H. D. Simon Hennings, Zu S. Jacob Zum Pastorn Er wehlet, in Sehligen, M. Hinricus Carmons stelle

Es ist in diesen Weinacht Feijertagen ist gut wetter gewesen undt hat weinig gefroren, es ist gelinde wetter gewest hat auch Zum Zeiten da beij geregnet, ist auch so blieben bis nach Neu Jahr.

Anno 1693.

Am Heiligen Neuwen Jahrs tage, ist es weich wetter gewesen, hat auch darbeij geregnet.

den 2 Januarij ist Martin Luetens seine Säelige frauw begraben, er war Ein grob Schmit, wonete form Schwiebogen[838].

Den 3 Januarij ist Hinrich Gäete, Ein grobschmiedt begraben wonete Vorm Kräplinschen thor[839].

---

837 Randglosse.

838 Es war eine traditionelle Hufschmiede Am Schwibbogen GR 1722 neben der Nikolaikirche, abgebildet bei Vicke Schorler.

839 Kröpeliner Straße GR 147.

Auch ist am selben tage begraben Jurgen Mullers tochter, Er war ein goldtschmidt, wonete am Neuwen Marckt[840].

Ein Alter man mit dem Schwerd gerichtet de[r] 107 Jahr alt gewesen.[841]

Den 4 Januarij ist alhier, Ein sehr Alter man gerichtet mit dem Schwerde, derselbe ist 107 Jahr Alt gewesen, dan er hat zweij weiber gehabt, die Erste die hat ihn angeklaget, die Ander die hat er nur zweij Jahr gehabt, undt hat mit der selben noch ein Kindt gezeuget, dan er ginck Vor den thuren herumb, undt bat die Almosen, dan er ist auff dem lande, Ein Kuh hirte gewesen, und ist mit ihm hin aus gewesen, H. Krueck[842] prediger Zu S. Jacob, er war Diaconus an der Kirchen.

Es ist in diesen Zwelfften, bis den 5. Janu. weich wetter gewesen, hat auch zimlich geregnet, Aber am Heiligen Dreijkönig Abende die nacht fror es zimlich, und den Heiligen Dreij König tag auch.

Den 10. Januarij, ist des, H. D. Johannis Nicolaij Quistorps, Pastor Zu S. Nicolaij, Selige hausfrauwe[843] begraben mit dem Kinde zu S. Marijen

Den 20 Januarii, ist Hinrich Eggebrecht, Ein Schipffer und Kauffman, begraben, in S. Marijen, Er war auch Eltester ihm Schonferlage[844].

[S. 203]

Den 23 Januarij. ist Ein studiosus begraben Nicolaus Marckwart zu S. Jacob

Den 25 Januarij ist des sehligen Hinrich Barges witwe begraben in S. Marijen, dan Er war Alterman im Schuster Ampt.

Den 26 Januarij, ist der H. D. Simon Henninges, Zu S. Jacob ein ordiniret zum pastorn, Vom H. D. Francisco Wulffen, den Er wardt ihm Vorigen Jahr den 10. December Erwehlet, in des Säeligen H. M. Carmons Stelle, und ist Von den H. Burgermeistern, als H. B. Diderich Wulffraht, und H. B. D. Jacobus Lempke, ins pastoren haus, ein gefuhret worden, und hat den 29. Januarij, seine antritz predigte gethan.

Den 29 Januarij, ist Vor die Rahtes, undt Vor die prediger wahl zu S. Jacob gebehten.

Den 3. Februarij, ist alhie ein studiosus begraben, welcher beij H. D. Johannes Klein im Hause[845] gewesen, den er hörete in Lubeck zu Hause.

Den 6. Februarij, ist der Färber begraben, der in der Wasser stras wonete, in S. Johannis

---

840 Neuer Markt GR 1287.

841 Randglosse.

842 Johann Krücke.

843 Margarethe Elisabeth Berckow.

844 Schonenfahrergelag, ursprünglich Gesellschaftshaus der Schonenfahrer in der Großen Bäckerstraße GR 1228.

845 Hopfenmarkt GR 92.

Den 8 Februarij, ist Cristian Brummers, seine selige frauw Vnd tochter begraben in S. Jacob, Er war Ein brauwer, wonet in der Schnickmans strasse[846].

Den 20 Februarij. ist der blecker Michel Haffeman gestorben, undt ist begraben den 27 Febru. mit seiner Schwieger mutter, zu S. Peter.

Ein prediger erwelet.[847]

Den 21 Februarij, ist Sehliger H. M. Hermannus Beckers sein Sohn, Hinricus Becker, Zum prediger Erwehlet, in S. Jacob, zun Archidiacono, in H. D. Simon Henniges stelle, Es ist auch der Conrector N. Busman, und Mons. Westpfhal[848], mit auff die proba gestellet

Rahts Herren Erwehlet.[849]

Den 24 Februarij, Auff Matthias tag, sind Rates Herren Erwelet, H. D. Christophorus Räetcher[850], furstl. Raht, der protonotarius H. Johannes Nijman, H. Daniel Lesche gewesener Kämer Secretarius H. Joachimus Wilde, der Buechfuhrer, H. Joachim Detloff Ein gewandt Schneider, H. Michael Stoeffer Ein brauwer.

Ein Rahts Herr gestorben.[851]

Den 25 Februarij, des Nachmittages uhm 2 uhr, ist der Säelige H. Joachimus Jarmer in gott Säelig Eingeschlaffen, den Er war Kähmer herr er ist Anno 1662 den 24 Februarii in den Raht Erwehlet, auff Matthias tag, ist also 31 Jahr 1 tag in den Raht gewesen, ist begraben den 2. Martij zu S. Marijen.

Man pfleget zu sagen Von S. Peter stulfeijer[852] und S. Mattheis[853], Sanct Mattheis bricht Eis, findet er nicht Eis, so machet er Eis, findet er aber eins, so bricht ers Rein. Sie haben zu diesen mahl kein Eis gefunden, sondern sie haben eins gemacht, dan die Warnauw ist wieder zu gefroren, ia es ist auch so Viel Schne gefallen, das die Bauren mit schlitten zur stadt mit holtz fahren können, und hat der Frost gewehret bis den 12. Martij

[S. 204]

Ein Burgermeister gestorben[854]

Den 3 Martij ist der Sehlige H. B. D. Jacobus Lembcke in S. Marijen [begraben], den er ist den 20 Februarij, ihn gott Sehlich Eingeschlaffen, er wardt Anno 1691 den

846 Schnickmannstraße GR 662.
847 Randglosse.
848 Georg Westphal.
849 Randglosse.
850 Dr. Christoph Redeker.
851 Randglosse.
852 22. Februar.
853 24. Februar.
854 Randglosse.

20 Aprilis, in den Raht Erwehlet, undt ist auch [so]fort Bürgermeister[855] geworden, ist also nur 2 Jahr minner 2 Monat In den Raht gewesen, Er ist aber mit einer sehr volckreichen Versamlung zum grab begleitet worden, und sind beij der leiche hehr gegangen, 6 Rahts Herren, und 4 gelarte. Rahts Herren sind gewesen so Zu der Rechten Seiten sind gegangen, H. Valentin Stein, H. Johannes Nijeman, H. Joachim Detloff, Zur lincken, H. Johannes Lambrecht, H. Daniel Lesche, H. Michael Stöeffer, die gelarte so Zu der Rechten seind gangen H. D. Conauw[856], H. Licentciat Getel[857], Zu der Lincker H. B. Stein, H. Licentciat Beselin.

Ein Burgermeister Erwehlet.[858]

Den 7 Martij, Ist der D. Cristophorus Räetcher[859] Zum Burgermeister Erwehlet, und ist den 12 Martij zur Kirchen begleitet, von H. Johannes Lambrecht.

Ein Rahts Herr gestorben.[860]

Den 17 Martij ist der Sehlige H. Claus Schröder begraben, den er starb den 6 Martij und zu S. Marijen zur Erden bestehtiget, Er ist Anno 1682, den 24 Februarij am Mattias tage in den Raht Erwehlet ist also 11 Jahr und 10 tage, ihm Rahte gewesen.

Ein prediger ordiniret und Introjudiciret.[861]

Den 20 Aprilis, ist Hniricus Becker, zum prediger ordiniret Von H. Doctor Francisco Wullfen in Marijen kirche

Den 21 Aprilis, ist der Sehlige H. D.[862] Schummerus[863] begraben zu S. Jacob, den er wahr professor theologie undt war auch furstlicher Consistorial Raht, auch Superintendendes uber den furstlichen Schwerinschen Destrict, Es gingen Vor der leiche häer, 12 priester Vom lande, nach der leiche ginck der marschalck mit einen stabe, mit schwartzen Flor bezogen, dem folgete der furstliche legatus, H. D. Johannes Klein, und dar auff folgeten, die traur leute, und ward mit Einer sehr volckreichen Fersamlung zum grabe begleitet, und ist ihm in der Kirchen Von den alhie studirenden studiosis Eine Music gehalten.

Den 24. Aprilis, ist Mons. Johannes Ernestus Spengel[864] begraben, in S. Marijen, den er war Fechtmeister unter den studiosen.[865]

---

855 Die sofortige Wahl als Bürgermeister bildete eine Ausnahme.
856 Dr. Heinrich Konow.
857 Johann Heinrich Götel.
858 Randglosse.
859 Dr. Christoph Redeker. Seine Wahl zum Bürgermeister kurz nach seiner Wahl zum Ratsherrn bildet eine Ausnahme.
860 Randglosse.
861 Randglosse.
862 Im Orginal Textlücke für den Vornamen: Justus Christoph.
863 Schomer.
864 Richtig: Sprengel.
865 Einschub von weiter oben, im Original vor dem 20. April 1693 eingetragen.

Bürgermeister Dr. Christoph Redeker (KHMR, Bildersammlung)

Den 25 Aprilis ist Hinricus Becker zu S. Jacob Introjudiciret und Von H. B. Diederich Wulffraht und H. D. D. Christophorus Räetchern[866], in sein haus gefuret worden. Vndt hat den 30 Aprilis seine Antritz predigte getahn, war am Sontage Misericordias Domini.[867]

Den 8 Maij, haben die 4 gewercke, und andere Empter zum ersten Mahl nach der Scheibe geschossen, hat Jochim Fischer den leffel gekricht, Ein Alterman der Klein Schmieden

Den 19 Maij, ist Jochim Landtrieders, seine säelige frauwe begraben, in S. Jacob den sie starb den 15 Maij, dan er war Ein Alterman im becker Ampt.

[866] Dr. Christoph Redeker.

[867] Einschub von weiter oben, im Original nach dem 20. April 1693 eingetragen.

III. Register

1. Glossar niederdeutscher, fremdsprachiger und veralteter Wörter

Akkord (156) *Übereinkunft, Verhandlung*
Ambassadör (121) *Gesandter*
Ambolt (129, 170) *Amboss*
anatomieren (139) *sezieren*
Armada (142) *bewaffnete Macht*
arzten (197) *als Arzt handeln*
ausstreichen (102, 103, 104, 108, 116, 119, 128, 129, 130, 132, 135, 136, 138, 141, 149, 156, 157, 161, 178) *mit Ruten schlagen*
bafen (104) *oberhalb*
Balbier (98, 134) *Barbier, Chirurg*
Ballie (165, 187) *Balge, Holzgefäß*
Batstäefer (134, 194) *Badstüber*
Baum, Bohm (116, 161) *Hafenbegrenzung auf der Unterwarnow mit Kette*
beschenkt (162) *betrunken*
bestehtigen (zur Erde) (129, 129a, 143, 204) *bestatten, beisetzen*
Bihm (94) *kleine Kirchenglocke*
blassiren (158, 181) *blessieren, verwunden*
Bleck (142) *Blech*
Blecke (112) *Bleiche*
Blecker (203) *Klempner*
Bodeker (155) *Böttcher*
Bohdelij (102) *Buttelei, Fronerei*
Bommen (173) *Bomben*
Borchwal (133, 135, 178, 185) *Burgwall*
Bosleute (94) *Bootsleute*
Bosman (97, 109, 116, 161, 175, 176, 180, 201) *Bootsmann*
Broeck, Brock (118, 168, 182) *Bruch*
Brucke, Brugge (116, 195) *Brücke*
Buesse (101, 147, 191) *Büchse*
burtich (97, 104, 109, 140) *gebürtig*
Buttel (106, 123) *Gerichtsknecht*
Calbiner, Kalbiener (114, 115, 142) *Karabiner*
Canter (98) *Kantor*
Cartauwe (143) *Kartaune, Geschütz*
chamarieren (133) *mit Pelz besetzen*
Comitat (106, 107, 115, 143, 163) *Begleitung, Gefolge*
Commodant (145) *Kommandant*
commodiren (140) *kommandieren*

Concilium (140, 141) *professorales Leitungsgremium der Universität neben dem Rektor*
confirmieren (121, 150, 152, 171) *bestätigen*
Contegarde (148, 163) *Contregarde, Befestigung*
contradicieren (152) *widersprechen*
Dach (128) *Tag*
Dämptz (100) *Dömitz*
dael, dahl, dal (94, 106) *nieder, herunter*
dampffen, dempffen (111, 159, 162, 184) *eindämmen, löschen*
dantzen (105) *tanzen*
Decretum (178) *Verordnung*
Deich, Diecke, Dieke (119, 189) *Teich*
Destrict (138, 204) *Distrikt, Bezirk*
Diescher, Discher (138, 196) *Tischler*
Dingestag (94, 108, 131, 155) *Dienstag*
doctorieren (97) *promovieren*
Dräeger, Dreger (157, 183, 197) *Träger*
Draguner, Drahuner (146, 147, 148, 149, 156, 158) *Dragoner*
Dubbel (147) *Doppel*
Dwenger (127) *Zwinger*
Einspender, Einspenner (112, 141, 149) *Einspänner, Landreiter*
Fäelbrucke, Felbruecke (96, 195) *Zugbrücke*
Fahne (106, 122, 123, 125, 133, 137, 139, 142, 145, 146, 149, 156, 163, 169, 181, 190, 195, 196, 291) *aus jeweils vier Korporalschaften bestehende Einheit der ursprünglich 28, dann 18, 13 und schließlich 11 Abteilungen des militärischen Rostocker Bürgeraufgebots*
Fastag (143, 164, 165, 166, 167, 168, 169, 170, 171) *Fastentag*
Fastelafendt (94, 97) *Fastnachtsabend*
Fedder (123) *Feder*
ferhöegen (135) *erhöhen*
ferdranc, verdranck, vertrunken (95, 97, 102, 109, 110, 114, 116, 121, 126, 128, 133, 137, 149, 161, 165, 167, 168, 172, 176, 180, 182, 184, 186, 187, 188, 191, 195) *ertrank, ertrunken*
ferunwilligen, verunwilligen (100, 102) *in Streit geraten*
fluchs (110) *flugs*
Foepke (103) *Tasche*
fuell (100) *voll*
Gäelen Sande (179, 180) *Gelbensande*
Galliot (169) *Schiffstyp*
Garfer (113) *Gerber*
Garste (104) *Gerste*
Gefel (95, 96, 112) *Giebel*
Gelag (106, 202) *Amts- und Gasthaus von Kaufleuten und Schiffern, hier der Schonenfahrer*
Gellen (102) *Boot*

geswinde (18) *geschwind*
Gewett (144, 147, 177, 197, 198) *Abteilung des Stadtrates, u. a. für Handwerksämter und Warnemünde zuständig waren*
Glader ahl (106, 196) *Glatter Aal*
Grapengehtter (106, 166, 175, 196) *Grapengießer, Gießer von metallenen Kochtöpfen*
Groefe (168) *Grube*
Guardi (115) *Garde*
Habit (93) *Kleidung, Tracht*
Haecke (165) *Hake, Kleinhändler*
haecken rein (198) *hakenrein, ausgeschlachtet am Haken hängend*
Handtdwele (197) *Tauftuch*
Hanschen, Henschen (154) *Handschuhe*
harpisieren (148) *arkebusieren, standrechtlich erschießen*
Hegde (98) *Hege*
Hehr (142, 146) *Heer*
Hoppenkuhle (98) *Hopfenkuhle*
Hoppenmarket (107, 122, 123, 146) *Hopfenmarkt*
Hoppenstaeke (98) *Hopfenstange*
Hues (139) *Haus*
Huesekenbrugge (116) *Name und Lage der Brücke unbekannt*
Hundesfutter (99) *Hundsfötter, Feiglinge*
impugnieren (152) *bestreiten*
introducieren, introjudicieren (147, 150, 152, 157, 172, 181, 187, 204) *einführen*
Jacht (183) *Jagd*
Jangeangel (116) *Art der Angel unbekannt*
Kämmerherr (124, 138, 154, 155, 167, 200, 203) *Kämmereiherr, Kämmerer, regelmäßig ein älterer, erfahrener Ratsherr*
Kärnit (114, 153, 156) *Cornett, jüngster Offizier*
Kannengehter (95) *Kannengießer*
Kierspel (101, 111, 154, 174) *Kirchspiel*
Klock (93, 107, 118, 151, 155, 164, 185, 186, 188, 191) *Glocke*
Knoep (103) *Knopf, Knauf*
Knopmaker (150) *Knopfmacher*
Köeller (114) *Koller, Lederwams*
Köper (180) *Käufer*
Kopper (96, 104) *Kupfer*
Kraen (118) *Hafenkran*
Krahm (190) *Verkaufsbude*
Krinck (148) *Kreis*
Kuefen (168) *Fass*
Kustappel (106) *Konstapel, Bedienungsperson von Geschützen*
Küeter (118) *Schlachter*
Kurietz (100, 154) *Kürass, Harnisch*
Kuessen, Kussen (138, 154) *Kissen*
Kwaste (115) *Quaste*

lach (100) *lag*
Lafette (102) *Geschützrohrgestell*
Lastaij (166)Lastadie
Ledder (145) Leder
Leffel (196, 197, 200, 201, 204) *(Silber)löffel, Preis für den Schützenkönig beim Scheibenschießen der Handwerker*
Letaneij, Litaneij (161, 164) *Litanei*
Leutenampt (100, 110, 145, 148, 149, 153) *Leutnant*
Litzenbruder (167) *Warenpacker*
loesen (101, 107, 111, 115, 121, 123, 127, 140, 142, 145, 147, 149, 155) *abfeuern*
Losament (106, 107, 115, 134, 142, 143, 144) *Quartier, Unterkunft, Quartier*
Losbecker (116) *Hersteller feinerer Backwaren im Unterschied zum Brot- oder Fastbäcker*
losiren (110, 122, 134, 143, 180, 181) *wohnen*
Losung (106, 111, 115, 123) *Feuerstoß*
loudt (98) *Lot, Gewichtseinheit*
Mangnificus Rector (99, 105, 127, 140, 141, 172, 175) *Magnificus Rector, Rektor der Universität*
Marcket, Market (99, 100, 103, 106, 107, 110, 111, 114, 115, 122, 123, 139, 140, 141, 143, 144, 145, 146, 147, 148, 156) *Markt*
massiren (106, 107, 115, 143, 144, 145, 148, 149, 154, 161, 163) *marschieren*
Matter (124, 126, 128, 162) *Metzer, erster Mühlenknecht*
Ministerium (149, 150, 152, 173) *Leitungsgremium des städtischen Kirchenwesens in Rostock*
minnen, minner, minnet (122, 154, 189, 204) *weniger, minus*
Möenke strasse, thor (97, 122) *Mönchenstraße, -tor*
Muff (177) *Pelz zum Warmhalten der Hände*
munstern, Munsterunge (106, 114) *mustern, Musterung*
Muskwehte (148, 191) *Muskete*
Nachslüssel (101) *Nachschlüssel*
Nedder (109, 112, 121) *Nieder, unter*
obloquieren (152) *widersprechen*
Odder (147) *Order, Befehl*
Ohrt (170, 192) *Ecke*
Oration (111) *Predigt*
ordinieren (104, 105, 116, 117, 120, 124, 125, 128, 130, 132, 135, 136, 147, 150, 152, 150, 171, 172, 174, 175, 176, 181, 187, 203, 204) *einsetzen*
Orloffschiff (144) *Orlogschiff, Kriegsschiff*
Pael, Pahl (97, 161) *Pfahl*
Pakasie (143, 173) *Bagage*
Pardelsticker (114) *Perlensticker*
Pasien (134) *Pagen*
Pasqvil (123) *Schmähschrift*
Pasqvillant (123) *Schmähschriftschreiber*
Passinierer (149) *Passagiere*

Pensionarius (104) *Pächter*
Paterij (187, 199) *Batterie, Gruppe von Geschützen*
Pickkrantz (146) *Pechkranz*
päcken, pecken, Peckschlitten (109, 191) *auf dem Peikschlitten fahren, durch einen Stock mit Eisenspitze angetrieben*
Peinigunge (104) *peinliche Befragung, Folter*
perstringieren (152) *scharf tadeln*
Pipendieck (167) *Pfeifenteich*
Pipenlegger (109) *Pfeifenleger, Rohrleger*
Plumasien (101, 160) *Plumage, Federbusch*
Prachervogt (126, 156, 167, 172) *Armen- oder Bettelvogt*
Praesent (107, 115) *Geschenk*
Proba (203) *Probe*
Process (154, 158, 160) *Prozession*
Profas (101) *Profos, Stockmeister, Militärpolizist*
Proff (131, 145, 172, 175, 176, 186) *Probe*
Pundledder (145) *Sohlleder*
Quatember (171) *Jahreszeit*
Rademaker (96) *Radmacher*
Räfelin, Revelin (132, 133, 181) *Ravelin, Befestigung*
Raht (107, 114, 121) *Rad*
rancionieren (158) *frei-, loskaufen*
Raskemacher (99) *Raschmacher, Rasch herstellender Wollweber*
Recompans (161) *Entschädigung*
Rege, Rehge, Reige (106, 107, 114, 115, 155, 156, 163) *Reihe*
Reide (102) *Reede*
Reperban (184) *Reiferbahn, Platz zum Spannen der Seile*
Richter (166) *Richtherr, zumeist jüngeres Mitglied des Stadtrates*
Richtknecht (108) *Gerichtsknecht*
Rocke (93, 94, 95, 96, 98, 99, 102, 103, 104, 108, 109, 110, 112, 117, 118, 120, 123, 124, 125, 126, 171, 176) *Roggen*
Rottenkraut (194) *Rattengift*
Ruechledder (145) *Rohleder*
Ruhndehl, Rundeil (118, 169, 170, 181) *Rondell, Befestigung*
Ruhm (159) *Raum*
Rusch, Ruusch (177) *Rausch*
Rute (100) *Fensterscheibe*
Saeckkieker (114) *Sackgucker, Kontrolleur*
Sager (108) *Säger*
Salbe (147) *Salve*
Scharmeien (148) *Schalmeien*
Scharren (137, 148) *Verkaufsstand*
Schaubekarre (170) *Schubkarre*
Schefel (102) *Schiefer, Schindel*
Schese (182) *Chaise, Kutsche*

Schiepper (116) *Schiffer*
Scherffe (155) *Schärpe*
Schleden (176) *Schlitten*
Schlutwechter (114, 122) *Schließwächter, Nachtwächter*
schnubbeln (129) *stolpern*
Schonverlaege (106, 202) *Schonenfahrergelag*
Schorstein (168, 179, 194, 195) *Schornstein*
Schuer (94, 168) *Schauer, Schutzdach*
Schuette, Schute (97, 102, 112, 116, 118, 120, 198) *Lastkahn*
Schutting (128, 155) *Amts- und Gasthaus*
Schwiede (156) *Suite, Gefolge, Schar*
Seyer (104) *Zeiger*
sieden (139) *tiefer*
Slach, Slag (95, 126, 138, 149, 165, 166, 167) *Schlag*
Slachter (187) *Schlachter*
sleunich, sleunig (97, 99, 105, 165, 199) *schleunig*
Slos (133) *Schloss*
Sluesse (118) *Schleuse*
Soet (109) *Brunnen*
sonder (95, 98, 120) *ohne*
sonderbahr (123) *gesondert*
Spaere (168) *Sparren*
Spanne (119, 170, 172) *Eimer*
Stegel (138) *Steg zum Kirchhof*
Stehn (94) *Stein*
Stellinge (95, 192) *Baugerüst*
Stemmer (162) *Stemmeisen*
Stoel (94) *Stuhl, Gestühl*
Stop (147) *Trinkgefäß, Becher*
Straete (125) *Straße*
Strandt (118, 122, 144) *Strand, Stadthafenbereich an der Unterwarnow*
Strich (102, 103, 104, 119, 128, 135, 138, 149, 156) *Rutenschlag*
Stück (101, 102, 106, 107, 111, 115, 121, 123, 127, 140, 142, 144, 145, 147, 149, 153, 155, 163, 169, 198, 199) *Geschütz*
Suplic (178) *Bittschrift*
Sweiff (165) *Schweif*
Tatern (168) *Sinti*
Te Deum laudamus (147, 155, 161, 164, 188, 192) *kirchlicher Lobgesang (Dich, Gott, loben wir)*
Thorm (94, 101, 104) *Turm*
Tiescher (136) *Tischler*
Toch (94) *Zug*
Tracht (170) *Trageholz*
Troep (110, 114) *Truppe*
truch (106) *trug*

Tuffelmacher (97) *Pantoffelmacher*
Valet (116, 124, 181) *Abschied*
Versicul (164, 165) *Vers*
Victoria (147, 183) *Sieg*
Vier Gewerke (196, 197, 200, 201, 204) *zahlenmäßig große Gewerke bzw. Ämter der Bäcker, Schmiede, Schuster und Wollenweber*
Votum (131, 145, 154) *Stimme*
Waelstadt (14) *Walstatt, Schlachtfeld*
Wall (165) *Mengeneinheit, 80 Stück*
Wand (100) *Gewand, Tuch*
Wandtschnieder (94) *Gewandschneider, Tuchhändler*
wech, weck (96, 102, 107, 112, 123, 127) *weg*
weigen (96) *wehen*
weinich, weinig (101, 164, 170, 178, 186, 199, 202) *wenig*
Werck (102, 147) *Werk, Befestigungsanlage*
woll (127, 177) *wohl*
wröegen (124) *prüfen, eichen*
Zattel (160) *Sattel*
Zeug (160) *Zaumzeug*
Zeitung (191) *Nachricht*
Ziefer (104, 112) *Ziffer*
Zimmer (101, 117, 186) *Gebäude*
Zincken (121) *Blasinstrument*
Zingel (98, 158) *äußerer Teil der Stadtbefestigung*
zoch (191) *zog*
Zwölften (202) *zwölf Tage zwischen Weihnachten und dem Dreikönigstag*

2. Geographisches Register (Orte, Flüsse, Länder, Ethnien)

In den Anmerkungen genannte Orte etc. werden mit dem Hinweis Anm. versehen.

3. Register Rostocker Straßen, Plätze, Gewässer, Baulichkeiten und Einrichtungen

4. Personenregister

In den Anmerkungen genannte Personen werden mit dem Zusatz Anm. versehen.

A

B

C

D

K

L

S

T

V

5. Abkürzungsverzeichnis

AHR	Archiv der Hansestadt Rostock
B.	Bürgermeister
Cap.	Kapitel
D.	Doktor
d.	den
d. Ä.	der Ältere
d. J.	der Jüngere
Xber., 10ber.	Dezember
E. E., E. Ehdl., Ein Ehd. Hochw.	Ein Edler Hochweiser (Rat)
F. D.	Fürstliche Durchlaucht
Febru.	Februar
Furstl.	Fürstlich
f.	Gulden
Fol.	Folio
geb.	geborene
GR	Grundregister
H.	Herr, Herren
Hochfurstl. Durchl.	Hochfürstlich Durchlauchtig
I. D.	Ihre Durchlaucht
I. C. F. D., I. Cur F. D.	Ihre Kurfürstliche Durchlaucht
I. F. D.	Ihre Fürstliche Durchlaucht
I. K. M.	Ihre Königliche Majestät
Janu.	Januar
J. C.	Juris Consultus
König.	Königlich
KHMR	Kulturhistorisches Museum Rostock
LHAS	Landeshauptarchiv Schwerin
L.	Lizentiat
lb.	Pfund
lüb., lub.	lübisch
M.	Magister
Meckl., Mecklenb.	Mecklenburgisch
Mons.	Monsieur
11ber.	November
10ber.	Oktober
P.	Peter
Prof.	Professor

publ.	publicus
rever.	reverendum
S.	Sankt
S. Theol.	Sancta Theologia
scheff., schff.	Scheffel
s., schl.	Schilling
Septemb.	September
7ber.	September
Superint.	Superintendent
UBRS	Universitätsbibliothek Rostock, Sondersammlungen
V., Vers.	Versikel
v.	von
verh.	verheiratete
Wit.	Witten

IV. Karten

Kartenübersicht

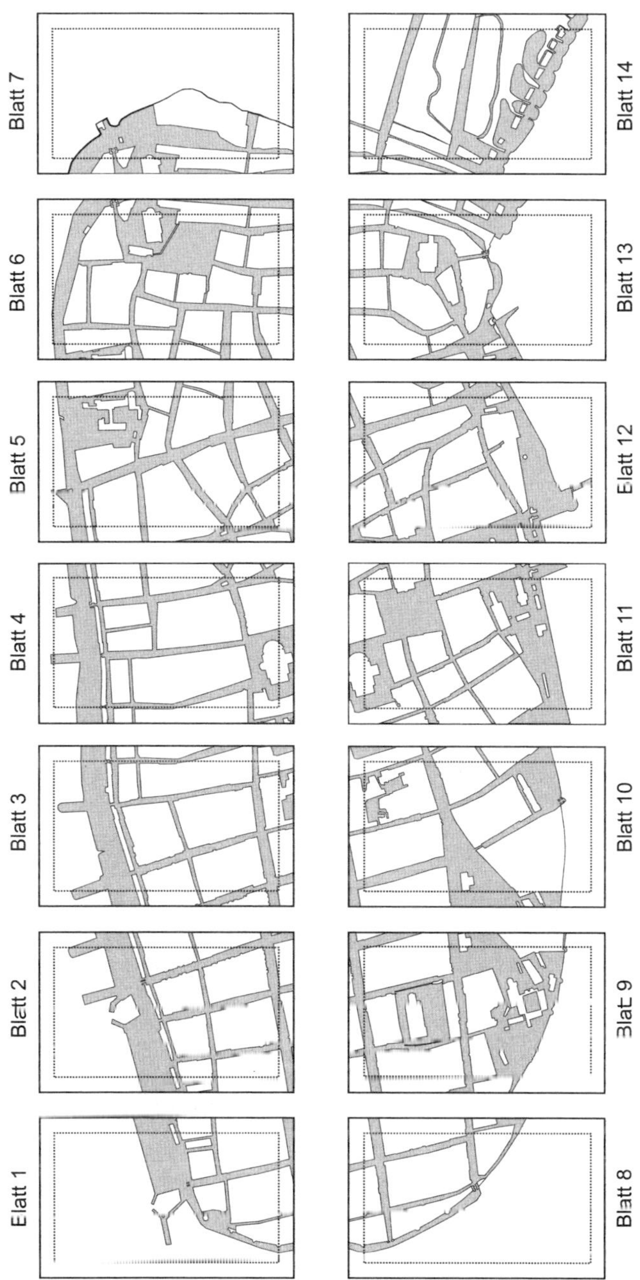

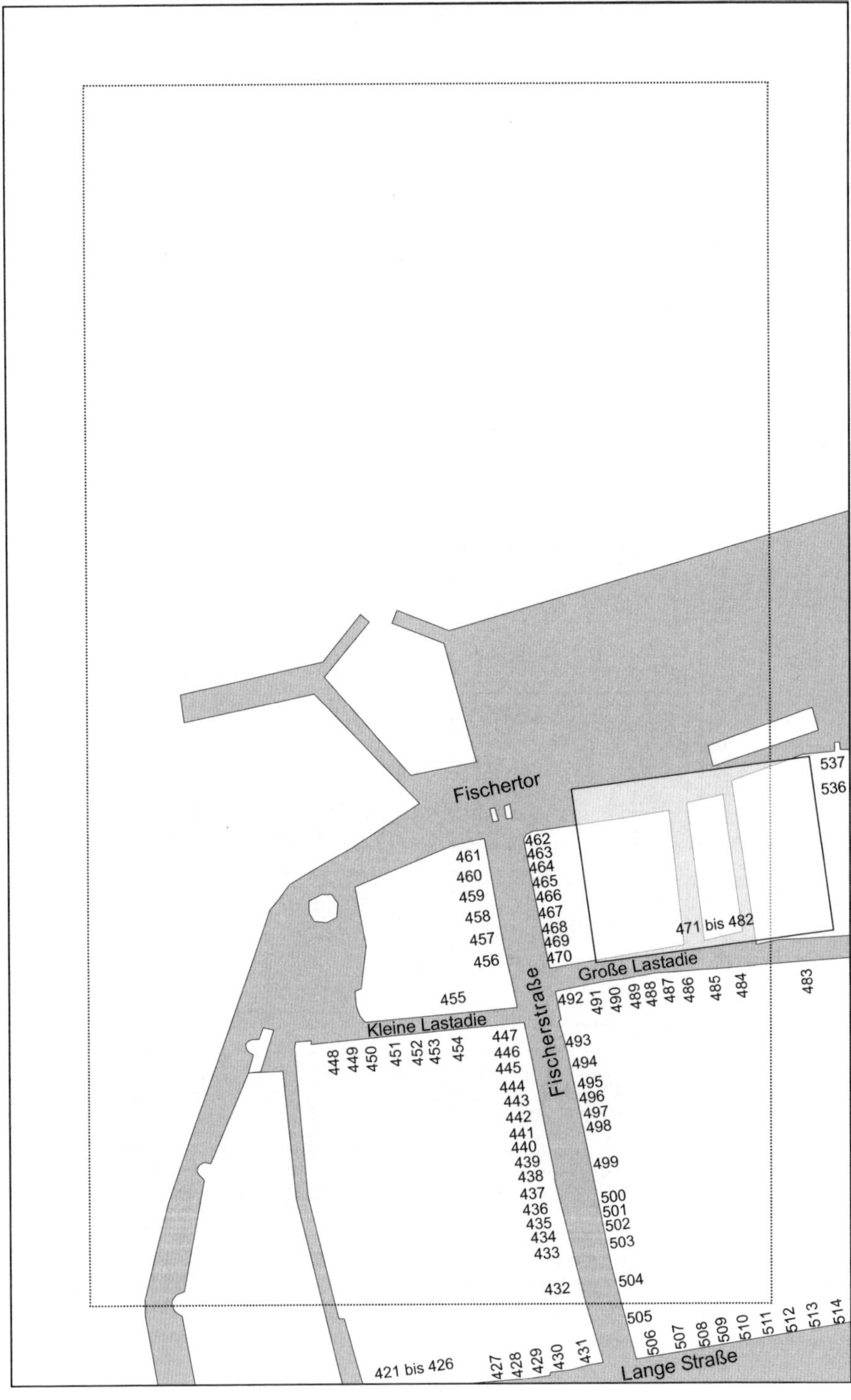

Fischertor
461
460
459
458
457
456
455
462
463
464
465
466
467
468
469
470
471 bis 482
537
536
Große Lastadie
492
491
490
489
488
487
486
485
484
483
Kleine Lastadie
Fischerstraße
448
449
450
451
452
453
454
447
446
445
444
443
442
441
440
439
438
437
436
435
434
433
432
493
494
495
496
497
498
499
500
501
502
503
504
505
506
507
508
509
510
511
512
513
514
421 bis 426
427
428
429
430
431
Lange Straße

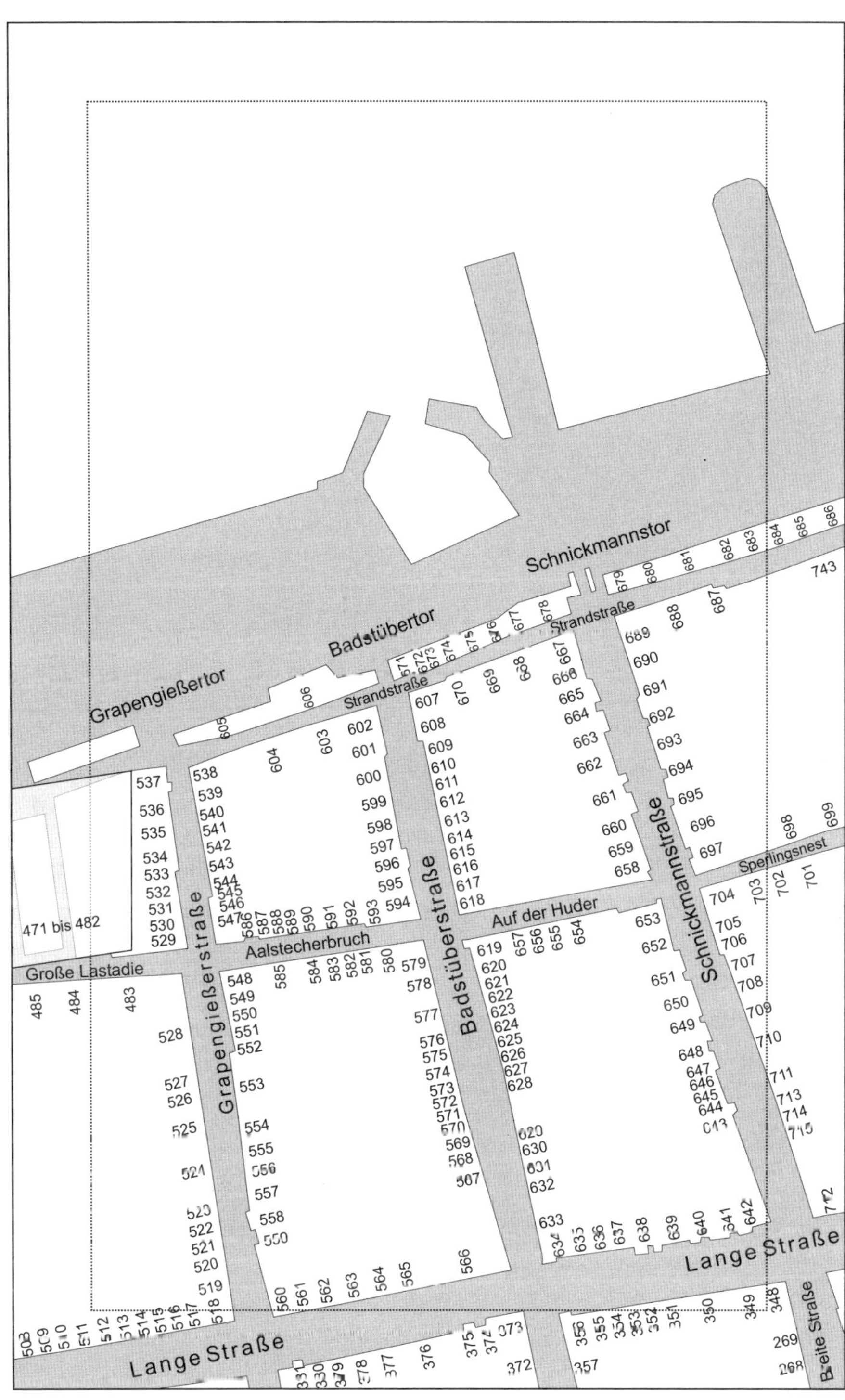
Schnickmannstor
Badstübertor
Grapengießertor
Strandstraße
Strandstraße
Sperlingsnest
Auf der Huder
Aalstecherbruch
Große Lastadie
471 bis 482
Grapengießerstraße
Badstüberstraße
Schnickmannstraße
Lange Straße
Lange Straße
Breite Straße

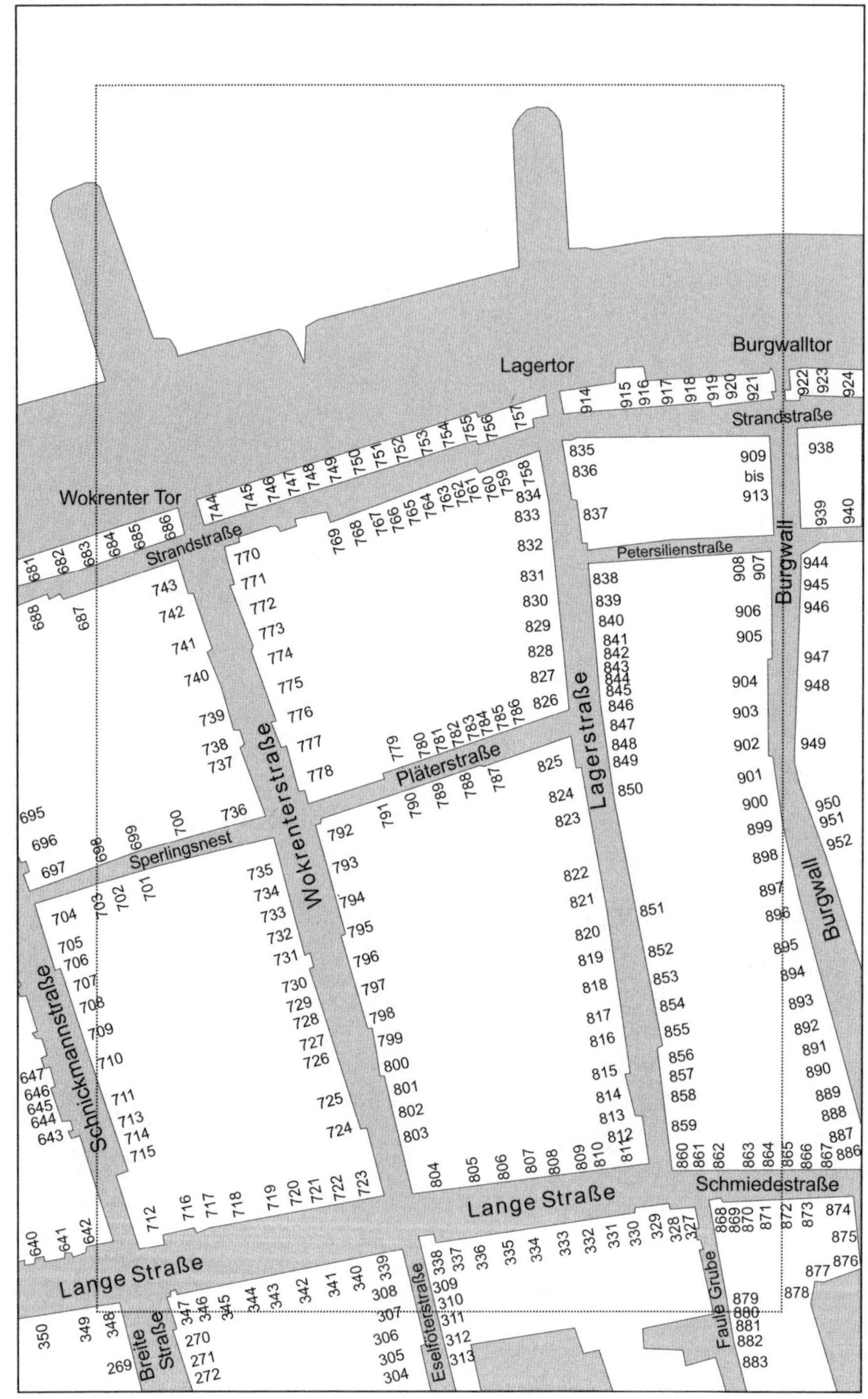
Burgwalltor
Lagertor
Wokrenter Tor
Strandstraße
Strandstraße
Petersilienstraße
Burgwall
Burgwall
Lagerstraße
Pläterstraße
Wokrenterstraße
Sperlingsnest
Schnickmannstraße
Lange Straße
Lange Straße
Schmiedestraße
Breite Straße
Eselföterstraße
Faule Grube
909
bis
913

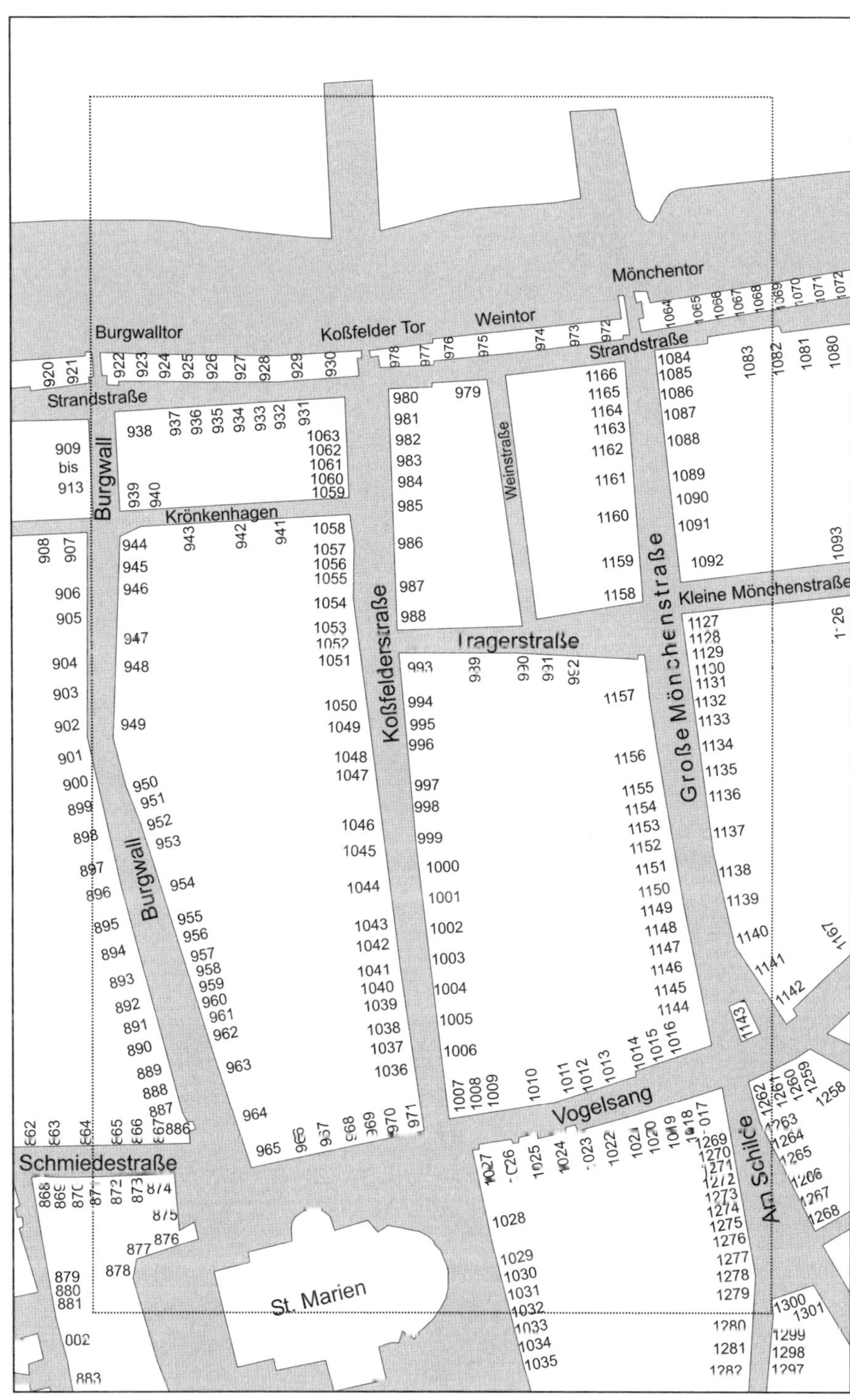
Mönchentor
Burgwalltor
Koßfelder Tor
Weintor
Strandstraße
Strandstraße
Burgwall
Krönkenhagen
Weinstraße
Koßfelderstraße
Kleine Mönchenstraße
Große Mönchenstraße
Burgwall
Vogelsang
Schmiedestraße
Am Schilde
St. Marien
909
bis
913

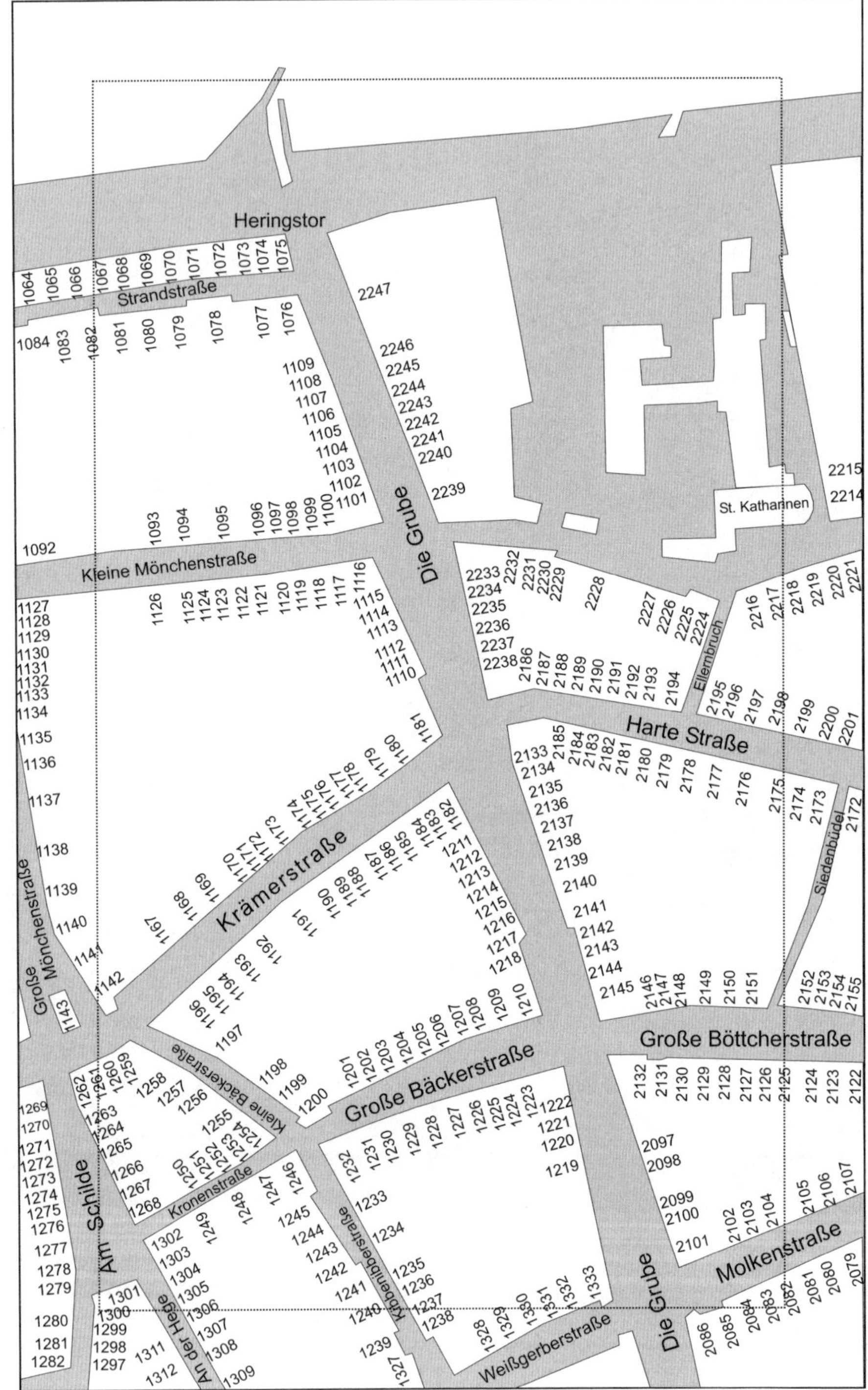
Heringstor
Strandstraße
Kleine Mönchenstraße
Die Grube
St. Katharinen
Ellernbruch
Harte Straße
Krämerstraße
Große Mönchenstraße
Siedenbüdel
Große Böttcherstraße
Große Bäckerstraße
Kleine Bäckerstraße
Kronenstraße
Am Schilde
Kolberger Straße
An der Hege
Weißgerberstraße
Molkenstraße
Die Grube

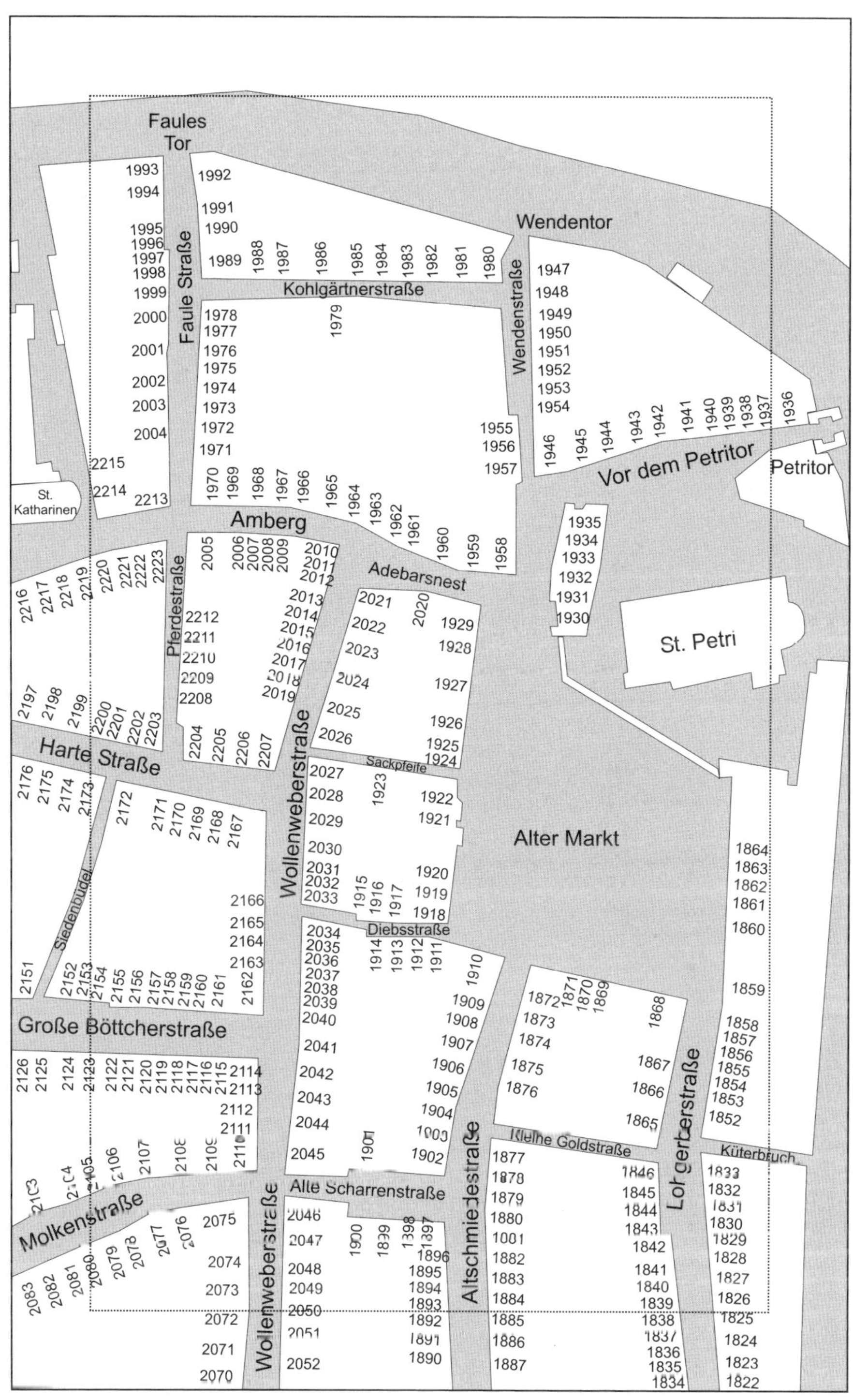
Faules Tor
Faule Straße
Kohlgärtnerstraße
Wendentor
Wendenstraße
Vor dem Petritor
Petritor
St. Katharinen
Amberg
Adebarsnest
Pferdestraße
St. Petri
Harte Straße
Wollenweberstraße
Sackpfeife
Alter Markt
Siedenbudel
Diebsstraße
Große Böttcherstraße
Altschmiedestraße
Lohgerberstraße
Kleine Goldstraße
Küterbruch
Alte Scharrenstraße
Molkenstraße

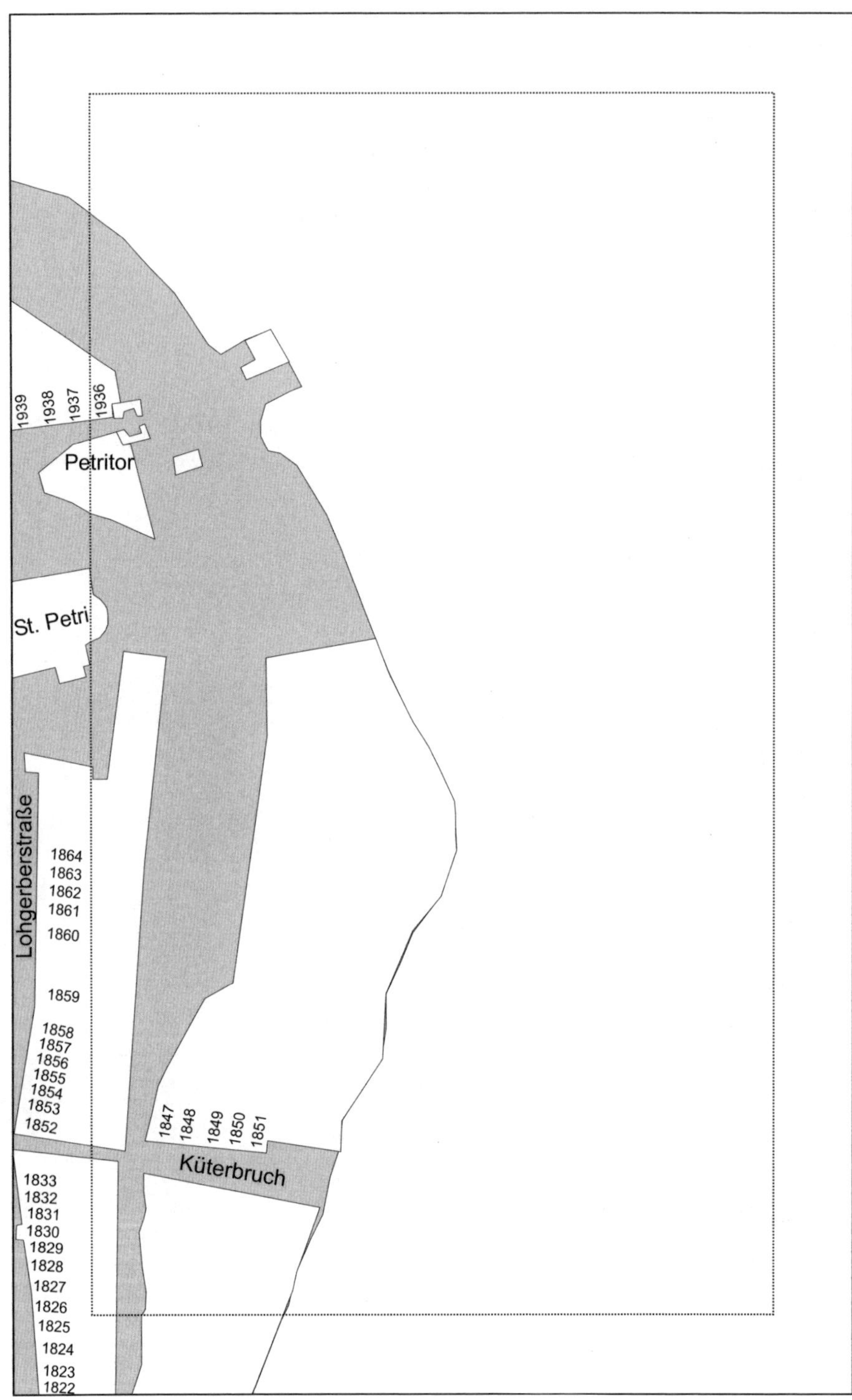

1939
1938
1937
1936
Petritor
St. Petri
Lohgerberstraße
1864
1863
1862
1861
1860
1859
1858
1857
1856
1855
1854
1853
1852
1847
1848
1849
1850
1851
Küterbruch
1833
1832
1831
1830
1829
1828
1827
1826
1825
1824
1823
1822

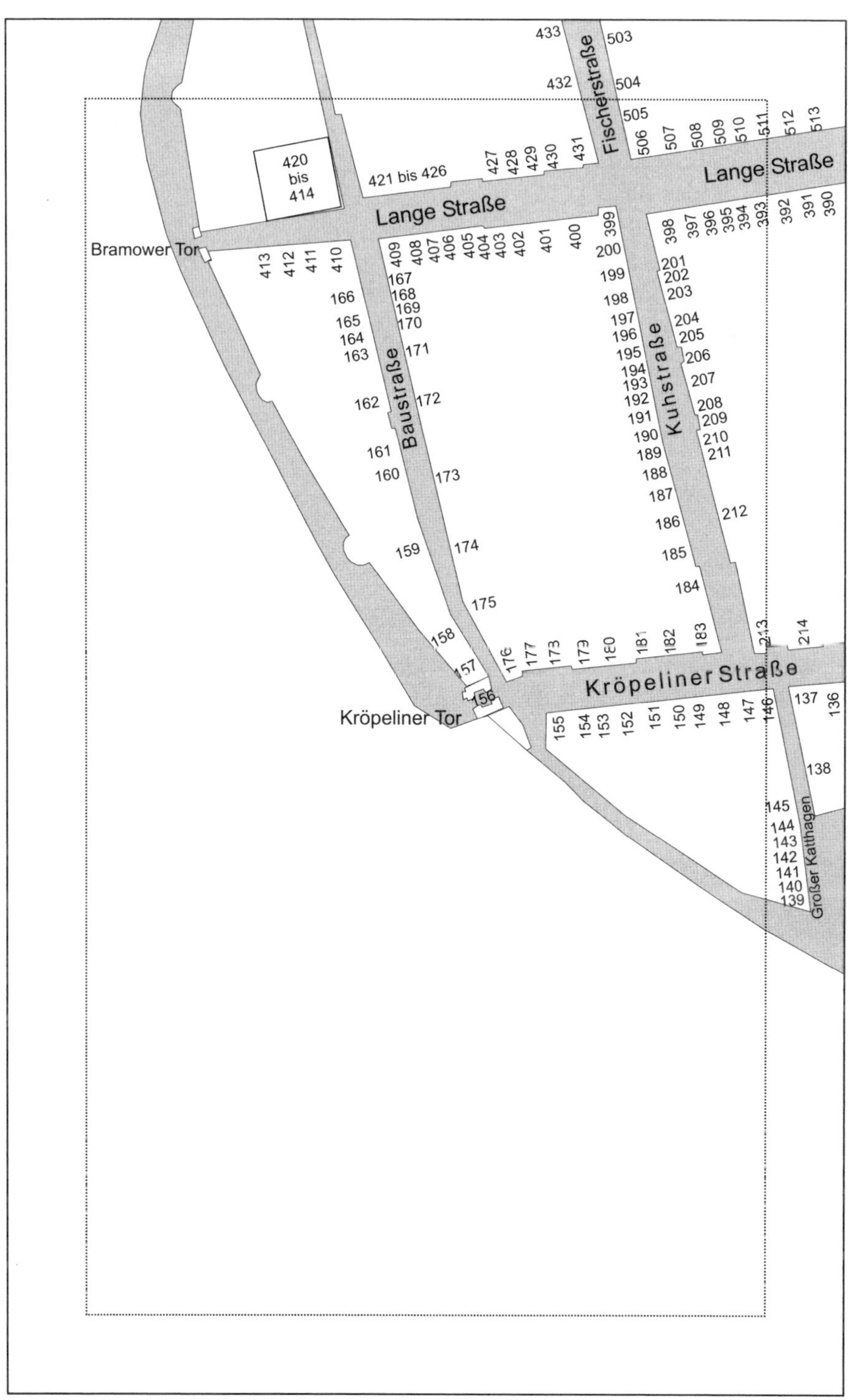
Fischerstraße
Lange Straße
Lange Straße
420 bis 414
421 bis 426
Bramower Tor
Baustraße
Kuhstraße
Kröpeliner Straße
Kröpeliner Tor
Großer Katthagen

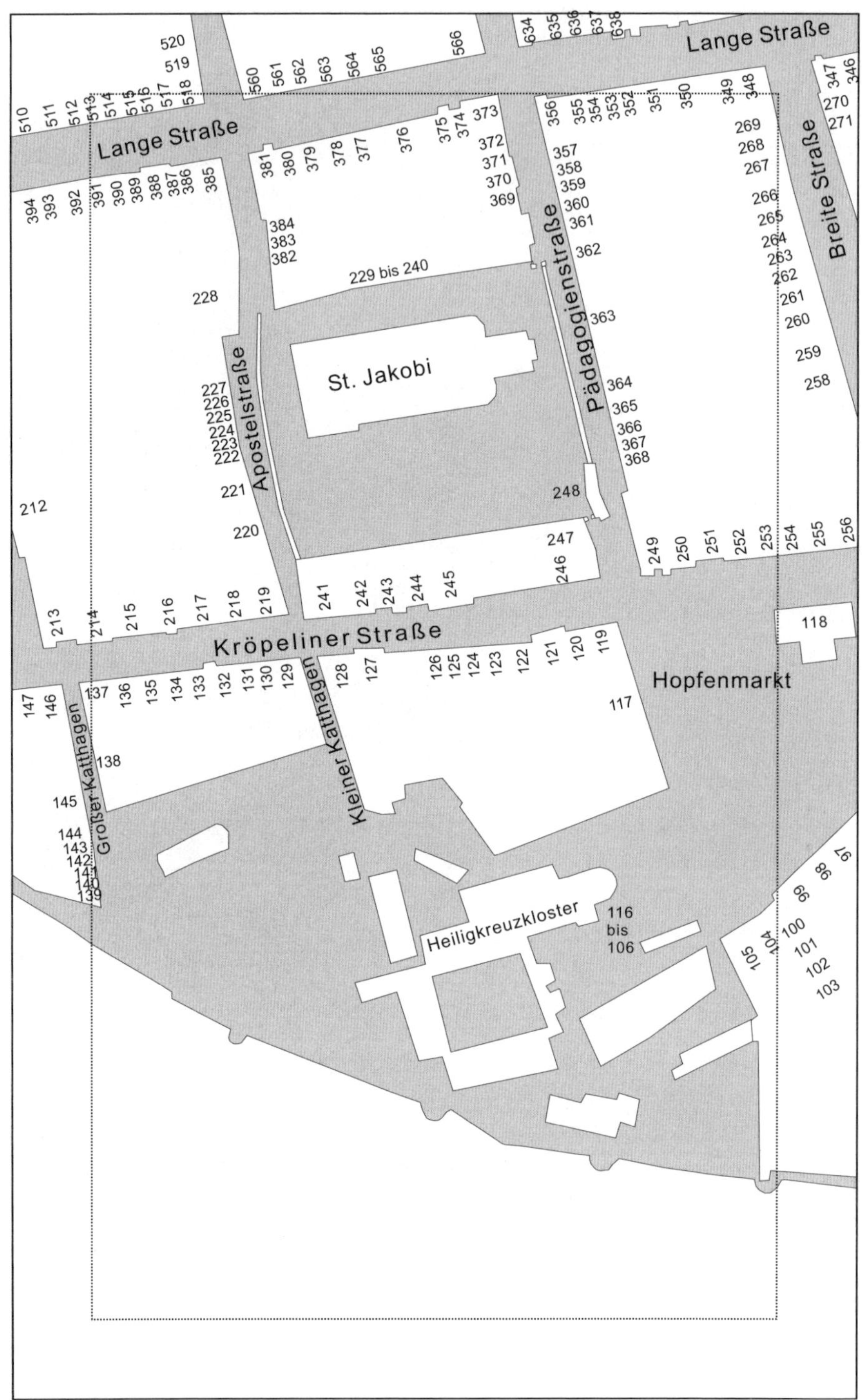
Lange Straße
Lange Straße
Breite Straße
Apostelstraße
Pädagogienstraße
St. Jakobi
229 bis 240
Kröpeliner Straße
Großer Katthagen
Kleiner Katthagen
Hopfenmarkt
Heiligkreuzkloster
116 bis 106

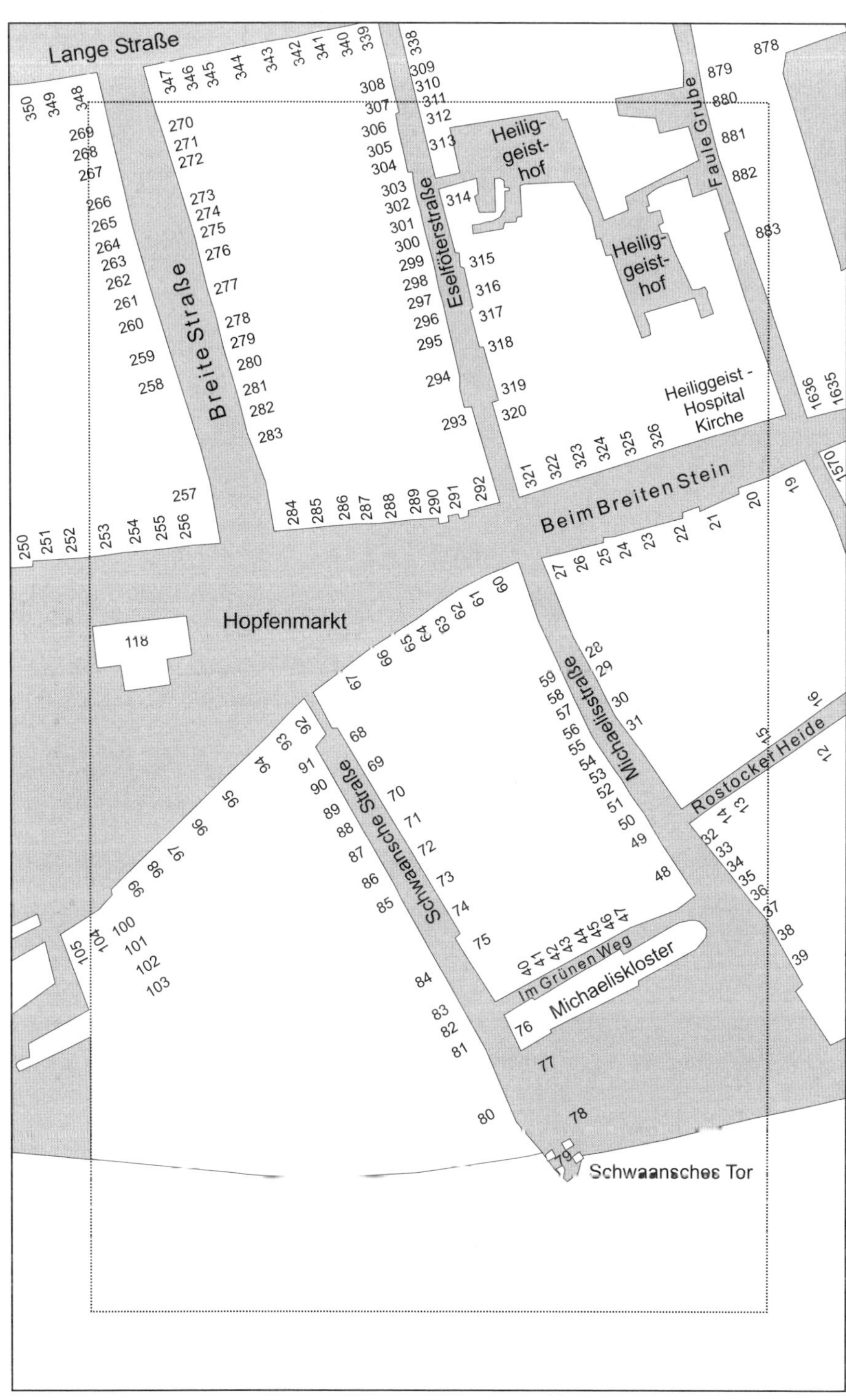
Lange Straße
Breite Straße
Eselföterstraße
Heiliggeisthof
Heiliggeisthof
Faule Grube
Heiliggeist - Hospital Kirche
Beim Breiten Stein
Hopfenmarkt
Michaelisstraße
Rostocker Heide
Schwaansche Straße
Im Grünen Weg
Michaeliskloster
Schwaansches Tor

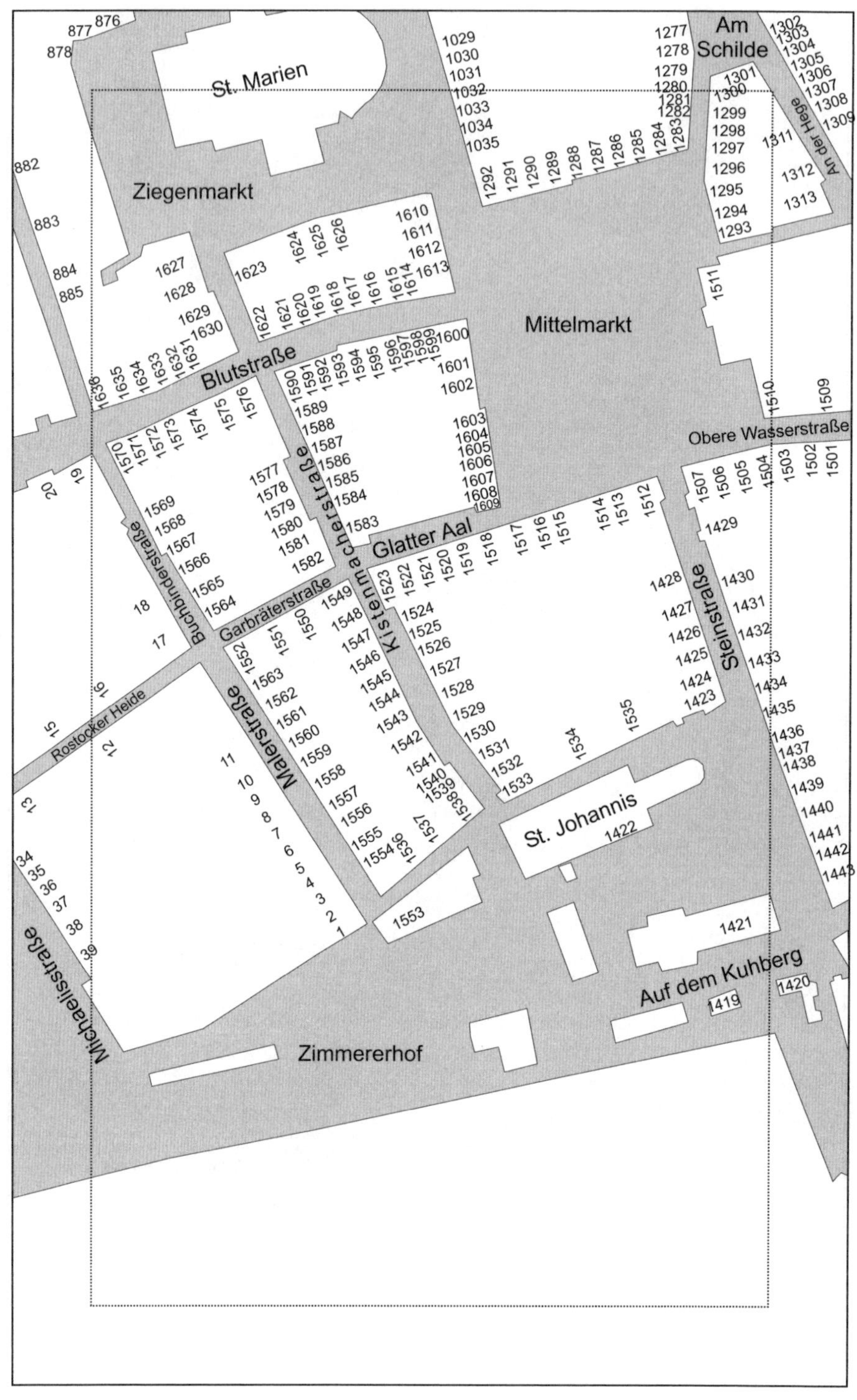
St. Marien
Ziegenmarkt
Am Schilde
An der Hege
Mittelmarkt
Blutstraße
Obere Wasserstraße
Kistenmacherstraße
Glatter Aal
Buchbinderstraße
Garbräterstraße
Steinstraße
Rostocker Heide
Malerstraße
St. Johannis
Auf dem Kuhberg
Michaelisstraße
Zimmererhof

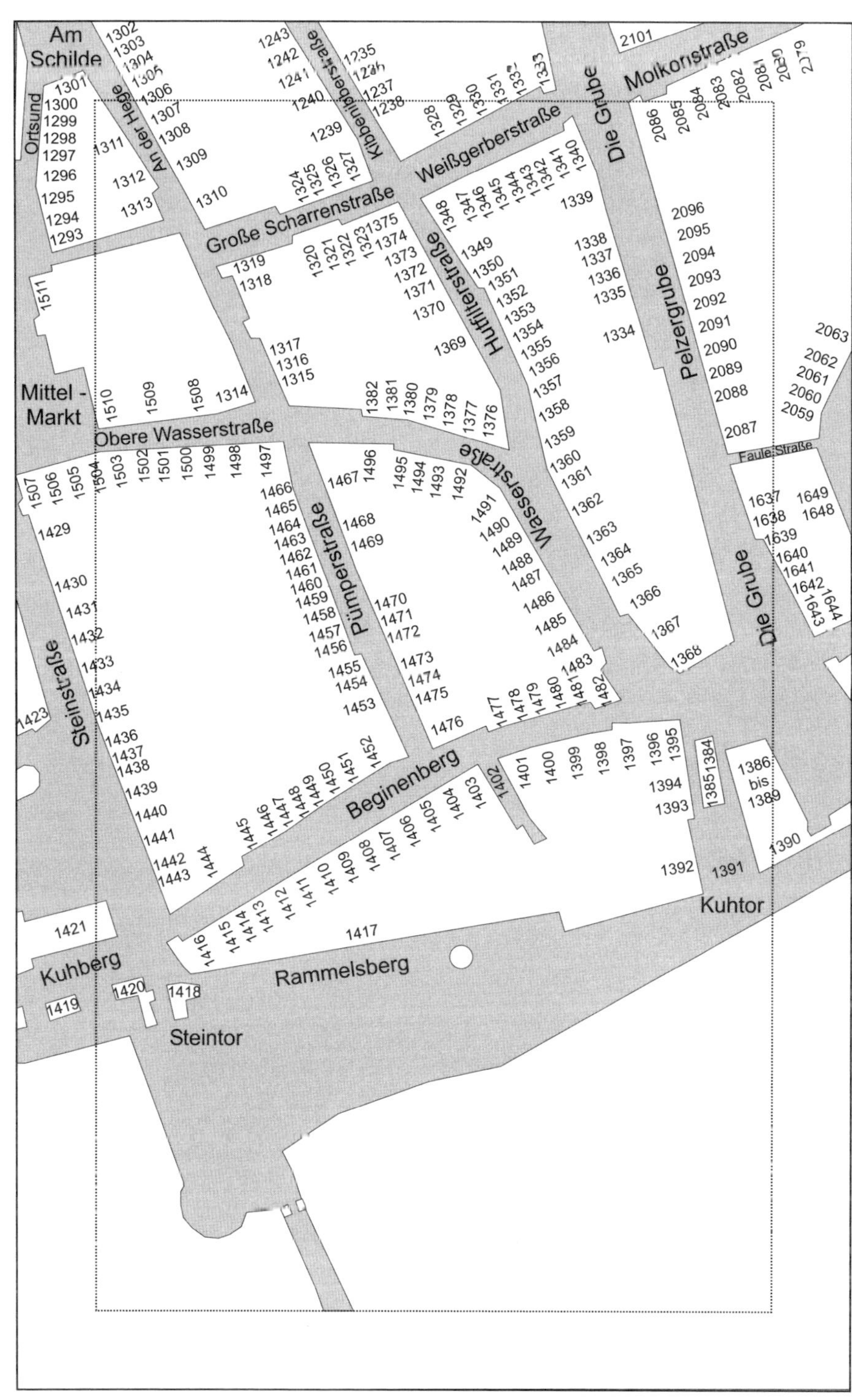
Am Schilde
Ortsund
An der Hege
Kibbenmibberstraße
Große Scharrenstraße
Weißgerberstraße
Die Grube
Molkenstraße
Hutfilterstraße
Pelzergrube
Mittel - Markt
Obere Wasserstraße
Wasserstraße
Faule Straße
Pümperstraße
Steinstraße
Die Grube
Beginenberg
Kuhtor
Kuhberg
Rammelsberg
Steintor

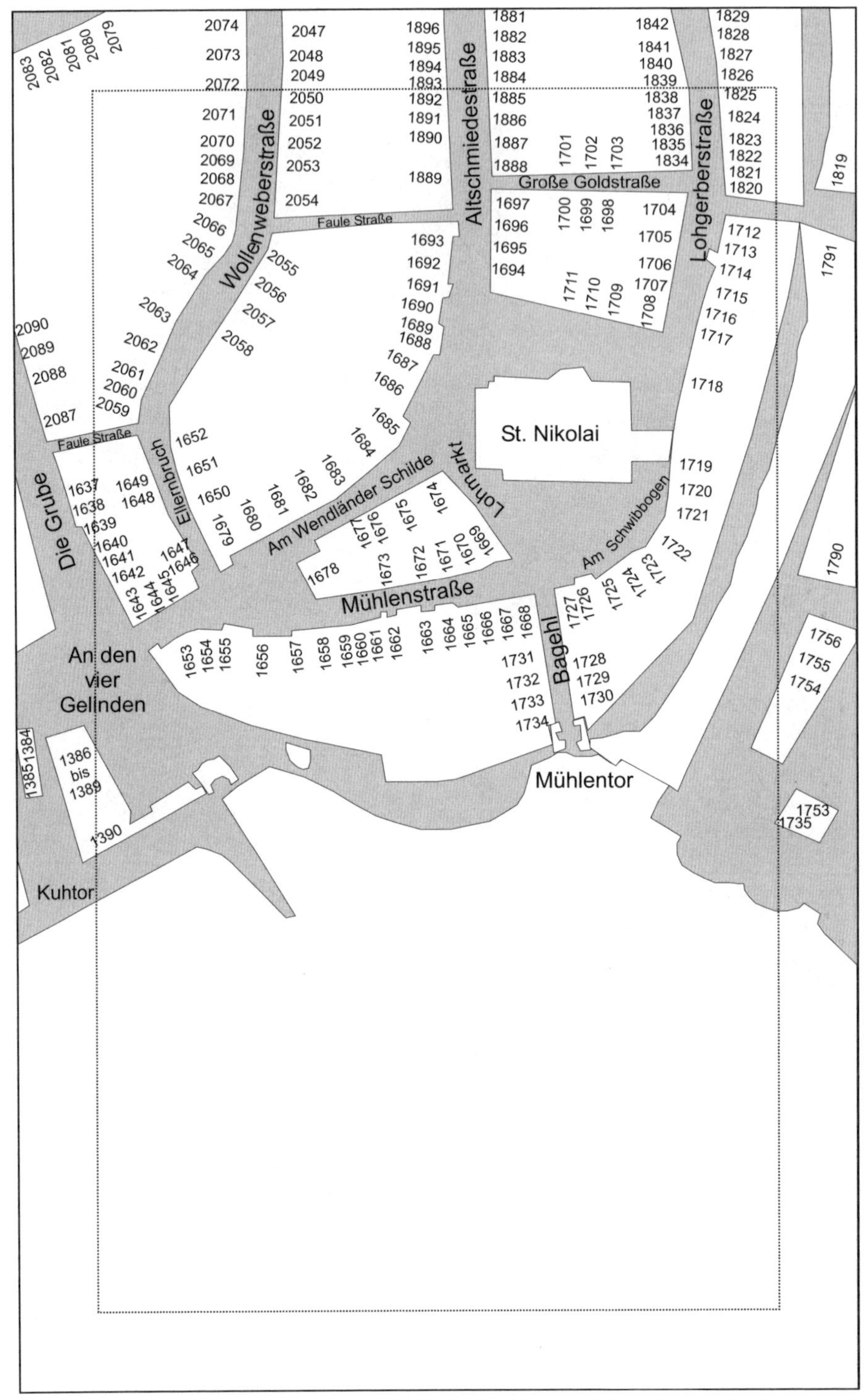
Wollenweberstraße
Altschmiedestraße
Große Goldstraße
Lohgerberstraße
Faule Straße
Faule Straße
Ellernbruch
Die Grube
Am Wendländer Schilde
Lohmarkt
St. Nikolai
Am Schwibbogen
Mühlenstraße
Bagehl
An den vier Gelinden
Mühlentor
Kuhtor
2083 2082 2081 2080 2079
2074 2073 2072 2071 2070 2069 2068 2067 2066 2065 2064 2063 2062 2061 2060 2059
2090 2089 2088 2087
2047 2048 2049 2050 2051 2052 2053 2054
2055 2056 2057 2058
1896 1895 1894 1893 1892 1891 1890 1889
1693 1692 1691 1690 1689 1688 1687 1686 1685 1684 1683 1682 1681 1680 1679
1652 1651 1650
1637 1638 1639 1640 1641 1642 1643 1644 1645 1646 1647 1648 1649
1881 1882 1883 1884 1885 1886 1887 1888
1701 1702 1703
1842 1841 1840 1839 1838 1837 1836 1835 1834
1829 1828 1827 1826 1825 1824 1823 1822 1821 1820
1819
1697 1696 1695 1694
1700 1699 1698
1704 1705 1706 1707 1708
1711 1710 1709
1712 1713 1714 1715 1716 1717 1718
1791
1719 1720 1721 1722 1723 1724 1725 1726 1727
1790
1674 1675 1676 1677 1678 1673 1672 1671 1670 1669
1653 1654 1655 1656 1657 1658 1659 1660 1661 1662 1663 1664 1665 1666 1667 1668
1731 1732 1733 1734
1728 1729 1730
1756 1755 1754
1753 1735
1385 1384
1386 bis 1389
1390

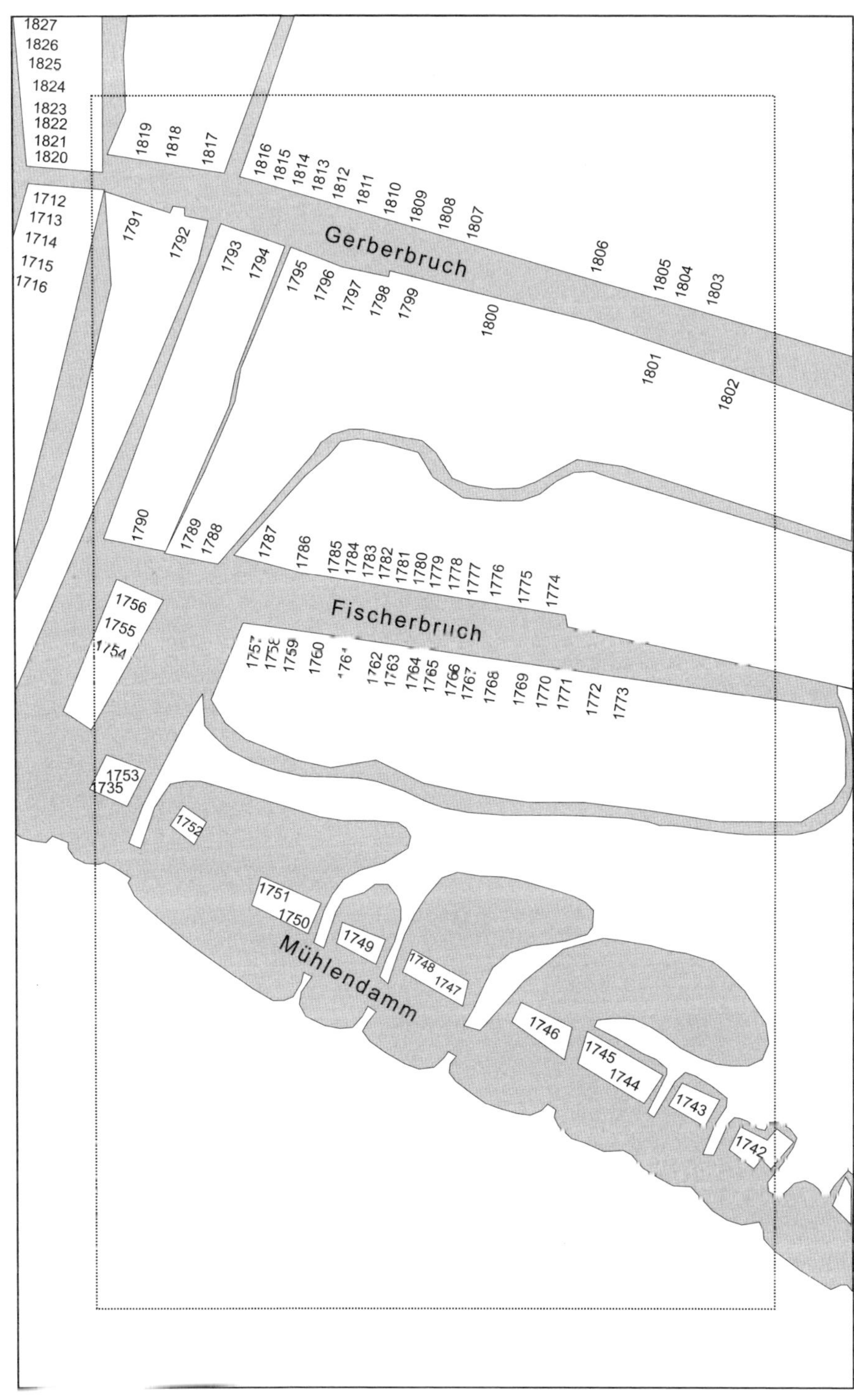
Gerberbruch
Fischerbruch
Mühlendamm